Margot Fonteyn

Vom Zauber des Tanzes

Mit einem Vorwort von Marcia Haydée und 369 zum Teil farbigen Abbildungen

Albert Müller Verlag
Rüschlikon-Zürich · Stuttgart · Wien

Aus dem Englischen übersetzt von Clemens und Dorothée Wilhelm-Melder. Titel des englischen Originals: «The Magic of Dance», erschienen bei British Broadcasting Corporation, London. – ISBN 3-275-00776-9. – 1/10-81. – Printed in Switzerland.

Vom Zauber des Tanzes

Danksagung

Mein Dank gilt vor allem der British Broadcasting Corporation und Aubrey Singer, die meine Idee für die Fernsehsendung *Vom Zauber des Tanzes* aufgriffen, so daß auch dieses Buch entstehen konnte; er gilt nicht minder der BBC-Produzentin Patricia Foy für ihre große Geduld und Hilfe während der Vorbereitungen, Robert Gottlieb vom Alfred A. Knopf Verlag dafür, daß er nachsichtig, anspruchsvoll, kritisch, ermutigend und überaus interessiert an jedem Detail dieses Buchs war, und der rastlosen Forscherin Catherine Ashmore für ihre dreijährige unermüdliche Jagd nach Illustrationen.

Weiterhin halfen mir in vielfältiger Weise Dame Marie Rambert; Sir Frederick Ashton; Professor Rikki Raab; Martha Graham; Gunhild Schüller; Boris Oberzaucher; Parmenia Migel; Bent Häger; Ivor Guest; Nigel Gosling; Hans Bundy und Suzanne Kirnbauer; Rudolf Nurejew; Anna Duncan; Therese Duncan; Henning Kronstam; Ivan Nagy; Mary Skeaping; Joy Brown; Vincenzo Celli; Joseph Stuhl; John Lazzarini; Trader Faulkner; Lennart Rudling; Richard C. Shultz; die verstorbene Friderica Derra de Moroda; der verstorbene Giovanni Poli und mein Bruder Felix Fonteyn, der unter anderem den Titel erdachte.

Mein Dank auch denjenigen beim Alfred A. Knopf Verlag, New York, die so hart an diesem Buch gearbeitet haben: Bob Scudellari und Sara Eisenman, die für die Gestaltung verantwortlich sind, Ellen McNeilly, die die Herstellung leitete, und Neal Jones und Nancy Clements, den Herstellern.

Schließlich bin ich Gillian Branston und Karen Latuchie für das Schreiben der unleserlichen Manuskripte größten Dank schuldig – sie haben ein Wunder vollbracht.

Margot Fonteyn

Vorwort

Für mich war der Zauber des Tanzes immer auch der Zauber von Margot Fonteyn. Es fing ganz früh an: ich sah in meiner Kindheit Ballettfotos in Zeitschriften und Magazinen – und immer waren es die Bilder der Fonteyn, die einen ungewöhnlichen Eindruck auf mich machten. Was diese Bilder zeigten, war für mich die wahre Verkörperung von «Tanz» in seiner höchsten Form, immer ein Versprechen dafür, daß noch viel Großartigeres dahinter stecken konnte. Ich erinnere mich an Aufnahmen, die mir – eigentlich weiß ich es erst heute – zeigten, was es bedeutet, eine Ballerina zu sein.

Dann kam ich nach London zur Royal Ballet School, und am Tag nach meiner Ankunft fuhr ich nach Edinburgh zur Premiere des «Feuervogel», mit dem das Royal Ballet dort gastierte. Margot Fonteyn in der Titelrolle; eigentlich brauche ich außer dem, was ich schon angedeutet habe, hierzu nicht mehr viel zu sagen. Ich sah das, wovon ich mir früher nur in Bildern und Artikeln eine Vorstellung machen konnte, so sehr bestätigt, daß ich außer dem Vorbild in Bildern jetzt auch ein leibhaftiges hatte. Bei der Arbeit an der Royal Ballet School hatte ich dann eine Menge Gelegenheit, dieses Wunder an Können und Disziplin, Vielfalt und Gestaltung viele Abende in Covent Garden zu erleben. Damals bekamen wir als Studenten der Royal Ballet School nicht immer gute Plätze. Von wo aus auch immer, ob vom Rang, von der Seite oder aus einer Bühnengasse, sah ich mir jede Vorstellung an, die die Fonteyn tanzte. Ich möchte hier John Cranko zitieren, der in Covent Garden zur gleichen Zeit zum Corps de Ballet gehörte: «Es ist wichtig, ein Vorbild zu haben, als Direktor oder als Tänzerin. Man steht Abend für Abend auf der Bühne als irgendein Hofherr – und dann kommt die Fonteyn – und es ist jedesmal ein Wunder!» Ganz genau so ging es mir damals.

Dieses Buch «Vom Zauber des Tanzes» gibt eine sehr persönliche Sicht von Margot Fonteyn auf ein paar Jahrhunderte Ballетthistorie wieder. Kritiker könnten bemängeln, daß das eine zu wenig und das andere zu ausführlich angesprochen wird. Mag sein. Ich meine, in eine solch komplexe Betrachtung der Ballettgeschichte fließt immer eine ungeheure Menge persönlicher Erfahrung ein. Von diesen persönlichen Erfahrungen zehren die derzeitigen Generationen. Und ich bin immer wieder zutiefst dankbar dafür, daß es Persönlichkeiten gibt, die uns vermitteln können, was es heißt, Tänzer zu sein. Ich freue mich, daß Margot Fonteyn mit diesem Buch auf unterhaltsame Weise allen Freunden des Balletts einen wundervollen Leitfaden an die Hand gegeben hat, der zeigt, wie das Ballett sich entwickelt hat.

Zum Schluß noch ein paar Worte über eine Bemerkung in diesem Buch, die mich einerseits stolz und andererseits ängstlich macht. Margot Fonteyn spricht von dem Weg, den das Ballett im Laufe der Jahrhunderte genommen hat: von Italien nach Frankreich, von dort nach Rußland, von da zurück nach Frankreich und England, dann nach Amerika und Deutschland – so wurde nach und nach ein Land, ein Kontinent nach dem anderen erfaßt. Und alle diese Stationen haben ihre Spuren in Stil, Choreographie und ihren speziellen Ausdruck hinterlassen. Jetzt wäre nach ihrer Meinung der Südamerikanische Kontinent an der Reihe. Ich als Brasilianerin wünsche mir sehr, einen Teil dazu beitragen zu können.

Marcia Haydée

Zauberhafter Tanz

Tanz hat schon immer etwas Magisches an sich gehabt, und zwar in vielfältiger Ausprägung, an vielen Schauplätzen und zu ganz verschiedenen Zeiten. Ich weiß deshalb kaum, wo ich mit dem Erzählen beginnen soll. Von Natur aus bin ich viel zu eigensinnig, um mit dem Anfang zu beginnen und chronologisch vorzugehen. Schon der Gedanke ist mir höchst unsympathisch, und selbst wenn dem nicht so wäre – wer wüßte genau, wie oder wo der Tanz seinen Anfang nahm? Dieses Buch soll jedenfalls keine Geschichte des Tanzes sein – dazu ist es zu unvollständig. *Vom Zauber des Tanzes* zeigt vielmehr Menschen und Zusammenhänge, wie *ich* sie sehe, und Abläufe, die sich offensichtlich wiederholen und uns vielleicht einen Hinweis auf künftige Tanzformen geben können.

Dieses Buch handelt also vor allem von Menschen. Auch sie können ja – genau wie das Theater – einen Zauber verbreiten, und daher wende ich mich hier den großen Persönlichkeiten des Bühnentanzes zu. Einige von ihnen sind berühmt, andere vergessen, alle aber besaßen zu ihrer Zeit und in ihrem Wirkungskreis etwas vom Zauber des Tanzes.

Es ist für mich am einfachsten, mit meinen eigenen Betrachtungen der Ballettszene zu beginnen, mit dem, was ich während meiner Bühnenlaufbahn selbst erlebt habe, um dann auf die Hintergründe dieser Erlebnisse einzugehen. Anschließend werde ich einen Blick auf die Vorgeschichte werfen. Innerhalb der einzelnen Kapitel werde ich mehr oder weniger chronologisch vorgehen und dann im letzten Kapitel wieder auf die Gegenwart zurückkommen und einen Ausblick auf die mögliche Zukunft geben. Ich bin sicher, daß zumindest meine weiblichen Leser dieses Vorgehen so klar und logisch finden werden wie ich.

Der zufällige Umstand, daß *Vom Zauber des Tanzes* gleichzeitig als Buch und für die BBC (British Broadcasting Corporation) als Fernsehserie konzipiert wurde, gab mir die Möglichkeit, Recherchen anzustellen, die für das Buch allein nicht notwendig gewesen wären. Die Literatur läßt sich im Lehnstuhl durchforschen; der Reiz des Films aber liegt darin, daß man Schauplätze zeigen kann, die an berühmte Personen und besondere Ereignisse erinnern, und daß man Leute besuchen kann, die schon zu Lebzeiten Legende geworden sind. Fred Astaire zum Beispiel ist einer der Großen in der Geschichte des Tanzes. Seine Filme erleben immer neue Wiederaufführungen, aber Interviews gibt er nur selten. Hat man es dann geschafft, ist man ganz überrascht, daß er sich nicht im mindesten bewußt ist, wie sehr sein Genie den Weg für die Besten unter den heutigen Ballettänzern geebnet hat und der Tanzkunst zu einem gewaltigen Aufschwung verhalf.

Die Menschen, die im Tanz eine Rolle gespielt haben, lassen sich in zwei Gruppen einteilen: in die Förderer der Entwicklung des Tanzes und diejenigen, die das Wissen um den Tanz verbreiten. Die Bedeutung Fred Astaires liegt in beiden Bereichen. Er verhalf dem

Gegenüber: Margot Fonteyn zwischen den Säulen des Parthenon

Mit Fred Astaire

In Anna Pawlowas Londoner Heim, Ivy House

männlichen Tänzer wieder zu Ansehen, und seine Filme erreichten ein Millionenpublikum auf der ganzen Welt und sind heute noch so beliebt wie seit eh und je.
Die Umsetzung vieler meiner Vorstellungen in Bilder für die Fernsehserie bereicherte mein Wissen und förderte mein Verständnis für das Thema weitaus mehr, als ich erwartet hätte. So wußte ich nicht, daß es auf einem Hügel bei Athen ein – zur Ruine gewordenes – Haus gibt, in dem Isadora Duncan eine Zeitlang gelebt hat, und daß sie dort durch die Errichtung eines griechischen Tempels und eines Amphitheaters den Lebensstil der Antike wiederbeleben wollte. Ich wußte wohl, daß sie im Parthenon meditiert und dort auf eine Eingebung gewartet hatte, doch die überwältigende Schönheit des Tempels hätte ich mir nicht träumen lassen, als ich selbst in der Abenddämmerung allein zwischen seinen Säulen stand.
An einem anderen, kühleren Abend begeisterten mich die chinesischen Tai-Chi-Übungen, die eintausend Jahr alt und doch dem modernen Tanz überraschend ähnlich sind. Sie werden in Schanghai von Bürgern meist mittleren Alters ausgeführt, und von dieser Stadt bin ich im Alter von vierzehn Jahren nach England gereist, um mein Glück beim Ballett zu versuchen.
In Schweden gibt es ein aus dem achtzehnten Jahrhundert stammendes Theater, das einmal geschlossen wurde und dann mehr als hundert Jahre völlig in Vergessenheit geriet. Ich wußte von seiner Existenz, aber eine verblüffend einfallsreiche und wirkungsvolle Bühnenmaschinerie, mit der komplette Szenenwechsel innerhalb von zehn Sekunden möglich sind, hätte ich nicht erwartet. Auch das Farnese-Theater in Parma hatte ich zuvor nie gesehen. Es ist das älteste noch stehende Theater mit einer Proszeniumbühne und einem arenenartigen Zuschauerraum. Die unglaubliche Geschichte von seiner Einweihung hörte ich ebenfalls zum ersten Mal.
Das Zimmer in Anna Pawlowas Londoner Haus, das an Wochenenden als Museum geöffnet ist, war mir vertraut. Aber auf den Spuren von Marie Taglioni, die übrigens gegen Ende ihres Lebens drei Jahre in London verbrachte, erfuhr ich fast zufällig vom Haus ihrer Großeltern, das etwas außerhalb von Stockholm immer noch unverändert inmitten eines prächtigen Gartens mit Fliederbüschen steht, in dem sie sicher viele Male auf und ab gegangen ist.

In Isadora Duncans Haus in Athen

Auf der Versenkung im Hoftheater von Drottningholm, Schweden

Einen erstaunlichen Fund machten wir bei unseren Filmaufnahmen von *Der Geist der Rose* (Le Spectre de la Rose) im Theater von Monte Carlo, wo das Stück 1911 uraufgeführt worden war. Als die Bühnenausstattung nach einem Foto von der Uraufführung rekonstruiert werden sollte, fehlten einige Stücke. Doch kaum hatte der Requisiteur das Foto gesehen, verschwand er für eine Weile in den hintersten Winkeln seines Magazins und kam triumphierend mit einem kleinen Vogelkäfig und einem Stickrahmen wieder, die denen auf dem Foto aufs genauste glichen. Wahrscheinlich waren es die Originale.
Einmal fuhr ich nach Wien, um Fanny Elßlers Geburtsort zu besuchen. Was ich fand, war ein Tanz von Grete Wiesenthal aus dem Jahre 1907, den eine ihrer Schülerinnen bis ins kleinste Detail festgehalten hatte. Mehr noch: Wir konnten ihn sogar in einem Jugendstilzimmer aus der gleichen Zeit aufnehmen.
Außerdem wurden mir interessante Parallelen bewußt. Eine davon war die zwischen Juba, einem großartigen amerikanischen Tänzer und Sänger in der Zeit um 1840, und Sammy Davis jr.. Dann habe ich mich mit Waslaw Nijinskys Tochter Kyra unterhalten – sie hat seine grünen Augen und sein herzliches Lachen.
So waren die Vorarbeiten für dieses Buch eine anregende und gleichzeitig aufregende Zeit für mich. Die Suche nach entsprechendem Bildmaterial artete in eine regelrechte Schatzsuche aus. Ein Glücksfall ohnegleichen war die Entdeckung einer Aufnahme von Marie Taglionis Vater Filippo. Er hatte aus seiner Tochter das gemacht, was für uns heute der Inbegriff der romantischen Ballerina ist – eine Erscheinung, die es bis dahin auf der Bühne nicht gegeben hatte. Man schreibt meist ihr das Verdienst für etwas zu, das ganz eindeutig das Werk ihres Vaters war. Aus irgendeinem Grund findet er kaum Beachtung; ein Bild von ihm sieht man selten. Anders ist das bei Größen wie beispielsweise Nijinsky, dessen Porträts so wohlbekannt sind, daß man schon von Glück reden muß, wenn man ein Bild findet, das man nicht schon aus anderen Büchern kennt.
Aus Bildern gewinnt man oft ganz unerwartete Erkenntnisse. Nijinsky geht völlig in der

In Schanghai

Ballettfigur auf, die er darstellt; er ist ungewöhnlich gelöst in seiner Körperhaltung. In Alltagskleidung dagegen wirkt er sehr steif und ernst, nie entspannt. Isadora Duncan posiert auffallend bewußt, und in ihren Aufnahmen ist wenig Bewegung. Ähnliches gilt für Ruth St. Denis, während die Aufnahmen von Martha Graham voller Leben sind und sehr gut die Eigenarten ihres Tanzes erkennen lassen. Pierina Legnani, die 1895 bei der Uraufführung von *Schwanensee* tanzte, wirkt dicklich und untersetzt – man kann sich kaum vorstellen, wie sie im zweiten Akt den berühmten Pas de deux tanzt.

Tamara Karsawina wirkt auf ihren Bildern verführerisch, berückend, kokett, spröde, unschuldig und huldvoll herablassend – ganz die Inkarnation alles Weiblichen. Sie ist immer Frau. Oder Anna Pawlowa: Ihr Ausdrucksvermögen kennt keine Grenzen. Im Schwanenkostüm ist sie ein Schwan, in den *Oriental Impressions* ist sie Inderin, und im Alltagsleben vermochte kein Mannequin Kleidung und vor allem Hüte professioneller vorzuführen als sie oder so überzeugend zu demonstrieren, wie man einem Elefanten eine Arabesque beibringt.

Mancher mag sich wundern, wenn ich gestehe, daß ich in den gut vierzig Jahren meiner Bühnenlaufbahn kaum Bücher über die Tanzkunst gelesen habe. Dazu ließ mir mein Beruf einfach keine Zeit. Aus dem Unterricht, den man als Ballettschülerin erhält, kannte ich zwar die Geschichte des Tanzes in groben Zügen, aber ich hatte nicht das Bedürfnis, mich eingehender mit der Materie zu beschäftigen. Doch dann brachten mich die langen Jahre auf der Bühne zum Nachdenken, und manch sonderbare Fragen drängten sich mir auf. Die Pawlowa starb, als sie gerade fünfzig war. Ich fragte mich, ob sie es wohl nur deshalb nicht wagte, sich zur Ruhe zu setzen, weil sie sich zur Weiterbeschäftigung ihrer Tanzgruppe verpflichtet fühlte. Der Aufschwung des Balletts in Rußland gab mir ebenfalls zu denken: Warum vollzog er sich gerade dort, so weit abseits vom künstlerischen Zentrum Europas? Auf der Suche nach Antworten entdeckte ich in mir eine Art Hinterbühnen-Verständnis

Mit Michael Barischnikow in Der Geist der Rose, *Opernhaus Monte Carlo*

1879 IANVARIO EXACTVM

für viele dieser Tänzer und für ihre Empfindungen in bestimmten Lebenslagen. Fanny Elßler beschrieb einmal, wie sie New York eroberte und welches Lampenfieber sie vor dem ersten Auftritt hatte. Ich habe die genau gleichen Erfahrungen gemacht; ich kenne die verführerische Anziehungskraft der Übungssäle und Garderoben und die bedrohlich gähnende Finsternis jenseits des Rampenlichts, wenn sich der schwere Vorhang hebt und aus dem Orchestergraben gedämpft die ersten Takte des Balletts zu hören sind. Dann wird die Musik lauter, bis sie voll und klar erklingt: die Aufführung beginnt, der gefürchtete Augenblick ist da – jetzt gibt es kein Zurück mehr. Und ich kenne den Triumph, den man nicht zu erhoffen gewagt hat, die Begeisterungsstürme des Publikums, die Blumen – und das Gefühl der Erleichterung, es geschafft zu haben.
Ich weiß, wie groß jedesmal die Herausforderung ist; ich kenne den Preis dafür, daß man sich ihr stellt, und die tiefe Befriedigung des Gelingens. Ich kenne das ganze Glück des Erfolgs und seine Nichtigkeit. Jedenfalls habe ich das Gefühl, daß ich mit den Personen in diesem Buch ganz vertraut geworden bin: mit den französischen Ballettmeistern, die nach Rußland gingen, mit John Durang in Amerika, Johann Strauß in Wien und Juba, der tanzte und tanzte und völlig ausgebrannt im Alter von siebenundzwanzig Jahren starb. Heute weiß ich, daß Anna Pawlowa ohne Tanz nicht leben konnte. Deshalb war es für sie am besten, sanft aus diesem Leben zu entschweben, als sie den Anforderungen an sich selbst nicht mehr gewachsen war. Wahrscheinlich hat sie eben deshalb auf dem Höhepunkt ihrer Krankheit, im Fieberwahn, nach ihrem Schwanenkostüm verlangt.
Alle Menschen, die in diesem Buch vorkommen, lege ich Ihnen ans Herz und hoffe, daß Sie von ihren Lebensgeschichten und Bildern genauso berührt werden wie ich selbst. Die meisten von ihnen sind schon lange tot. Doch ob sie noch leben oder nicht – sie alle haben jenen Zauber geschaffen, der vom Tanz ausgeht.

Im Spiegelsaal von Schloß Versailles

Universaler Tanz

Daß ich die Betrachtung des Tanzes von meiner eigenen Laufbahn her beginne, hat nichts mit Überheblichkeit zu tun. Es ist einfach so, daß dieser Zeitraum zufälligerweise einer der interessantesten – vielleicht sogar der interessanteste überhaupt – in der ganzen langen Geschichte des Tanzes ist, und zwar deshalb, weil sich in rascher Folge immer neue Entwicklungen anbahnten. Die Veränderungen, die sich in meiner kleinen Welt des Tanzes abspielten, seit ich 1934 im Sadler's Wells-Theater anfing, waren erstaunlich. Das Publikum bildete damals eine verschwindend kleine Minderheit; heute dagegen kann man mit Recht sagen, daß der Tanz universal geworden ist.

Diese Veränderungen wären ohne das Erscheinen männlicher Tänzer auf der Bühne nicht möglich gewesen. Um 1934 gab es nur sehr wenige. Die damalige Zeit könnte man deshalb die «Ära der Ballerina» nennen, und der größte Teil meiner Karriere fiel in die letzte Phase dieser Epoche, in der es für einen Mann undenkbar gewesen wäre, den Beruf eines Tänzers zu ergreifen. Dies war recht außergewöhnlich, denn wie sehr der Tanz auch eine Sache der Männer ist, beweist ein kurzer Blick auf heutige Stars. Rudolf Nurejew beispielsweise ist weltberühmt, auch über die Kreise des Ballettpublikums hinaus. Er veränderte das Gesicht des Balletts und verschaffte ihm ein sehr modernes Image. Michael Barischnikow wiederum eroberte aufgrund eines einzigen Films, *The Turning Point* (Der Wendepunkt), die Herzen von Millionen Kinogängern, egal ob sie bereits schon Ballettfans waren oder nicht. Mit einem ganz anderen Tanzstil ist dies ferner John Travolta mit seinem Film *Saturday Night Fever* gelungen, während mit Ausnahme von Moira Shearer *(Die Roten Schuhe)* nie eine Ballerina je die breite Masse des Kinopublikums erreichte. Und Ginger Rogers? Natürlich spielte auch sie eine bedeutende Rolle, doch hätten wir ohne Fred Astaire nicht die gleiche Ginger Rogers zu sehen bekommen, und ob sie ohne ihn Erfolg gehabt hätte, ist keineswegs sicher.

Der Tanz war aber schon seit Urzeiten Männersache, und im Verlauf der Geschichte nahm er zu verschiedenen Zeiten den gleichen gesellschaftlichen Rang ein wie geistreiche Konversation und tadellose Manieren. Außerdem gehörte er gleichsam zum Rüstzeug eines tüchtigen Soldaten. Es fragt sich daher, wie und warum es den Frauen gelingen konnte, diese Domäne fast vollständig für sich in Beschlag zu nehmen. Eines steht indessen fest: diese absonderliche Situation bewirkte gegen Ende des neunzehnten Jahrhunderts in Westeuropa einen so dramatischen Niedergang der Ballettkunst, daß man um ihren Fortbestand fürchten mußte. Nur in Rußland, in Osteuropa und in Dänemark überlebte der Männertanz als ernstzunehmender Beruf, so daß dort auch das Ballett noch als ernstzunehmende Kunst angesehen wurde.

Es ist schwer zu verstehen, wie zwischen zwei Gebieten ein solcher Gegensatz entstehen

Gegenüber: Rudolf Nurejew

Tamara Toumanova

Yvette Chauviré

Pas de Quatre, *mit Nathalie Krassovska, Alicia Markova, Tatjana Riabouchinska und Alexandra Danilowa*

Olga Spessiwtsewa

Moira Shearer und Robert Helpmann in Die Roten Schuhe *(The Red Shoes)*

konnte, und warum in Rußland das Ballett zu genau derselben Zeit in höchster Blüte stand, als es anderswo darniederlag. Vielleicht waren die Auswirkungen der industriellen Revolution auf das Leben der Massen in den Ländern Westeuropas dafür verantwortlich. Im Gegensatz dazu war Rußland ein riesiges Agrarland geblieben, und da es in ländlichen Gesellschaften beim Volkstanz immer gerade die Männer sind, die sich auszeichnen, nahm man an männlichen Tänzern keinen Anstoß. In Ungarn und wohl auch anderswo wurde der Volkstanz sogar für die Aushebung von Truppen eingesetzt. Wenn der Rekrutierungstrupp in einem kleinen Ort ankam, begannen die Mitglieder auf dem Dorfplatz zu tanzen und forderten die jungen Männer des Orts zum Mitmachen auf. Den besten Tänzern gab der Musterungsoffizier den Vorzug, da man sicher sein konnte, daß sie besonders behend waren und dem Regiment Ehre machen würden. Heute sind in der Sowjetunion Chor und Tänzer der Roten Armee faktisch ein festes Bühnenensemble. Viele ihrer Tänze dienten, wie die Volkstänze in anderen Teilen der Welt auch, ursprünglich nur dem Zweck, die Dorfschönen durch männlich-kraftvolle Sprünge und Drehungen zu beeindrucken. Andere Tänze hatten einen direkten Bezug zu Alltagsbeschäftigungen.
So hatte das Leben jahrhundertelang seinen Gang genommen, bis die industrielle Revolution anbrach. Und je weiter sie sich in ländliche Regionen ausbreitete, desto mehr sahen sich leichtherzige und leichtfüßige junge Männer gezwungen, die Felder zu verlassen und in Fabriken zu arbeiten. In ihrer neuen Umgebung spielte der Tanz keine Rolle mehr. In Fabriken werden keine traditionellen Tänze von Generation zu Generation weitergegeben und in der Kindheit bei Festen und Feiern auf dem Dorfanger erlernt. Fabrikarbeiter

Russischer Volkstanz

Englischer Dorftanz

kennen nur den gelegentlichen Gesellschaftstanz am Samstagabend, der keinerlei lokale Wurzeln oder lokalen Charakter hat. Daher verschwand die Lebenskraft des Tanzes – die leidenschaftliche Freude an ihm – aus dem normalen Arbeitsleben der Männer. Vermutlich war dies der Grund dafür, daß auch auf der Bühne der Tanz kein Männerberuf mehr blieb und nur noch für Mädchen eine passende Betätigung darstellte. Ein englischer Kritiker bemerkte im Jahre 1911 in allem Ernst, ein Mann würde sich in der Regel eher beim Stehlen als beim Tanzen ertappen lassen. So war also die jahrhundertealte Ordnung der Dinge auf den Kopf gestellt worden: Nicht mehr die jungen Männer tanzten, um die

Mädchen für sich einzunehmen, sondern die Mädchen tanzten zierlich auf Spitzen und zeigten ihr süßestes Lächeln, um die Aufmerksamkeit der bestaussehenden – oder auch reichsten – Männer zu gewinnen.

Was ebenfalls dazu beitrug, die Männer aus ihrer aktiven Rolle beim Tanz zu verdrängen, war das Aufkommen des Walzers zu Beginn des neunzehnten Jahrhunderts. Beim Walzer werfen sich die Frauen einfach in die Arme der Männer, die, solchermaßen behindert, keine großen Sprünge mehr machen können. Die höfischen Tänze hatten früher eine solche Vielfalt an Schritten, Wechseln und Drehungen geboten, daß ein guter Tänzer im Ballsaal

schon fast Ballettreife erlangte. All dies wurde nun vom Walzer ausgelöscht, aber auch schon früher im achtzehnten Jahrhundert durch die Allemande, bei der sich die Paare die ganze Zeit an den Händen hielten.
Da dem Gesellschaftstanz immer auch ein erotisches Element innewohnt, stand der Sieg des Walzers gewissermaßen schon vor Beginn der «Auseinandersetzung» fest: der Herr durfte hier die Dame sofort in den Arm nehmen, ohne ihr erst mit einer Reihe kunstvoller Schritte imponieren zu müssen. Dieses so wichtige Motiv des männlichen Tanzes war zweitrangig geworden, und von diesem Augenblick an wurde das Interesse der Männer für den Beruf des Tänzers immer geringer, bis Tanzen am Ende als eines Mannes ganz und gar unwürdig galt.
Unter diesen Umständen wurden Ballettänzer natürlich rar. Anstatt als wichtiger Teil des gesamten Ballettgefüges geschätzt zu werden, wie es in Rußland noch der Fall war, sahen sie sich Spötteleien oder völliger Mißachtung ausgesetzt. Bei Bedarf nahmen oft auch Mädchen, die *en travesti* gekleidet waren, ihre Stelle ein, was den männlichen Opern- und Varietébesuchern nur recht war. Der Anblick eines hübschen Mädchens in Kniehosen war ein prickelndes Erlebnis, während ein Mann im Ballettkostüm allgemein als abstoßend galt.

Ein früher Walzer

Die Allemande, um 1760

Walzertanz auf dem Großen Russischen Ball, New York 1863

En travesti: Louise Fairbrother als Abdullah, 1848, und Sarah Jane Woolgar als Herzog Albrecht, 1847

Es gab daher wenige Bewerber für den männlichen Part; ohne sie jedoch verkam die Kreativität in der Ballettkunst insgesamt zu zuckriger Einfallslosigkeit. In Degas' Szenen aus dem Ballettleben an der Pariser Oper zwischen 1860 und 1880 ist kein einziger männlicher Tänzer zu finden, höchstens einmal ein Ballettmeister, ein Musiker oder die Habitués aus der ersten Reihe in Frack und Zylinder, die ihre Favoritinnen hofieren. Und doch war Paris einst Hauptstadt und schöpferisches Zentrum des Balletts gewesen.

Kurz nach der Jahrhundertwende gab es in Paris wieder erste Anzeichen dafür, daß sich in Europa ein Umschwung anbahnte. Zu wenige befaßten sich aber damals noch mit dem Ballett, als daß jemand darüber nachgedacht hätte, ob vielleicht zwischen dem kurzlebigen Danse Apache aus den Elendsvierteln und der Opernbühne ein Zusammenhang bestehe. Meiner Meinung nach entstand der Apache – bevor er zum Nachtklub-Schocker wurde – aus der Frühform des Cancan. Der wiederum war aus einer Art Ländler hervorgegangen, der auf den Tanzdielen des gemeinen Volkes getanzt wurde. Der Apache gab also dem Ballett indirekt neue Impulse, die, wie es meist der Fall ist, nicht vom Theater ausgingen, sondern sich über den Gesellschaftstanz ihren Weg bis hin zur Ballettbühne bahnten.

Der Apache war ein beliebter Tanz der industrialisierten Welt, ein Produkt der Stadt. In ihm dominierten eindeutig die Männer, die ihre Partnerinnen ohne Rücksicht auf Schicklichkeit und Anstand umherschleuderten. Für die Ballsäle der feinen Gesellschaft erwies er sich als zu derb, so daß er direkt auf die Bühne kam und dort zu einer beliebten Vaudeville- oder Kabarettnummer wurde. Nach einem recht kurzen Leben verschwand er wieder in der Versenkung, ohne im Tanz die Situation des Mannes spürbar verbessert zu haben. Dafür eroberte sich ein anderer Tanz aus der Stadt, diesmal aus den Hafenvierteln von Buenos Aires, einen festen Platz in der Musik, im Ballsaal und auf der Bühne: der Tango. Er ließ keinen Zweifel an der führenden Rolle des Mannes, doch hatte er gegenüber dem Apache den Vorteil, daß aufgrund der subtileren Musik nichts weiter als eine gehörige Dosis Schliff und Eleganz vonnöten war, um ihm zum Siegeszug auf dem Parkett zu verhelfen. Seit dem Aufkommen des Walzers vor einhundert Jahren hatte man nichts ähnlich Revolutionäres mehr gesehen. Der Tango erforderte allerdings Geschicklichkeit, und gerade das war bei den Herren der Schöpfung, die sich seit langem nicht mehr ums Tanzen bekümmert hatten, ein wunder Punkt.

Degas: Die Ballettprobe (Répétition d'un Ballet sur la Scène), Metropolitan Museum, New York

Danse Apache

Auf diese Weise entstand ein neuer Beruf – der des Vortänzers. Und mit dem Vortänzer kamen in rascher Folge immer neue Tänze, eine ganze Flut neuer Rhythmen auf neuen Schallplatten, kamen neue Tanzschulen und jener vergnügliche Nachmittagszeitvertreib, der Thé dansant. Da die Ehemänner zur Teezeit aber meist noch im Büro arbeiteten, war Abhilfe vonnöten. Diese kam in Gestalt des Gigolo, der ein professioneller Tänzer war, aber wie alle anderen Männer, die ihren Lebensunterhalt auf so unwürdige Weise verdienten, in schlechtem Ansehen stand.

Nichts konnte jedoch den gewaltigen Aufschwung des Gesellschaftstanzes mehr bremsen. In seinem Zentrum, in den Vereinigten Staaten, standen Vernon Castle und seine Frau Irene, die als ausgezeichnete Vortänzer den Beweis lieferten, daß das Kunstvolle am Tanz nicht dessen Art, sondern dessen Ausführung ist. Ihr Tanz war schön, anmutig, elegant, und auf seinem Gebiet war Vernon Castle ein äußerst fähiger Choreograph, von dem die Machiche, der Castle Walk, der Hesitation Waltz und viele andere Erfolge stammen.

Statt als männlicher Tänzer verspottet zu werden, wurde Castle sehr bewundert, und

Der Tango

keineswegs nur von einem Elitepublikum. Tragisch war sein Tod als Soldat im Ersten Weltkrieg. Seine Popularität bei allen Schichten der Gesellschaft hatte seinem Beruf wieder zu einiger Achtung verholfen, doch war es noch ein weiter Weg, bis sich diese Achtung auch auf das Ballett erstreckte. Nicht einmal Waslaw Nijinskys Ruhm zwischen 1909 und 1916 bewirkte viel, denn man betrachtete ihn als ein phantastisch-ätherisches Geschöpf, das dem gewöhnlichen Leben so weit entrückt war, daß er auch von einem anderen Stern hätte stammen können. Ein Mann, der etwas auf sich hielt, hätte sich niemals vorzustellen vermocht, an Nijinskys Stelle selber den Faun oder Geist der Rose zu tanzen. Die ins Ohr gehende Musik des Ragtime war etwas anderes; der Ragtime, ein weiterer sehr populärer Tanz aus der Stadt, war modern, war für jedermann, und mancher Mann klopfte mit dem Fuß unbewußt den mitreißenden Rhythmus des Ragtime mit.

Das Ende des Ersten Weltkrieges bereitete einer optimistischen neuen Welt den Weg, und mit ihr kam in den zwanziger Jahren der Charleston, jener herrlich verrückte, ausgelassene Tanz, der die Männer von der Bürde erlöste, ihre Partnerinnen über das Parkett zu

dirigieren. Endlich durften sie wieder frei ihre Arme schwingen, die Schultern renken, die Beine schleudern, drehen und hüpfen und sich wieder der ursprünglichen Raserei des Tanzes hingeben. Es war ein Wendepunkt für die Emanzipation des Mannes auf dem Tanzboden. Vor Beginn der zwanziger Jahre hatten zweihundert Jahre lang europäische Gesellschaftstänze ihren Weg nach dem Westen genommen. Nun brauste der Charleston in umgekehrter Richtung über den Atlantik und fegte wie eine Veitstanz-Epidemie über Europa hinweg. Er reiste Erster Klasse, Zweiter Klasse, Zwischendeck und auf Zelluloid in Filmdosen; er drang in Salons, Ballsäle, Nachtklubs, Tanzbars und Revuetheater ein; er war überall zugleich und wurde von Männern, Frauen und Kindern getanzt. Er war auch der überschäumende Ausdruck des Glaubens, der Krieg sei endgültig aus der Welt geschafft worden und fortan würde es im Leben nur noch eitel Sonnenschein geben.
Vom Charleston war es nur noch ein kleiner Schritt bis zum Auftreten eines männlichen Tanzstars, und er stand auch schon bereit, genau im richtigen Moment. Es war der große Fred Astaire mit seiner unwiderstehlichen Ausstrahlung, bei dem Tanzen müheloser aussah als Gehen, natürlicher war als Atmen und unbestreitbar männlich. Kaum jemand machte sich damals Gedanken darüber, und Astaire selbst schon gar nicht, doch in der

Irene und Vernon Castle in Castle House

Die beiden Castles

Stummer Tanz, 1928

Rückschau zeigt es sich deutlich: Fred Astaire kommt mehr als sonstwem das Verdienst zu, den Männern wieder zu ihrem angestammten Platz in der Welt des Tanzes verholfen zu haben. Seine Technik, sein Timing, sein Stil waren makellos, und als er in den frühen dreißiger Jahren nach Hollywood ging, verlagerte sich das Zentrum des Tanzes schlagartig und überraschenderweise in diese Stadt. Für eine Weile gab es in der übrigen Welt nichts annähernd so Revolutionäres wie seine Filmszenen mit ihrer ideenreichen Choreographie, dem eleganten Tanz und der raffinierten Kameraführung. Obwohl im modernen Tanz zu dieser Zeit Bahnbrechendes geleistet wurde und das englische Ballett damit beschäftigt war, seine Tradition neu zu beleben, steckten beide noch in den Kinderschuhen, während der Tanz auf der Leinwand mit Fred Astaire erwachsen geworden war. Dies ist einer der faszinierendsten Aspekte von Fred Astaires frühen Filmen. Es scheint, daß er das Wesen des neuen Mediums instinktiv erkannt hatte und vom ersten Tag an genau wußte, wie sich das Fehlen der dritten Dimension ausgleichen ließ. Manchmal brauchte er dazu nur seine Arbeitsebene zu verlagern, ein paar Treppen hinauf oder über Möbel zu tanzen, und manchmal war bloß eine kleine Verschiebung der Kulissen nötig. Oder dann verwendete er einen verblüffenden Kameratrick oder benutzte ganz einfach ein Requisit, wie den berühmten Spazierstock.

Als Künstler, der seit früher Kindheit auf der Bühne mit ihren festen Dimensionen und ihren Gesetzen der Proszeniumsweite gestanden hatte, paßte sich Fred Astaire erstaunlich schnell an die neuen Gegebenheiten der Leinwand mit ihrer totalen Freiheit in Raum und Richtung an. Sein größter Trumpf war aber sein in vielen Jahren sorgfältig ausgefeilter

Der Charleston

Der Charleston 1926

Beim Charleston-Unterricht

Bee Jackson, Weltmeisterin im Charleston

Fred und Adele Astaire, 1906

Tanzstil, der ihm erlaubte, alle Schwierigkeiten mit scheinbar müheloser Nonchalance zu überdecken. Seine Meisterschaft blieb im Film bisher unerreicht. Es war alles perfekt in diesen brillanten Streifen: Originalität, Choreographie, Timing und vor allem der Star, Fred Astaire selbst.

Will man Fred Astaires Kunst beschreiben, muß als erstes von seinen idealen Proportionen gesprochen werden. Er hat einen schlanken Körper, lange Beine, nicht zu schmale und nicht zu breite Schultern, und auch sein Kopf ist weder zu groß noch zu klein. Tänzer, die wie er von Kopf bis Fuß so harmonisch proportioniert sind, trifft man nicht allzuoft. Nicht selten verdirbt ein Zentimeter zu wenig in der Länge der Arme, ein Zentimeter zu viel von der Stirn bis zum Kinn die ganze Erscheinung. Bei Astaire ist die Balance vollkommen.

Als zweites denke ich an die wundervolle Gelöstheit seiner Bewegungen. Ihn einen Raum betreten zu sehen, ist allein schon ein Genuß, denn sein Gang drückt die vollkommene Sicherheit des großen Künstlers aus, und sie gewinnt dadurch noch an Reiz, daß er dem eigenen Ruhm eher reserviert gegenübersteht. Ob er tanzt oder nicht – alle seine Bewegun-

Die beiden Astaires

gen zeugen von einem ungezwungenen, natürlichen Charme. «Debonair» war ein Wort, mit dem man ihn in den dreißiger Jahren charakterisierte, und ich finde, das paßt sehr gut. «Debonair» ist ein umgänglicher, fröhlicher, unbeschwerter und liebenswürdiger Mensch, einer, den man mag.

Schwierig ist die Frage zu beantworten, worin eigentlich seine Star-Eigenschaften zu erblicken sind. Wer könnte sie schon bei einem Künstler genau definieren? Es ist immer etwas anderes; das Publikum spürt es, aber der Künstler selbst vermag sie nicht zu benennen und zu erklären. Manche Leute glauben, daß es sich um einen unbezähmbaren Drang handelt, sich durch die gewählte Kunst mitzuteilen, und tatsächlich haben einige große Künstler diesen Drang gefühlt, andere jedoch nicht. Fred Astaire jedenfalls war einer, der sich als Kind nicht zum Tanz hingezogen fühlte. Seine Karriere begann damit, daß seine Schwester Adele offensichtlich ein großes Bühnentalent war; umständehalber mußte Fred als erster Trainingspartner herhalten. Und hier beginnt eine jener faszinierenden Geschichten, in denen eine Familie große Opfer bringt, damit eines ihrer Mitglieder

Fred Astaire und Ginger Rogers in Top Hat, *1935*

Fred Astaire und Ginger Rogers in Swing Time, *1936*

Fred Astaire und Ginger Rogers in Carefree, *1938*

auf der Bühne Karriere machen kann. Freds Vater hatte als junger Mann seine Heimatstadt Wien verlassen und sich in Omaha, Nebraska, niedergelassen. Er besaß all die lässige Bonhomie der Wiener und liebte Musik, Cafés, Theater und Theaterleute. Als er entdeckte, daß seine Tochter eine vielversprechende kleine Tänzerin war, beschlossen er und seine Frau, sie nach New York zu bringen, um ihrem Talent dort eine Chance zu geben. Bemerkenswert an diesem Opfer ist die Tatsache, daß Adele zu diesem Zeitpunkt noch nicht einmal sechs Jahre alt war. Der Vater mußte in Omaha bleiben, um dort den Unterhalt für die Familie zu verdienen, während Fred, der erst viereinhalb war, mit seiner Mutter und seiner Schwester ging. Da man ihn noch nicht unbeaufsichtigt lassen konnte, wurde er einfach in die Tanzstunden seiner Schwester mitgenommen. Mit der Zeit wurde er so dank seiner Schwester, die bis zu ihrer Heirat der größere Star von beiden war, der einzigartige Fred Astaire. Es war ein langer Weg.
Müßte ich entscheiden, was auf seinem Weg zur Spitze wohl am wichtigsten war, würde ich seinen Sinn für Perfektion nennen. Er ist in seinem ganzen Werk bemerkbar; nie entdeckt man eine Spur von Anstrengung, weil er mit unendlicher Geduld jedes Detail immer wieder probte und perfektionierte. Seine Technik ist atemberaubend, und doch sieht alles so mühelos aus wie ein Frühlingsspaziergang im Park.

Es ist typisch für Astaire, daß er nicht gerne über sich oder seine Kunst spricht. Beim Theoretisieren über seine Schöpfungen kommt er nie über die Beschreibung dessen hinaus, wie er beim Einstudieren einer neuen Nummer stets versuchte, keine Ideen oder Themen zu wiederholen, die er schon einmal benutzt hatte. Er hat für seine Begabung keine Erklärung. Er sagt nur: «Ich tanze einfach» – und genauso unkompliziert sieht es auch aus. Stellen wir uns aber einmal für einen Augenblick vor, Astaire hätte in den dreißiger Jahren nicht Zylinderhut und Frack getragen, sondern eine Trikothose und Slipper, und sein

Genie hätte sich im Ballettanz gezeigt. Welche Aussichten wären ihm wohl offengestanden, sein Talent zu nutzen? Nur ganz wenige, denn zu jener Zeit beherrschte eindeutig die Ballerina die Szene. Eben weil Astaires Image das eines Mannes im Straßenanzug, im Freizeithemd oder in Gesellschaftskleidung war, in der normalen Kleidung der Leute also, die nicht beim Ballett waren, – eben deshalb konnte es ihm gelingen, das Ansehen des Tänzers in den Augen der Öffentlichkeit wiederherzustellen. Ein weiterer Grund war der, daß sein Tanzstil auf dem Jazz basierte.

Der Jazz ist Teil der echten nordamerikanischen Volkskultur und die einzige nationale Tradition, die im zwanzigsten Jahrhundert neu entstanden ist. Infolgedessen übte er auch eine starke Wirkung auf den Bühnentanz aus und wurde damit ein modernes Gegenstück

Der Black Bottom, eine Abart des Charleston

zu den europäischen Volkstänzen, die das Ballett des neunzehnten Jahrhunderts bereicherten und ihm Rhythmus und Farbe verliehen. Der Jazz selbst war etwas völlig Ungewöhnliches, denn im Grunde hätte sich die amerikanische Folklore als Mischung aus europäischen und indianischen Traditionen entwickeln müssen. Stattdessen ließen die weißen Siedler die meisten ihrer eigenen Tänze in der Heimat zurück, und in der Neuen Welt waren sie aus verständlichen Gründen zu sehr damit beschäftigt, ihren Skalp zu behalten, als daß sie sich noch damit hätten abgeben können, die einheimische Kultur zu bewahren und aufzunehmen. Die beiden Kulturen blieben streng getrennt, und während die Weißen allmählich ihre Identität als Europäer verloren und Amerikaner wurden, blieb ihre Folklore – Countrymusik und Square Dance – rein europäisch, ohne echte Wurzeln im neuen Land. Es entstand nichts, was mit der lebendigen Musik und Tanzkunst Lateinamerikas vergleichbar wäre, wo die Konquistadoren ihre eigenen iberischen Tänze so erfolgreich mit denen der einheimischen indianischen Kulturen vermischten. Dieser gegenseitige Einfluß verlieh ihnen ihren unverwechselbaren Rhythmus und Charakter. In Nordamerika war eigenartigerweise eine Mischung mit einer anderen Fremdkultur erforderlich, bis schließlich der Jazz geboren wurde. Es war die Musik und der Tanz der Negersklaven aus Afrika, vermischt mit alteuropäischen Giguen und Trällerliedchen, die Amerikas ureigenste Musik hervorbrachten.

Von Beginn an waren es die Männer, die sich im Jazztanz hervortaten, aber es gibt immer Ausnahmen. Eine der hervorragendsten Figuren des amerikanischen Tanzes, die zwischen den beiden Weltkriegen Europa eroberten, war eine Frau, die schöne Josephine Baker, die viele Jahre die Königin der Folies-Bergère in Paris war. Wie ihre berühmte Landsmännin Isadora Duncan war sie auf ihrem Gebiet eine Künstlerin von höchstem Rang.

Josephine Baker war langbeinig, geschmeidig und von einem hinreißenden Kaffeebraun, das sie auch dann exquisit bekleidet erscheinen ließ, wenn sie nur noch so viel auf dem Leib trug, wie es Kunst und Geschmack zuließen. Auch wenn siebenundneunzig Prozent ihrer Bekleidung aus ihrem Federkopfputz bestanden, war nie ein Hauch von Vulgarität an ihr; sie machte in der Halbwelt des Pariser Nachtlebens aus dem Kabarett eine Kunstform. Mit anderen Worten: Sie hatte ein sehr feines Gespür für Stil. Ihr Wesen war so warm und einnehmend wie die Farbe ihrer Haut. Zwar nicht auf der Bühne wie Isadora Duncan, aber im Leben war Josephine Baker eine Muttergöttin, die in ihren späteren Jahren zwölf Kinder aller Hautfarben adoptierte, so daß sie gemeinsam in Liebe und gegenseitigem Verstehen aufwachsen konnten.

Isadora Duncan und Josephine Baker waren zwei sehr ungewöhnliche amerikanische Frauen, die aus der Neuen Welt einen frischen Wind in die Alte Welt trugen. In den frühen zwanziger Jahren wurde Isadora in der Sowjetunion herzlich aufgenommen und gebeten, ihren Vorstellungen von einem neuen freien Tanz entsprechend eine Schule zu gründen, die mit den Bestrebungen des jungen, revolutionären Staates im Einklang stehen sollte. Das Vorhaben scheiterte zwar, aber Isadora Duncans fließende und ausdrucksvolle Armbewegungen hatten bereits Eingang in den Stil des klassischen Balletts gefunden und sind im sowjetrussischen Tanz gut erkennbar. Jazz allerdings wurde in diesen ernsthaften Zeiten als Kunstform nicht ernst genommen. Das sowjetische Ballett ging seinen eigenen Weg, fast völlig abgeschnitten von den Strömungen des frühen Jazz-Zeitalters und unberührt von der Ausgelassenheit der Jahre zwischen den beiden Weltkriegen, als der Westen das Leben ohne Krieg genoß. Rußland hatte sich aufgemacht, eine neue Lebensform zu schaffen.

Es sollte dreißig Jahre dauern, bis sich das sowjetische und das westliche Ballett wieder begegneten, und in dieser Zeit waren die Jazzrhythmen und -bewegungen fast unmerklich

Josephine Baker

in alle Bereiche des westlichen Bühnentanzes eingedrungen. Wir wachsen mit dem Jazz auf, ohne uns dessen recht bewußt zu sein, und doch finden sich seine Elemente bei uns überall in Musik, Malerei und Tanz. Jazz ist ein Teil des zwanzigsten Jahrhunderts. Bis heute ist es in Rußland nicht wirklich gelungen, Geist und Eigenart des Jazz für sich zu entdecken. Ich glaube, daß hierin der entscheidende Unterschied zwischen den Auffassungen liegt und die Erklärung dafür, warum dem westlichen Betrachter gewisse Aspekte der sowjetrussischen Choreographie so seltsam antiquiert vorkommen. Es gehört wohl zu den Risiken – und Ironien – der Revolution, die zu unserer Evolution im Gegensatz steht, daß die Kunst im Dienste einer neuen Ideologie von den Hauptströmungen in der übrigen Welt einfach abgeschnitten wird.

Damit soll dem sowjetischen Ballett, das nach der Oktoberrevolution von 1917 eine faszinierende Entwicklung durchgemacht hat, keineswegs sein Rang abgesprochen werden. Zunächst aber gab es drei größere Probleme. Das erste und schwerwiegendste war, daß Extremisten alles, was an den zaristischen Lebensstil erinnerte, ausrotten wollten. Zum Glück setzten sich klügere Köpfe mit ihrer Theorie durch, daß die Künste bewahrt werden und in die Hände des Volkes übergehen sollten. So wurden das Ballett und seine Schulen gerettet.

Das nächste Problem war, daß die breite Masse über keinerlei Kunstverständnis verfügte, da Kunst vor der Revolution das Privileg einer kleinen Minderheit gewesen war. Daher wurden Musik- und Tanzensembles «zur Erleuchtung der Massen» in alle Republiken geschickt. Sehr oft traten sie dabei in riesigen, behelfsmäßig errichteten Hallen auf. In dieser Umgebung machten natürlich die spektakulärsten Szenen auf die uneingeweihten Zuschauer den größten Eindruck. Sie bekamen auf Effekt getrimmte Glanzlichter des klassischen Balletts und artistische Choreographien zu sehen: die Ballerina, die mit einer Hand ihres Partners gehalten frei in der Luft schwebte (im Westen waren zur selben Zeit «Adagio»-Nummern dieser Art in Kabaretts und Revue-Theatern in Mode).

Im Ausbildungswesen allerdings vollzogen sich in Rußland einige Modernisierungen. Schon früher in diesem Jahrhundert hatte der Choreograph Michael Fokin im Ballett eine natürliche Expressivität eingeführt. Nun prägte die große Lehrerin Agrippina Waganowa die Entwicklung im Ballettunterricht. Ohne die klassische Grundausbildung zu ändern, erweiterte sie den Bereich der Bewegungen und Elevationen erheblich. Sie hatte die Ästhetik der neuen akrobatischen Choreographie abzuschätzen, die sie insofern guthieß, als sie die Tänzer geschmeidiger machte. Aber sie hatte Einwände: «In der Choreographie sollten artistische Elemente nur das eine bescheidene Prozent einnehmen, das sie verdienen.»

Das letzte Problem war, eine Formel für neue Ballettstücke zu finden, die politisch im Sinne der Revolution und zugleich beim Massenpublikum theatralisch erfolgreich sein sollten. Zunächst fühlten sich die Choreographen verpflichtet, ein eigenständiges Konzept ohne Berücksichtigung der klassischen Regeln zu entwerfen. Dies brachte jedoch Tänzer ohne Technik hervor, weshalb das Konzept keinen Bestand hatte. *Dornröschen* wurde 1922 in einer Neufassung auf die Bühne gebracht. Geändert wurden vor allem die Szenen, in denen die Handlung pantomimisch erzählt wurde, denn die festgelegte Sprache der Gesten wurde nur vom alten Publikum aus der Oberschicht verstanden, nicht aber von den Ballettneulingen. Diese Szenen wurden deshalb durch Tanz ersetzt. Aber die klassischen Ballettstücke waren ihrem Wesen nach Phantasieprodukte des alten Regimes. Ein kurzer avantgardistischer Versuch, der der neuen sozialen Ordnung gut angestanden hätte, wurde jedoch vom unverbildeten Publikum nicht angenommen: kraß realistische Themen wie die

Arbeit in einem Wasserkraftwerk vermochten den klassischen Dauererfolgen den Rang nicht abzulaufen.
Nach zehn Jahren – keine lange Zeit, wenn man das Ausmaß der sozialen Umwälzungen bedenkt – hatte sich die Stimme der Revolution artikuliert. *Roter Mohn*, 1927 in Moskau auf die Bühne gebracht, war das erste Stück aus dem Genre des sowjetischen heroischen Balletts, das die Befreiung der unterdrückten Massen zum Gegenstand hatte. Zwei weitere sehr erfolgreiche Stücke dieser Art waren *Die Flamme von Paris* und *Spartakus*. Damals hatte das Publikum schon etwas mehr Gespür für Subtiles entwickelt, und in den dreißiger Jahren war die Zeit reif geworden für das lyrisch-dramatische Ballett *Die Fontäne von Bachtschissarai* (auch: Der Springbrunnen von B.) und Prokofieffs *Romeo und Julia*. Dieses Werk ist mit seiner schönen Partitur zu dem sowjetischen Klassiker geworden, der den Westen am meisten beeinflußt hat.
Auch personelle Probleme entstanden in den Entwicklungsjahren des sowjetischen Balletts. Seit 1911 wanderten nämlich viele erstklassige Tänzer und Choreographen ab, um sich der Diaghilew-Truppe in Monte Carlo anzuschließen, die im Gegensatz zum konservativen zaristischen Ballett mehr Raum für fesselnde Kreativität bot. Dazu kamen später

Galina Ulanowa und Konstantin Sergejew in Schwanensee

jene, die vor der Revolution selbst flohen. Der personelle Aderlaß konnte indes durch die zweihundert Jahre alten Ballettschulen und das Netz neuer sowjetischer Schulen, die man überall in den Republiken errichtete, wettgemacht werden, so daß es keinen Mangel an berühmten Namen gab. Erwähnt seien hier Marina Semjonowa, die die streng klassische Richtung vertrat; Olga Lepeschinskaja, mit unglaublicher Technik und Verve; Natalia Dudinskaja, eine brillante Vollbluttänzerin, und die hinreißend empfindsame und doch dramatisch interpretierende Alla Schelest. Auch bei den Männern gab es große Namen: Konstantin Sergejew, Alexej Jermolajew, den großartigen Tänzer und Choreographen Wachtang Tschabukiani und viele, viele andere. Den international größten Ruhm erlangte Galina Ulanowa.

Die Ulanowa wurde 1910 als Tochter eines Tänzerehepaars geboren, das am zaristischen Marynski-Theater in St. Petersburg tätig war. Könnte das Leben einer Ballerina einen besseren Anfang haben? Aber da Kinder immer gern die Pläne ihrer Eltern durchkreuzen, weigerte sich Galina, den ihr vorgezeichneten Weg einzuschlagen. Sie wollte nicht in die Ballettschule gehen und sträubte sich gegen ihr Schicksal. Lieber kletterte sie wie andere Kinder ihres Alters auf Bäume und fuhr mit einem Boot auf dem Fluß. Der nur durch ihr

Die Ulanowa und Juri Schdanow in Romeo und Julia

Pflichtgefühl gebändigte Wunsch nach Freiheit begleitete sie auch durch ihre Elevinnenzeit, bis sie es zur Meisterschaft gebracht hatte und ihre Entwicklung als Künstlerin begann. Dann erst rief sie der Tanz und schlug sie in seinen Bann, nicht weil sie ihre superbe Technik vorführen wollte, sondern weil sie diese für die Interpretation der poetischen Heroinen einsetzen konnte, die ihr so nahe standen. Sie brauchte einen Hauch von Tragik in ihren Rollen. Die glückliche Prinzessin in *Dornröschen* fesselte sie nicht; sie fand die Rolle «konventionell». Ihre Erfüllung fand sie vielmehr in der *Fontäne von Bachtschissarai* und in *Romeo und Julia*. Diese in Liebe über den Tod hinaus gefangenen Heroinen entsprachen ganz ihrem Wesen und ihren tänzerischen Fähigkeiten, und sie verstand es, deren tragische Gefühlskonflikte mit makelloser Grazie in tänzerische Gebärden umzusetzen. Ich habe nie eine andere Tänzerin mit einem solchen Fluß der Bewegungen erlebt, wo jeder Schritt folgerichtig in den nächsten überging und eine Spannung von eigener Intensität entstand. In der Gestalt und Kunst der Ulanowa ist das sowjetische Ballett zu seinem höchsten Triumph gelangt.

Eine andere Künstlerin, die ihren eigenen unnachahmlichen Stil schuf, ist Maja Plissetskaja, künstlerisch der Gegenpol zur Ulanowa. Der Tanz der Plissetskaja ist königlich, dominierend, sinnlich und herrlich kraftvoll. Ihre Bewegungen sind ausgreifend, ihre Sprungkraft gewaltig; jedes Glied wird gerade ein wenig über die Grenzen des Möglichen gestreckt. Sie ist so etwas wie der Archetypus der sowjetischen Tänzerin.

Der Unterschied zwischen dem sowjetischen und westlichen Ballettunterricht liegt im akrobatischeren Stil der Russen und in der zurückhaltenderen Entwicklung der vorrevolutionären Technik im Westen, aber auch in den Balletten selbst. Der Westen hat alle Spielarten des einaktigen Balletts versucht, vor allem handlungslose Umsetzungen von Musik in reinen Tanz. Das sowjetische Publikum war hierfür zu Anfang vielleicht weniger empfänglich, aber ich glaube, daß es jetzt allmählich doch größere Vielfalt in der modernen Choreographie wünscht. Jedenfalls werden in dieser Richtung erhebliche Anstrengungen unternommen. Dennoch sind die Gegensätze zwischen sowjetischem und westlichem Ballett nach wie vor bedeutend. Man vergleiche nur einmal die bombastische Aufführung von *Iwan dem Schrecklichen* (Iwan Grosny) in Moskau im Jahre 1975 einerseits und *Le Tombeau de Couperin* andererseits, ein Ausdrucksballett ohne Handlung, Solisten und Emotionen, das im gleichen Jahr vom New York City Ballet aufgeführt wurde.

Kreatives Schaffen und Ausbildung sind jedoch zwei verschiedene Dinge. Kreatives Schaffen ist gegenüber allen herrschenden Einflüssen anfällig, während Ausbildungstraditionen äußerst zählebig sind. Hier liegt nach wie vor die größte Kraft des sowjetischen Balletts. Umgekehrt mußte der Westen, vor allem die Vereinigten Staaten und Großbritannien, gerade auf diesem Gebiet einen langen Kampf durchstehen. Ohne den russischen oder französischen Typ traditionsreicher Schulen, in denen Generation auf Generation sich an illustren Vorbildern orientieren konnte, war es schwierig, eine fortschrittliche Technik und einen geeigneten Stil zu finden. An der Technik muß von frühester Jugend an Tag für Tag gearbeitet werden, was ohne spezielle Schulen nicht zu bewerkstelligen ist. Die Frage des Stils vergrößerte das Dilemma noch, denn die klassischen Ballette sind Arbeiten des neunzehnten Jahrhunderts über noch frühere Perioden. Wie konnte ein junger Amerikaner, der in das Zeitalter der Bluejeans hineingeboren wurde, plötzlich in die Rolle des mittelalterlichen Prinzen schlüpfen, der mit der Armbrust auf Schwanenjagd ging? Für die Engländer war dies leichter, da ihr Lebensstil etwas konservativer ist und viele der alten Theatertraditionen erhalten geblieben sind, aber auch deshalb, weil in den dreißiger Jahren Ninette de Valois mit dem Sadler's Wells Ballet ganz bewußt *Giselle oder Die*

Maja Plissetskaja in Romeo und Julia

Irina Baronova in Der Goldene Hahn (Le Coq d'Or)

Tschernitschewa und Schabelewsky in Scheherazade

Saratoga *mit Alexandra Danilowa*

Tamara Toumanova und Léonide Massine in Der Dreispitz

Massine in Gaîté Parisienne *und* Saratoga

Wilis, Coppelia oder Das Mädchen mit den Email-Augen (Coppélia), den *Nußknacker, Schwanensee* und *Dornröschen* einstudierte, um dem britischen Ballett mit diesen klassischen Werken eine solide Grundlage zu geben. Ninette de Valois war zu dieser Zeit die einzige Ballettleiterin, die erkannt hatte, wie wichtig es war, abendfüllende Ballettstücke in ganzer Länge zu geben (andernorts wurden im Westen nur Ausschnitte gezeigt). Aber das britische Ballett hatte damals nur lokale Bedeutung, sein Einfluß reichte nicht über die Landesgrenzen hinaus. Den größten Einfluß übten im Westen die Ballette von Exilrussen aus, die unter dem Sammelbegriff «Ballets Russes» bekannt wurden (Ballets Russes de Monte Carlo, Ballets Russes du Colonel de Basil, Original Ballet Russe usw.).

Mal war diese Gruppe die Ballets Russes, mal jene. Sie spalteten sich und prozessierten gegeneinander. Der einen Partei wurde die Choreographie zugesprochen, der anderen das Bühnenbild und die Kostüme, so daß keine Partei ein vollständiges Ballett aufführen konnte. Es war eine überschäumende Woge der Impulsivität. Nicht ein Augenblick verging ohne Kräche, Zwistigkeiten und Temperamentsausbrüche, und das Ganze verdichtete sich

Massine als Franziskus von Assisi in Nobilissima Visione

auf der Bühne zu dynamischem, phantastischem Ballett. Etwas Ähnliches hatte die Welt noch nicht gesehen. Die Tänzer waren kraftvolle Persönlichkeiten; sie warfen sich auf die Bühne, wie um sie zu zertrümmern, und um ein Haar hätten sie es getan. Vieles an ihrem Tanz war nach heutigen Standards mittelmäßig, aber die Stars waren einmalig, unvergeßlich.

Alexandra Danilowa zum Beispiel war unbeschreiblich lebhaft und hatte ungemein schlanke Beine, die jemand sehr passend «beseelt» nannte. Bei einer Vollblutkünstlerin wie ihr verfehlte selbst das kleinste Fingerschnippen nicht seine Wirkung. Nie mißlang ihr ein Effekt; jede Bewegung drückte genau das aus, was sie ausdrücken wollte – und welche Fröhlichkeit hinter allem! Wenn es jemals eine Tänzerin gab, die mit einem einzigen provokativen Lächeln ein ganzes Publikum hinzureißen vermochte, dann war es sicher die Danilowa. Auf ganz ähnliche Weise muß 1840 Fanny Elßler die Herzen des amerikanischen Publikums gewonnen haben; ihr Tanz, ihre Schauspielkunst, ihr erotischer Charme müssen dem der Danilowa sehr ähnlich gewesen sein. Auch nach Beendigung ihrer Laufbahn konnte man sehen, daß die Danilowa nichts von ihrem faszinierenden Wesen

verloren hatte, wenn sie junge Menschen unterrichtete und ihnen dabei etwas von ihrem Zauber mitgab. Sie kam kurz nach der Revolution von der Leningrader Ballettschule und ist eine der vielen heimatlosen russischen Tänzer und Tänzerinnen, die sich in Amerika niedergelassen haben. Einige von ihnen pflegen tschechowsche Nostalgie, andere sind schwungvoll und sprühend wie die Danilowa.
Wie anders war da die dunkle Schönheit Tamara Toumanovas, der «Schwarzen Perle der Ballets Russes», in deren Gesicht mit den großen Augen, den langen Wimpern, den schön geschwungenen Brauen und der fein gezeichneten Nase man immer wieder neidvoll blicken mußte. Die Toumanova kam mit der Aura der geheimnisvollen Tragödin auf die Bühne. Sie war wie die byzantinische Kaiserin Theodora – kam jedoch im Fernen Osten in der Nähe von Schanghai in einem Zug zur Welt. Etwas von der Überzeugungskraft der Toumanova und vom Witz und Humor der Danilowa hatte auch Irina Baronova, obwohl sie keiner von beiden auch nur im mindesten ähnlich war. Sie drückte alles mit der puren Selbstsicherheit ihres Tanzes aus, und doch war niemand als Schauspielerin einfühlsamer als sie, vor allem in der leichten Komödie. Sie war die vielseitigste von allen. Dramatisches Können zeichnete insbesondere Lubow Tschernitschewa aus, die schon keine Ballerina mehr war, sondern eine Schauspielerin von hohem Rang. Es gab auch wunderbare männliche Tänzer – Leon Woizikowsky, David Lichine, André Eglevsky und den unvergeßlichen Igor Youskevitsch. Beherrscht wurde die Szene von Léonide Massine.
Massine hatte in sehr jungen Jahren Moskau verlassen, um sich Serge Diaghilews Ballets Russes – den ursprünglichen dieses Namens – in Paris anzuschließen. Er war mit seinen dunklen Augen und dem unwiderstehlichen, etwas zurückhaltenden Auftreten eine so gewinnende Persönlichkeit, daß jeder, der ihn sah, überwältigt sein mußte. Dieses einnehmende Wesen hatte er auch noch mit achtzig, vor allem, wenn er einmal sein seltenes Lächeln oder gar Lachen zeigte. 1914 brauchte Diaghilew einen neuen Choreographen. Er hatte einen untrüglichen Instinkt für verborgene Talente und gab dem zwanzigjährigen Tänzer die Chance, unter seiner umsichtigen Leitung Ballette zu schaffen. Massine belohnte den Mut zum Risiko und erwies sich unter den großen Choreographen als einer der eigenständigsten. Wie er Bewegungen und Schritte einsetzte – die stets in eine unerwartete Richtung gingen –, war ganz ungewöhnlich, und er erzielte damit in komischen Balletten, deren Figuren er mit nuancierter Charakterisierung und ansteckender Fröhlichkeit ausgestaltete, überraschende Effekte. Auch seine ernsten Stücke sind beachtlich, darunter die Symphonischen Ballette zu Tschaikowskys Fünfter und Brahms' Vierter Symphonie, zu Beethovens Siebenter sowie zu Berlioz' Symphonie Fantastique. Bedauerlicherweise werden sie jetzt nicht mehr aufgeführt, aber *An der schönen blauen Donau* (Le Beau Danube bleu, auch: Beau Danube), *Der Dreispitz* (Le Tricorne) und *Der Zauberladen* (La Boutique Fantasque) gehören zu den unvergänglichen und stets glanzvollen Balletten aus seinem reichen Schaffen. Außerdem war Massine alles andere als nur ein durchschnittlicher Tänzer, und seine Präzision und seine magnetische Ausstrahlung sind unvergeßlich.
Die Ballets Russes machten in ihren verschiedenen Zusammensetzungen und mit ihren vielen Künstlern jeden Sommer auch in London Furore. Während der Kriegsjahre reisten sie dann kreuz und quer durch die Vereinigten Staaten und mußten auf langen Bahnreisen unbeschreibliche Strapazen ertragen, weil die Leitung zu geizig war, um Schlafwagen zu bezahlen. Am Ende mußten die Tänzer oft noch froh sein, wenn sie wenigstens ihre Gagen bekamen. Mit steifen Beinen kletterten sie jeweils aus den Abteils, hasteten durch den Bühneneingang und auf die Bühne, die monatelang jeden Abend eine andere war – aber ihr Publikum ließen sie nicht im Stich. Sie brachten eine Vision des Tanzes als begeisterndes

Agnes de Milles Rodeo *mit Richard Beatty, John Kriza und Leo Duggan*

Feuerwerk von Schönheit, Farbe und eindrucksvollen Persönlichkeiten, eingehüllt in das phantastische Äußere einer anscheinend anderen Gattung von Menschen. War es ein Wunder, daß sie in jungen Herzen Bühnenambitionen weckten? Durch die Zauberkraft der Ballets Russes, deren große Wirkung in den vielen Ballettarten ihres Repertoires begründet lag, erwachte das amerikanische Ballett zum Leben. Die Kompanie, die heute dieses Erbe am treuesten hütet, ist das American Ballet Theatre.

In seiner Begeisterung für das Ballet Russe begann das amerikanische Publikum zu akzeptieren, daß Männer doch Ballett tanzen konnten – aber nur russische Männer. So lautete zumindest das gängige Vorurteil, und es war nicht leicht aus der Welt zu schaffen. Es ist faszinierend, den recht unorthodoxen Weg zu verfolgen, auf dem der völlige Durchbruch schließlich doch gelang. Er erfolgte über die amerikanischen Musicals und Filme, die durch Fred Astaire eine bisher unerreichte Höhe der Perfektion erlangten.
Mitte der dreißiger Jahre begannen dann verschiedene Choreographen, typisch amerikanische Themen auf die Ballettbühne zu bringen. Massines *Union Pacific* wurde geschaffen, Eugene Lorings *Yankee Clipper,* George Balanchines *Alma Mater* und dessen *Slaughter on Tenth Avenue,* ein Ballett, das für das Broadway-Musical *On Your Toes* choreographiert wurde. Im Jahr 1938 schuf Loring zudem ein Ballett über *Billy the Kid,* 1942 brachte Agnes de Mille ihr *Rodeo* heraus, und 1944 feierte Jerome Robbins mit *Fancy Free*

Jerome Robbins' Fancy Free *mit Robbins, Kriza, Harold Lang, Janet Reed und Muriel Bentley*

Triumphe. Hier traten endlich die Cowboys, Volkshelden, Seeleute und sonstigen Zeitgenossen auf, die das Ballett von der Aura des Elitären befreiten und ihm ein forsches Bürstenschnitt-Image gaben. John Kriza verkörperte diesen neuen Typ, und zuletzt hatten sich die einheimischen Amerikaner in der Domäne etabliert, die einst Tänzern und Choreographen russischer Abstammung vorbehalten gewesen war. Aber es war noch ein weiterer Schritt zu tun, bis ein wirklich klassischer Stil geschaffen war, der so klar war wie die Linien der modernen Architektur.

Der Mann, der dieses perfekte Bild des klassischen Tänzers in unserem Jahrhundert verkörperte, kam aus der ältesten noch existierenden Schule, der Schule von August Bournonville in Kopenhagen. Erik Bruhn war ganz nach jener Methode ausgebildet worden, die seit Bournonvilles Tod im Jahre 1879 unverändert geblieben war. Und doch konnte nichts unverfälschter und moderner sein. Da Bournonville dem Ballettberuf großes Ansehen erworben hatte, verfügte Kopenhagen stets über erstklassige Tänzer, und zwar auch dann, wenn sie anderswo rar waren. 1950 prägte Erik Bruhn – ein Ausnahmetänzer, wenn je einer diese Bezeichnung verdient hat – den Stil für den klassischen Tanz unserer Tage. Mit seiner vollkommenen Verbindung von Virtuosität und Eleganz, mit seinen edlen Konturen und seiner stattlichen Erscheinung war er das Leitbild der nach dem Zweiten Weltkrieg heranwachsenden Generation. Während des Krieges hatte er die Königlich Dänische Ballettschule besucht, wo er – wie es ein hübscher Brauch in Bournonvilles

Erik Bruhn in Auroras Hochzeit *(Le Mariage d'Aurore oder Les Noces d'Aurore), 1949*

Repertoire will – häufig mit anderen Kindern in den Aufführungen der Kompanie erschien.
Bald nach dem Krieg wurde London das Zentrum der Welt des Tanzes. Das Publikum dort war verrückt nach allen nationalen und internationalen Ballettensembles. Die sprühenden Franzosen wurden von Roland Petit mit seiner unvergleichlich originellen Choreographie geleitet, so daß jedes Ballett Überraschung und Freude auslöste. Petit, ein Star ohne Allüren, liebte es, andere Stars um sich zu versammeln und aufzubauen. Für die magnetische Persönlichkeit des Jean Babilée schuf er *Der Jüngling und der Tod* (Le Jeune Homme et la Mort), mit Nathalie Philippart in der Rolle des Mädchens. Sie bildeten das extreme Gegenstück zu Nijinsky und der Karsawina in *Der Geist der Rose*. Für sich selbst und Zizi Jeanmaire inszenierte Petit eine feurige und sinnliche *Carmen*, die bedeutend kraftvoller war als die Ballettpasticcios des neunzehnten Jahrhunderts, die mit Spanischem versetzt waren wie Kuchen mit Vanille.

Der echte spanische Tanz ist freilich ganz anders und auf erstaunliche Weise unabhängig. Er ist reich an Rhythmus und raffinierter Technik, aber da er vom Volkstanz herkommt, läßt er sich nicht leicht auf die Bühne übertragen. Zur Interpretation der vielen regionalen Tänze in ausgereifter Bühnenform bedurfte es der Schönheit, der Persönlichkeit und der künstlerischen Fähigkeiten einer La Argentina, die 1936 in sehr jungen Jahren starb. Sie war damals eine der großen Künstlerinnen der Welt, was auch für ihren Zeitgenossen Vicente Escudero galt. Sie waren beide Vollblutstars.
Escudero war der absolute Meister des teils auf die Mauren, teils auf die Zigeuner zurückgehenden Flamenco, der sowohl Musik als auch Tanz ist. Der Flamenco stammt aus Andalusien, wo man ihn in den Höhlenwohnungen der Zigeuner und in den kleinen Cafés singt und tanzt. Dabei wird er im Rahmen strenger rhythmischer Gesetze einfallsreich improvisiert. In der Enge des Tingeltangel, wo die berüschten Röcke der Tänzerinnen bei jeder Drehung und Wendung die Tische streifen, verfolgen die um die Tanzfläche gescharten Enthusiasten mit Kennerblick jede kleinste Bewegung. Für die Zigeuner ist es aber doch etwas völlig anderes, diese Kunst Abend für Abend zur gleichen Stunde auf einer kommerziellen Bühne vorzuführen. Nur Künstler, die Bühnendisziplin mit gleichzeitiger Spontaneität zu vereinen wissen, können auf internationaler Ebene bestehen. Escudero setzte die Meilensteine, denen Antonio folgte, ein elektrisierender Tänzer des Flamenco und vor allem des den Männern vorbehaltenen Zapateado, wie man die Kunst des rhythmischen Aufstampfens mit Fuß und Hacke nennt. Er beherrscht diese Kunst so gut, daß man bei manchen seiner Zapateados glaubt, einen feinen Regen auf die Bühne niederprasseln zu hören.
Antonio und seine Partnerin Rosario leiteten den nach dem Krieg aufkommenden Kult des spanischen Tanzes ein. Während der letzten dreißig Jahre haben zum Klappern der Kastagnetten viele andere die Bühnen der Welt mit ihren Füßen bearbeitet; die größte von ihnen allen war Carmen Amaya, ein Bündel geballter Energie und beherrschter Hingabe, die es wie Antonio verstand, sich den Gesetzen der Bühne zu unterwerfen und trotz sieben Auftritten in der Woche die gleichen Bewegungen sieben Mal mit stets erneutem, spontanem Ausdruck zu wiederholen.
Carmen Amaya wurde 1913 bei den Zigeunern Granadas geboren, die schon tanzen können, noch ehe sie sprechen gelernt haben. Rhythmus und Musik nehmen sie mit der Muttermilch auf, und wenn nur ein paar Töne einer Gitarre erklingen, beginnen sie sogleich, ihre Arme in typisch spanischer Manier zu bewegen und mit den Fingern den Takt zu schnippen. Carmen Amaya war Tänzerin mit Leib und Seele, und sie blieb es auch

Lola Montez

bis an das Ende ihres Lebens. Vom achten Lebensjahr an, als sie in Paris zum ersten Mal auftrat, war sie die Ernährerin einer Sippe, die fast noch schneller wuchs als ihr Ruhm, so daß ihre Tourneen einem von Ort zu Ort ziehenden Zigeunerlager glichen. Es wird manchmal darauf hingewiesen, daß Carmen Amaya kaum schreiben konnte – aber wann und warum auch hätte sie, die ständig mit Proben und Auftritten beschäftigt war, nach anderen Ausdrucksmitteln suchen sollen? Was wirklich zählte, war ihr gefühlsmäßiges Erfassen der Dinge. Mit instinktiver Lernbegierde nahm sie alles auf, was ihr künstlerisches Feuer nähren konnte. Doch so leidenschaftlich sie auf der Bühne agierte, so umkompliziert war sie als Frau. Ihr Leben verlief einfach, ohne Skandale und große Höhepunkte. Sie war das vollkommene Gegenteil von Lola Montez, der berühmtesten aller «spanischen» Tänzerinnen des neunzehnten Jahrhunderts. Auch die Montez war gar keine wirkliche Spanierin, sondern die Tochter eines schottischen Offiziers und einer Kreolin. Überdies kannte sie sich mit Männern weit besser als mit Tanzschritten aus.

Lola Montez' bürgerlicher Name war Maria Gilbert. Ihr Gesicht und ihre Figur waren von außergewöhnlicher Schönheit, und zu dem bräunlichen Teint kontrastierten sehr reizvoll ihre vergißmeinnichtblauen Augen. Niemand konnte einen so betörenden Charme entfalten wie sie, wenn sie damenhaft sein wollte. Bei andern Gelegenheiten pflegte sie ihren skandalösen Tanz in einem spitzengesäumten Mieder aus Fischbein und Gummi aufzuführen oder trat in Kostümen auf, die mehr zeigten als verhüllten. Einmal attackierte sie einen Ballettänzer mit einem Dolch und ein andermal den für das Erscheinen einer schlechten Kritik verantwortlichen Redakteur mit einer Reitpeitsche. Lola Montez war zu allem fähig; als sie 1846 in München auftreten wollte, gelang es ihr, unangemeldet zu Ludwig I. von Bayern vorzudringen und vor den Augen des sprachlosen Königs ihren makellosen Busen zu entblößen. Dieser kapitulierte sofort, ließ sie jahrelang über sein Leben und sein Königreich bestimmen und verlieh ihr mehrere Titel, darunter jenen einer Gräfin von Landsfeld. Sie muß eine der erfolgreichsten Verbindungen von Schönheit und Unverschämtheit in der Geschichte des Tanzes gewesen sein – wenn man überhaupt von Tanz sprechen kann. Eines Tages beschloß sie plötzlich, für den Rest ihres Lebens – das sehr viel kürzer sein sollte, als sie je hätte vermuten können – auf dem Pfad der Tugend zu wandeln. Sie half gefallenen Frauen, und mitten in dieser ehrbaren Tätigkeit starb sie 1861 im Alter von dreiundvierzig Jahren in New York, wo sie begraben liegt.

Auch Carmen Amaya starb früh, mit knapp fünfzig Jahren, doch sie tanzte sich buchstäblich zu Tode. Sie hatte eine schmale, biegsame Figur und trat oft in Männerkleidern auf. Obwohl sie den rhythmischen Gesetzen des Flamenco ihren Eigenwillen entgegensetzte, übertrat sie diese nie und tanzte mit unfehlbarer Präzision. Sie war die einzige Frau, die es im Flamenco, dem männlichsten aller Tänze, einem Mann gleichtun konnte. Diese Virilität des von Männern getanzten Flamenco machte in den späten vierziger und in den fünfziger Jahren, als sich das Ballett in einer entscheidenden Phase befand, starken Eindruck auf das Publikum.

In dieser kurzen, nur wenige Jahre dauernden Zeit schien es, als ob das Ballett plötzlich englisch, französisch, dänisch und amerikanisch geworden wäre, und überall tanzten gewandte junge Männer mit großem Enthusiasmus und, was am wichtigsten war, auch mit Erfolg. Zwei herausragende Tänzer, Jacques d'Amboise und Edward Villella, versetzten das amerikanische Publikum regelrecht in Begeisterung. Und auf einmal hörte man Männer, die sich nur ungern wieder einmal zu einem Ballettbesuch entschlossen hatten, beim Verlassen des Theaters plötzlich sagen: «Diese Tänzer müssen unglaublich fit sein – das sind ja richtige Athleten.» In ihren Stimmen schwang Hochachtung mit.

La Argentina

Vicente Escudero

Antonio

Carmen Amaya

Ein spanisches Café in der Zeit vor dem Ersten Weltkrieg

So kam und ging die Mitte unseres Jahrhunderts. In der Welt des Balletts hatten die Ballerinen schon viel zu lange im Scheinwerferlicht gestanden; nun drängten die Männer ungestüm auf die Bühne zurück und forderten ihren Anteil. Zu Hilfe kam ihnen dabei seit 1956 die Aufregung, die das Auftreten russischer Ballettkompanien verursachte: seit der Revolution waren sie zum ersten Mal wieder zu sehen.
Im Westen hatte sich das Ballett gerade auf ein geruhsames Dasein bei freundlicher Anerkennung eingerichtet, als aus Rußland wie ein Tornado Rudolf Nurejew daherfegte – und nichts im Tanz war jemals wieder ganz dasselbe wie früher. Es lag plötzlich Spannung in der Luft. Das Zeitalter der Frauenemanzipation wurde im Tanz zum Zeitalter der Männeremanzipation, und die Ära der Supermächte wurde auch die Ära der Superstars. So ging eine Epoche von hundert Jahren zu Ende, für die der Text zu einer Karikatur aus dem Jahre 1860 kennzeichnend war: «Das Unerfreuliche an Ballerinen ist, daß sie manchmal von einem männlichen Tänzer begleitet werden.»

Der Tatar Nurejew wurde 1938 auf einer langen Bahnreise geboren, die quer durch Sibirien nach Wladiwostok am Japanischen Meer führte. Er wuchs in Ufa am Fuße des Ural auf, machte im Alter von zwanzig Jahren an der Leningrader Ballettschule seine Abschlußprüfung und gab sofort mit Hauptrollen sein Debüt am Kirow-Theater. Sein Charisma erklären zu wollen, wäre ebenso aussichtslos wie der Versuch, den Starruhm irgendeiner anderen Persönlichkeit erklären zu wollen. Nurejew ist insofern das genaue

Rudolf Nurejew in Vivace *von Murray Lois*

La Sylphide

Dornröschen

Gegenteil von Fred Astaire, als er von dem Augenblick an, als er mit sechs Jahren zum erstenmal Tanz sah, wußte, daß er nur dies und nichts anderes tun wollte. Aber niemand half ihm, und so war er bereits siebzehn, als er endlich nach Leningrad kam. Astaire war schon lange Tänzer, ehe er berühmt wurde, während Nurejew nach nur dreijähriger Ausbildung von der Schule abging und sich sofort an die Spitze setzte. Astaires Eigenart beruht auf seiner Entspanntheit, die Nurejews jedoch auf innerer Spannung. Sie sind beide Genies, aber Astaire genießt beschaulich seinen Lebensabend, während Nurejew seiner Passion bis zum letzten Atemzug frönen wird.

Nurejews Ausbildung stand im Zeichen einer ungebrochenen klassischen Tradition, die sich in direkter Linie bis zu den großen Ballettpädagogen im Frankreich und Italien des frühen achtzehnten Jahrhunderts zurückverfolgen läßt. Sein Lehrer war Alexander Puschkin, ein bezaubernder kleiner Mann, der wenig Worte machte, aber eine wunderbare Einsicht in die Fähigkeit des Körpers besaß, Bewegungen zu erlernen. Zwar wird in allen Ballettklassen ein Grundmuster von Übungen gelehrt, die schrittweise zu kleinen Tanzsequenzen hinführen, aber es gibt Tausende von Möglichkeiten, wie diese kleinen Bewegungselemente aneinandergereiht und kombiniert werden können. Der Lehrer legt jeden Tag die Anzahl der Wiederholungen jeder Übung fest sowie die Richtungen und die Kombinationen, in denen sie ausgeführt werden sollen. Das Geheimnis des guten Lehrers ist, daß er weiß, wie er die Übungen für jedes Tagespensum zusammenzustellen hat. Einige Schritte müssen langsam sein, andere schnell, und die Glieder müssen zum richtigen

Moment

Aureole

Zeitpunkt bereit sein, diese sauber auszuführen. Puschkin kannte sich in diesen Dingen hervorragend aus, so daß ein intelligentes Gehirn, das seine Anweisungen genau befolgte, ohne weiteres verstand, welche Muskeln für die einzelnen Bewegungen einzusetzen waren und wie die Bewegungen der Glieder zusammenspielen mußten, um das gewünschte Resultat zu erreichen.
Alexander Puschkin lehrte viele Jahre an der Kirow-Schule in Leningrad. Zu seinen Lehrern zählte Nikolai Legat, dem er in Gesicht und Statur, aber auch vom Temperament her ein wenig ähnlich war. Legat war ein berühmter Tänzer, der wegen der Revolution seine russische Heimat verließ, 1926 in London seinen Wohnsitz nahm und in einem Gebäude neben der heutigen Royal Ballet School Unterricht erteilte. Als ich zwölf war, nahm ich für eine Weile bei ihm Stunden. Er war mit seiner wohlwollenden Gutmütigkeit und seinem manchmal koboldhaften Schalk überaus sympathisch. Wie alle russischen Lehrer konnte er in seinem Tadel sehr sarkastisch sein, doch war es immer ein liebenswürdiger Sarkasmus. Ich habe nie erlebt, daß er die Geduld verlor; bei manchen seiner Kollegen konnte dies indes schon einmal vorkommen. Er unterrichtete vom Klavier aus, auf dem er die Übungen selbst begleitete und hin und wieder lustige kleine Triller und Verzierungen einflocht. Manchmal stand er auf, um einen Schritt zu erklären, aber meist wußten die Schüler schon aufgrund seiner mündlichen Anweisungen und Zeichen, was gewünscht war. Wer einmal eine Zeitlang bei ihm gelernt hatte, kannte seine Unterrichtsweise. Eine Ballettstunde ist ja in Wirklichkeit wie ein Kreuzworträtsel: hat man einmal die

Eigenheiten des Lehrers herausbekommen, ist es ganz leicht, die Schritte zu verstehen – wenn man sie dann nur auch schon könnte!
Legat war in St. Petersburg Schüler des großen Lehrers Christian Johansson gewesen, eines Schweden, der in Kopenhagen mit Antoine Bournonville gelehrt hatte; dieser wiederum hatte 1820 in Paris bei Auguste Vestris studiert. Johansson pflegte seinen Unterricht wie alle früheren Tanzlehrer auf einer kleinen Geige zu begleiten, und manchmal bespritzte er den Boden absichtlich mit Wasser, um seinen Schülern beizubringen, wie man unter allen Umständen das Gleichgewicht hält. Alle Tanzlehrer der alten Schule bedienten sich solcher Tricks, aber ihr gesammelter Wissensschatz, der in der Leningrader Ballettschule gehütet wird, ist das Erbe eines jeden Tänzers.
Nurejew liebt und pflegt diese klassische Komponente seiner Ausbildung. Gleichzeitig ist er jedoch von einem unstillbaren Drang erfüllt, nach neuen Möglichkeiten tänzerischer Bewegung zu suchen. Als er 1961, vom Wunsch nach neuer choreographischer Erfahrung getrieben, in den Westen kam, war er dreiundzwanzig und verblüffte nicht nur durch seine Virtuosität, sondern auch durch eine unerklärliche magnetische Ausstrahlung auf der Bühne. Mangels anderer Beispiele verglich man ihn mit Nijinsky, was freilich falsch und

Die Ballerina hält ihren Partner

Mit Margot Fonteyn in Roland Petits Paradise Lost *und mit Diane Gray in Martha Grahams* Night Journey

irreführend war, denn er ist keineswegs ein zweiter Nijinsky, sondern der erste und einzige Nurejew.
Bald ging er daran, das klassische Ballett umzugestalten. Er war entschlossen, der männlichen Hauptrolle mindestens ebensoviel Gewicht zu verleihen wie jener der Ballerina. Diejenigen unter uns, die gewöhnt waren, daß hauptsächlich sie im Rampenlicht standen, traf dies wie ein Schock. Härter noch traf es unsere Partner, die zeit ihres Bühnenlebens immer nur bemüht gewesen waren, ihre Ballerinen buchstäblich im rechten Licht erscheinen zu lassen. Nurejews Ansinnen war indessen logisch. Nach seiner Meinung bedeutet der Pas de deux einen *Tanz* zu zweit, und nicht, daß nur ein Partner tanzt und der andere die Bühne abschreitet. Wie alle Vorkämpfer mußte er etwas Druck einsetzen, um sein Ziel zu erreichen, weshalb sein Vorgehen als purer Egoismus kritisiert wurde. Da ich von Natur aus konservativ bin, dauerte es eine Weile, bis ich die Revolution in meiner Umgebung zu schätzen begann. Aber ich achtete Nurejews Intelligenz und wußte, daß es klüger ist, dem Einwirken unwiderstehlicher Kräfte durch Bewegung zu begegnen – obwohl ich mich nicht kampflos ergab. Wer jedoch so viel knisternde Spannung auf die Bühne zu bringen vermag wie Nurejew, schafft jene Atmosphäre der Verzauberung, auf die es ankommt. Immer und immer wieder habe ich es bei Aufführungen, die ich sah oder an denen ich selbst mitwirkte, erlebt, wie die Mitglieder des Ensembles sich selbst übertrafen, weil der Tiger hinter den Kulissen auf und ab schritt, seine Figuren bis zur

Nurejew und Margot Fonteyn in der Garderobe

Der Korsar

letzten Sekunde übte, die Schuhe sechsmal wechselte, bis er die richtigen gefunden hatte (wie ein Tenniscrack seine Schläger), und die elenden Schuhe mit unflätigen Worten bedachte, weil sie zu alt, zu steif, zu eng oder zu weit oder überhaupt nur dazu da waren, um ihn zu ärgern. Wenn er auftritt, sind die Blicke aller auf ihn geheftet, der voller Würde und Grazie zur Bühnenmitte schreitet, in tiefer innerer Sammlung. Er bereitet sich mit äußerster Sorgfalt und Akkuratesse für seine Variation oder sein Solo vor und springt dann in die Luft, als wollte er sich auf eine Beute von der dreifachen Größe seiner selbst stürzen. Während der Variation von einer oder anderthalb Minuten scheint der Tiger über die Köpfe der Truppe zu fliegen, bis er sie mit einem gewaltigen Sprung abschließt und in der Pose des Siegers verharrt, den dunkle Mächte zu zerreißen drohten. Seine atemberaubenden Schritte sahen manchmal so schwerelos wie der Flug eines Vogels aus und manchmal gefährlich undurchführbar. Mit ihm ging auch das Publikum durch das Abenteuer.
Das ist der erregende und magisch wirkende Nurejew, der das Ballett mit neuem Leben erfüllte, als es gerade im Begriff stand, das jüngere Publikum zu verlieren. Fraglos lockte dieser Künstler mit der Anziehungskraft eines Popstars die Teenager wieder in Scharen ins Ballett, und Tänzer, die noch in der Ausbildung standen, blickten mit der Aussicht, einmal selbst Superstars werden zu können, mit großen Hoffnungen in die Zukunft. Der Standard der Virtuosität stieg, wortwörtlich, mit gewaltigen Sprüngen.

Für Nurejew war dies nur die erste Phase. Er arbeitete mit den zeitgenössischen Choreographen weiter am Ballett und an der modernen Bewegungslehre des Tanzes, und zwar in Richtung der Martha-Graham-Technik, die in Ursprung und Prinzip vom klassischen Ballett völlig verschieden ist. Von Leningrad bis zu Martha Graham war es ein riesiger Satz. Nurejew wurde zum supermodernen Ballettänzer, der Meister des Vergangenen und Gegenwärtigen ist und sich für die Zukunft gerüstet weiß. Darum ist er auch der heutigen Szene voraus und weist den Weg. Selbst heute noch vermag kein anderer Tänzer nur mit seinem Namen Jahr für Jahr drei Wochen lang ein Londoner oder New Yorker Theater zu füllen, wie dies Nurejew und seinen Freunden oder auch Nurejew allein gelingt. Gerade das meine ich, wenn ich sage, daß die Ära der Ballerina vorüber ist.

Das soll aber nicht heißen, daß es keine Ballerinen mehr gibt. Sie tanzen im Gegenteil weitaus besser als je zuvor, verfügen über eine atemberaubende Technik und vollbringen wahre Wunder – aber sie geben den Ton nicht mehr an. Noch um 1930 war es selbstverständlich, daß die Ballerina der Höhepunkt einer Aufführung war, ob das nun immer zutraf oder nicht. Manchmal traf es tatsächlich nicht zu. Trotzdem bekamen die Ballerinen immer die besten Garderoben und alle Blumensträuße; zudem wurden sie überschwenglich verehrt. Man hatte ganz genaue Vorstellungen darüber, wie sie aussehen und was sie tanzen sollten. Sie trugen fast ausschließlich den Tutu und wurden nach ihrer Interpretation von *Giselle, Les Sylphides, Schwanensee* und dem *Nußknacker* – oder Auszügen davon – beurteilt. Auf Fotos sahen sie meist ernst und seelenvoll drein, außerhalb der Bühne waren sie sehr gepflegt.
Dieses Bild ist heute etwas differenzierter geworden. Moderne Ballerinen werden nicht mehr nur nach ihrem klassischen Repertoire beurteilt: die phantastische Suzanne Farrell vom New York City Ballet tanzt kaum jemals eine dieser Rollen, und doch ist sie eine Ballerina ersten Ranges. Auf der Bühne tragen sie manchmal Ballettröcke, aber häufiger sieht man sie in Ganztrikots (Leotards), welche die tadellose, gertenschlanke Figur betonen, die sie (zum Glück) alle haben. Im gewöhnlichen Leben kleiden sie sich gern in Jeans und T-Shirts.

Petruschka

Don Quixote

Push Comes to Shove

Der Geist der Rose

Theme and Variations

Natalia Makarova in Schwanensee

Heute sehen die Tänzer am besten und männlichsten in Ganztrikots aus, und so sieht man sie auch in neunzig Prozent der neuen Ballette. Die Topstars werden wie einst die Ballerinen an bestimmten klassischen Werken gemessen, vor allem an *Giselle, Der Korsar* (Le Corsaire), *Don Quixote* und *Schwanensee,* oder an Pas de deux daraus. Im Leben draußen kleiden sie sich nach der neuesten Mode oder aber trendbewußt-lässig. Sie belegen oft die besten Garderoben und bekommen Blumensträuße. Die Ehrungen sind heute ziemlich gleich verteilt oder überwiegen eher etwas zugunsten der Männer, womit alles wieder wie früher ist.

Wenn man einmal die Namen der vielen großartigen Tänzerinnen und Tänzer Revue passieren läßt, die heute die Bühnen der Welt bereisen, fallen Michael Barischnikow und Natalia Makarova besonders auf. Wie Nurejew haben sie ihre Wurzeln in Leningrad und sind im Westen zu voller Blüte gelangt. Ein solcher Lebenslauf scheint eine speziell erlesene Gattung von Künstlern hervorzubringen.

Barischnikow, ein Wunder der Schwerelosigkeit, macht das Unmögliche mit der Nonchalance eines Fred Astaire möglich. Mühelos wechselt er von klassischer Virtuosität zum modernen Ballett, und in seinem Tanz drückt sich reines Vergnügen an diesem Metier aus. Dennoch scheint dahinter auf geheimnisvolle Weise eine düstere Melancholie zu lauern, die ihn wie den einsamen Dichter, dessen Visionen über den Horizont der übrigen Menschen hinausgehen, von uns entrückt. Man weiß nicht, ob er jenseits des Tanzes eine andere Lebensform erblickt, die ihm größere Erfüllung bringen könnte, oder ob ihn die bittere Süße dessen bedrückt, der alles schon erreicht hat. Sicher ist, daß er körperlich ein Tänzer von erstaunlichen Fähigkeiten ist, und künstlerisch einer, der seine Rollen nicht zu beherrschen versucht, sondern sich in sie hineinversenkt.

Auch um Natalia Makarova, eine einzigartige Ballerina, weht ein Hauch von Rätselhaftigkeit. Ihr Körper und ihre Glieder haben die Festigkeit und Elastizität von edlem Stahl. Auf der Bühne ist sie überaus sicher und selbstbewußt, und doch hat sie etwas Verletzliches an sich, etwas Hilfloses, das an ein Blatt im Herbstwind gemahnt. Die faszinierende Art und Weise, wie sich in ihrem Tanz Kraft und scheue Anmut die Waage halten, findet man bei keiner andern Tänzerin. Jede Ballerina muß ja ihren persönlichen Stil finden, und sich zugleich das aneignen, was andere vor ihr gemacht haben. Dies gelang der Makarova vor allem beim klassischen Repertoire, für das sie ausgebildet wurde, aber sie hat auch zeitgenössische Stücke gemeistert, für die ihre Schulung nicht ganz ausreichte. Sie hat jetzt den Gipfelpunkt ihres Könnens erreicht.

Aber das sind nur zwei der großen Tänzer, die dafür Gewähr bieten, daß der Tanz seinen magischen Zweck wirklich zu erfüllen vermag. Als ich mit dem Tanzen begann, war dieser Zweck schon fast völlig vergessen worden. Heute können wir dank Künstlern wie Astaire, dank den Dänen, Franzosen, Briten, Amerikanern und Russen, aber auch den Spaniern, wieder hoffen, daß der Zauber des Tanzes für alle Zeiten gebührend im Vordergrund bleiben wird.

Experimenteller Tanz

> *Man hat sie eine große Künstlerin, eine griechische Göttin genannt, aber sie war nichts dergleichen. Sie war ganz anders als irgend jemand oder irgend etwas sonst.*
> *Gordon Craig*

Isadora Duncan ist schwieriger zu beschreiben, zu erklären und einzuordnen als sonst eine Tänzerin oder ein Tänzer, einschließlich des geheimnisvollen Nijinsky. Sie paßt in keine Kategorie, weil sie eine Poetin der Bewegung war. Ein Poet gebraucht Worte, die wir alle kennen, doch schafft er sich daraus aufgrund seiner Eingebungen seine ganz persönliche Sprache. Genau das tat Isadora Duncan mit den menschlichen Bewegungen. Sie war, so absurd das zunächst klingen mag, eigentlich gar nicht an dem interessiert, was wir gemeinhin unter «Tanz» verstehen. Der Tanz hat ja feste Regeln, nach denen Schritte, Sprünge, Drehungen und Wendungen ausgeführt werden. Selbst die primitivsten Tänze setzen sich aus bestimmten wiederkehrenden Bewegungen zusammen, die trotz ihrer Einfachheit Schritte darstellen. Beim Volkstanz gibt es die Schritte bereits um ihrer selbst willen. Isadora Duncan freilich kümmerte sich nicht im mindesten um solche Unterscheidungen, und die am höchsten entwickelte Technik von allen, die des Balletts, verabscheute sie geradezu.

Man mißt Isadora Duncan fälschlicherweise mit Bühnenmaßstäben, weil Tanz heute ausschließlich eine Sache der Unterhaltung ist. Er gehört, ob er nun in einem Theater dargeboten oder spontan in einem Nachtklub ausgeübt wird, in den Bereich unserer Freizeit und ist nicht Teil unseres religiösen oder beruflichen Lebens. Isadora Duncan versuchte indes, dem Tanz wieder seinen ursprünglichen spirituellen Sinn zu geben, wobei sie freilich zu seiner Verbreitung die damals üblichen Wege einschlug. Ob ihr dieser Widerspruch jemals ganz klar wurde, wage ich zu bezweifeln. Sie tanzte nämlich genausogern in einem Salon oder in einem Garten wie auf der Bühne. Der Ort war für sie von untergeordneter Bedeutung, denn sie war keine Bühnenkünstlerin oder höchstens dann, wenn man bedachte, daß in der Frühgeschichte Tempel und Kirchen die «Bühnen» des Gemeindelebens waren. Aber das war lange bevor die moderne Bühne, eingerahmt vom Proszeniumsbogen, ihre eigenen Regeln entwickelte, um Künstlichkeit mittels Technik und Kunst in echte Wirklichkeit zu verwandeln.

Nach heutigen Theaterbegriffen war Isadora Duncan eine Amateurtänzerin. Hatte sie das Gefühl, ihre Botschaft sei beim Publikum nicht angekommen, fand sie nichts dabei, auch noch mit Worten zu erklären, was sie zuvor in ihrem Tanz auszudrücken versucht hatte. Es kümmerte sie nicht, daß die Theaterkonvention verlangt, eine Aufführung müsse in sich schlüssig und verständlich sein, und daß Erläuterungen in das Programmheft gehören. Für

Gegenüber: Isadora Duncan

sie galten andere Maßstäbe. Ihre Bühne hätte ein Tempel sein sollen, denn sie suchte «den göttlichen Ausdruck der menschlichen Seele» und das, was sie «die Wahrheit meines Seins» nannte.
Diese Wahrheit bestand vor allen Dingen aus Emotion; der Instinkt war ihr Führer, während Logik und Vernunft nur eine untergeordnete Rolle spielten. Sie wollte mit der Natur eins werden, wollte der Himmel, die Wellen, der Wind sein, und dies nicht bloß durch irgendeine bekannte Kunstformel übersetzen. Sie mußte also ihre eigene Formel finden. Sie mußte erst selber entdecken, wie sie vor Freude laufen oder hüpfen, wie Gram sie beugen würde; danach benutzte sie diese Bewegungen und Gesten als ihre Tanzschritte.
Menschen wie Isadora Duncan gehören einer ganz eigenen Welt an und bleiben uns oft fremd. Es ist durchaus denkbar, daß wir nur auf sie aufmerksam werden, wenn ihr Erscheinen in eine Zeit fällt, die bereit ist für sie. Das war bei ihr der Fall. Vielleicht hätte zwanzig Jahre früher oder später niemand ihre Botschaft beachtet, doch dann – wer weiß – würde sie möglicherweise auf andere Art in Erscheinung getreten sein. Sie wurde jedoch zum richtigen Zeitpunkt, im Jahre 1878, in Kalifornien geboren, und wahrscheinlich war dies der beste Ort, an dem sie aufwachsen konnte, denn sowohl das natürliche als auch das intellektuelle Klima dort förderten eine gewisse Freiheit der Bewegung und der Gedanken.
Isadoras Vater hatte die noch junge Familie im Stich gelassen, und ihre Mutter versuchte, die vier Kinder, zwei Söhne und zwei Töchter, mit Musikunterricht durchzubringen. Von den vieren war Isadora diejenige, die aus der Verbindung zwischen ihrem schottischen Vater und ihrer irischen Mutter das Beste mitbekommen hatte. Sie war schön von Gesicht und Gestalt, mit natürlicher Musikalität begabt, einem großen Herzen und dem zwingenden Charme der Iren, die überall dort Anhänger finden, wo sie das Heft in die Hand nehmen. Als Kind zögerte sie nicht, ihre jüngeren Spielkameraden im Tanz zu unterweisen, obwohl sie selbst fast nichts davon verstand. Es war daher nur natürlich, daß die ganze

Isadora Duncan im Parthenon

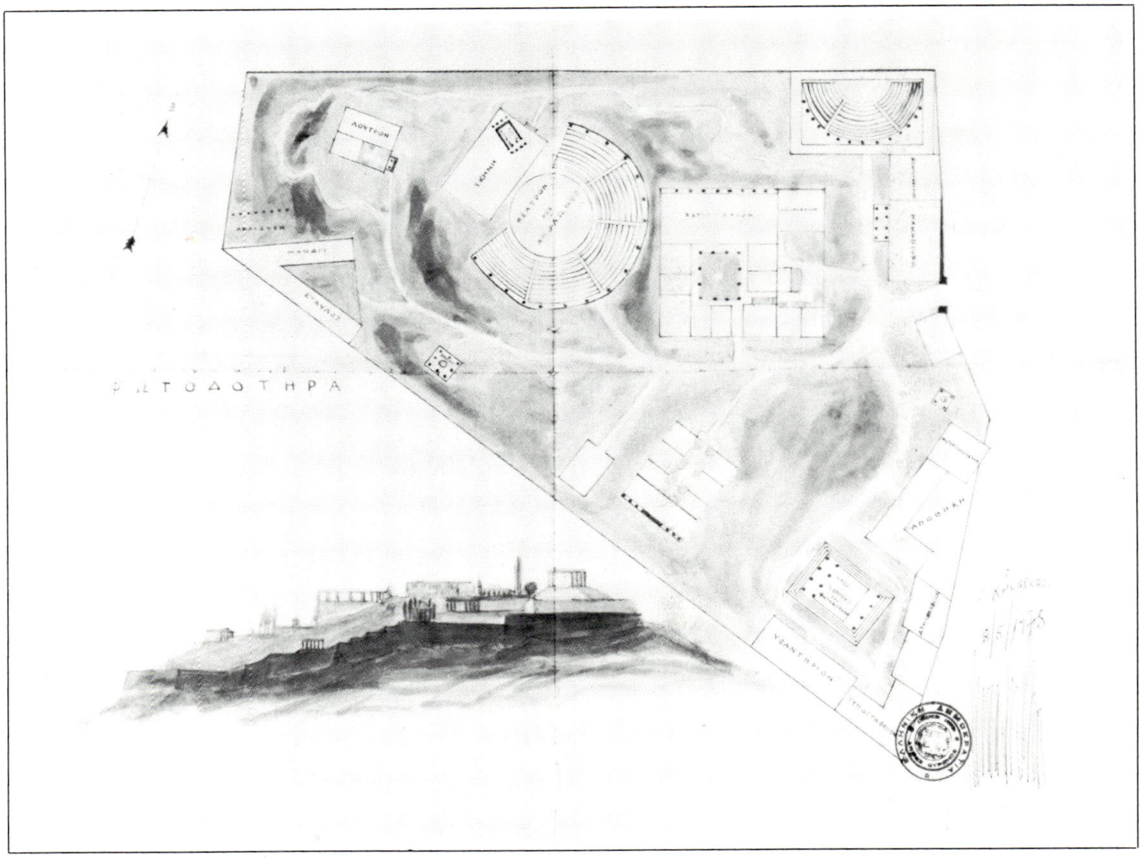

Grundriß der Duncan-Kommune in Athen

Familie später durch Isadoras inneren Zwang, auf ihre eigene Art zu tanzen, nach Chicago, New York und Europa verschlagen wurde. Sie glaubte, daß im hellenischen Griechenland der Schlüssel für das Bewegungsgeheimnis zu finden war, das sie suchte. Sobald durch Isadoras erste Auftritte in Europa etwas Geld zusammengekommen war, machte sich also die ganze Familie Duncan über Venedig nach Athen auf, mit großer Begeisterung und unter beträchtlichen Strapazen dem Weg des Odysseus folgend. Man schrieb das Jahr 1903. Isadora war fünfundzwanzig geworden, ohne der Liebe begegnet zu sein. Sie brauchte sie nicht – ihre Vitalität und ihre Gefühle gingen völlig in ihrem Suchen auf.

An ihrem ersten Morgen in Athen stiegen alle fünf Duncans zur Akropolis hinauf und betrachteten mit mystischer Ergriffenheit die überwältigende und erhabene Vollkommenheit des Parthenon. Sie hatten, in Isadoras Worten, «jenen geheimen Mittelpunkt gefunden, von dem aus in weiten Kreisen alle Schönheit und alles Wissen ausstrahlt». Ihre Aufgabe war es jetzt, diese Schönheit einzufangen.

Während der letzten vier Monate habe ich jeden Tag vor diesem von Menschenhand geschaffenen Wunder an Vollkommenheit gestanden ..., und ich wagte mich nicht zu bewegen, denn ich erkannte, daß jede Bewegung meines Körpers vor einem dorischen Tempel unziemlich gewesen wäre. Und wie ich so stand, wurde mir klar, daß ich entweder einen Tanz finden mußte, der in seiner Wirkung diesem Tempel angemessen war – oder nie mehr tanzen durfte ... Viele Tage lang stand ich ohne Bewegung. Und dann kam mir eines Tages der Gedanke: Diese Säulen, die so gerade und ruhig stehen, sind nicht wirklich gerade. Vielmehr schwingt sich jede von ihnen sanft von der Basis zum Kapitell empor; jede ist in fließender Bewegung, ohne Rast, und die Bewegung jeder einzelnen verbindet sich harmonisch mit den anderen. Als ich dies dachte, hoben sich meine Arme langsam zum Tempel empor, und ich verneigte mich – ich wußte, daß ich meinen Tanz gefunden hatte, und er war ein Gebet.

Aus solch unreifer Ekstase entwickelte Isadora Duncan ihren Tanz. Er läßt sich nicht wiederholen oder imitieren oder lehren, und von allen ihren Schülern lernten nur diejenigen etwas, die sie bei sich behielt und persönlich inspirierte. Menschlich, wie sie vor allen Dingen war, zeigte sie sich aber nicht besonders erfreut, wenn diese sich weiterentwickelten, eigene Erfolge verbuchen konnten und sich etwas von ihr lösten.

In der Euphorie ihrer ersten Tage auf der Akropolis hatte die Familie Duncan einstimmig beschlossen, die alten Griechen durch die Errichtung einer Kunstkommune zu ehren, wo sie ein einfaches Leben führen wollten, die Köpfe voll hehrer Ziele und die Füße in Sandalen. Sie packten dieses ebenso außergewöhnliche wie aussichtslose Projekt mit typischem Feuereifer an und suchten überall in der Gegend, bis sie bei Kopanos einen Hügel fanden. Hier stieß Isadoras Bruder Raymond seinen Wanderstab in den Boden und verkündete, dies sei der auserwählte Ort. Raymond entwarf ehrgeizige Pläne. Es sollte ein Wohnhaus entstehen, ein kleiner Tempel, ein griechisches Theater, eine Bibliothek und mehrere Nebengebäude; auf den Hängen sollten Schafe weiden. Isadora kaufte den Hügel für einen stattlichen Preis und außerdem besondere Steine, die mit Eseln herangeschafft wurden, um das Haus nach dem Vorbild von Agamemnons Palast in Mykene mit festen Mauern zu versehen.

Das Wohnhaus wurde fertiggestellt (es wird jetzt als Duncan-Museum restauriert), aber der Rest des Projekts war von Anfang an zum Scheitern verurteilt. Zum einen wurde das Ganze erheblich teurer als angenommen, und zum anderen entdeckte Isadora Duncan sehr bald, daß gerade sie am allerwenigsten für das wahrhaft einfache Leben geschaffen war. Als sie die Liebe und den Luxus entdeckte, begann sie beides in vollen Zügen zu genießen und gab gegen Ende ihres kurzen Lebens nicht selten ihr letztes Geld für eine Flasche besten Champagners aus. Der wirkliche Asket in der Familie war Raymond; bis zum Ende seiner Tage trug er wallende Gewänder, einen Bart, langes Haar, Sandalen – und, wie ich fürchte, auch eine ernste Miene.

Allmählich wurde klar, daß sich der Traum der Duncans von der Wiederbelebung der künstlerischen Glorie des alten Griechenland nicht verwirklichen ließ. Isadoras Ersparnisse begannen zu schwinden, und die modernen Athener konnten sich für die Idee, von einer Familie exzentrischer Amerikaner in ihre goldene Vergangenheit zurückversetzt zu werden, nicht erwärmen – zumal der große Hit bei Isadoras Auftritten ihr Wiener Walzer war. Entmutigt zog sie sich zu mitternächtlicher Stunde allein zum Tanzen in die Ruinen des Dionysos-Theaters zurück. Dann besuchte sie, ruhelos umhergetrieben – oder insgeheim doch erleichtert? – nacheinander Paris, Wien, Budapest, Berlin und Rußland. Sie fand Liebe, Reichtum, Ruhm und ein tragisches Schicksal.

Eigentlich bestand sie aus nichts als Widersprüchen. Ohne je ihren Glauben an den griechischen Tanz in Tempel und Arena aufzugeben, wollte sie doch auch ein Bühnenstar sein. Sie war glücklich, wenn der Beifall und Jubel des Publikums sie umrauschte. Sie suchte den künstlerischen Erfolg, und in der Tat waren Dichter, Musiker, Maler, Schriftsteller, Bildhauer, der Theaterreformer Stanislawski und der Bühnenbildner Gordon Craig ihre ergebenen Bewunderer – und gelegentlich auch Liebhaber. Sie blühte auf in ihrer Gesellschaft.

Isadora Duncan in «La Marseillaise»

Mit ihren Kindern Deirdre und Patrick

Mit ihren Schülerinnen in Grunewald, 1905

Mit ihren Schülerinnen, 1909

In ihrer wirrköpfigen irischen Art versuchte sie immer wieder das Unmögliche, und nicht selten gelang es ihr. Ich glaube nicht, daß sie sich über sich selbst oder die wahre Natur ihrer Liebe zu Griechenland je ganz im klaren war. Im Grunde war sie nämlich so etwas wie eine mythische Mutter Natur, das ewige Weib. Ihre Motivation, Fixierung, Obsession galt den Kindern. Über alle Krisen hinweg bewahrte sie sich denn auch ihren Traum von einer Schule, in der tausend Kinder im Tanz, in Freude und Gesundheit leben sollten und wo sie Tausende und Abertausende von Kindern unterrichten würde. Sie war weniger eine «emanzipierte» Frau im heutigen Sinne als eine alles umschließende ewige Erdenmutter. Sie war nichts als Mutter, aber keine Hausfrau. Wer hätte je davon gehört, daß Mutter Natur einen Mann hat? Ebensowenig konnte Isadora Duncan verheiratet sein. Schließlich heiratete sie zwar ihren wilden russischen Dichter, Jessenin, doch bedeutete das keine Bekehrung zu bürgerlicher Respektabilität. Sie tat es, weil sie in ihm mit seinen goldenen Locken ein Ebenbild ihres verstorbenen Sohnes sah, wie er als Erwachsener ausgesehen hätte, und so konnte sie Jessenin nichts verweigern, schon gar nicht die Möglichkeit, zu einem Paß zu kommen und mit ihr aus Rußland auszureisen.
Der groteske und vermeidbare Unfall, bei dem während eines heftigen Sturms ihre Kinder in einem Wagen eingeschlossen in die Seine fielen und ertranken, war eine unvorstellbare Tragödie. Es zerriß ihr das Herz, ließ ihr keine Sekunde mehr ohne Schmerz und Trauer und zerstörte ihr Leben. Weder Tanz noch Champagner und Liebhaber konnten ihr wieder Frieden geben, bis sich eines Tages ein langer Schal, den sie achtlos über die Schulter geworfen hatte, in den Rädern ihres Autos verfing; sie hatte wohl dessen Fahrer, einen jungen Mann, instinktiv als Götterboten erkannt, und im Augenblick war sie an jenem Ort, wo ihre unschuldigen Kinder auf sie warteten.
Das Maß unserer Unfähigkeit, grundlegende Wahrheiten der Natur zu verstehen, wenn wir ihnen begegnen, läßt sich auch daran erkennen, daß fast alles, was Isadora in ihrem turbulenten Leben als natürlich und logisch empfand, für die zivilisierte Welt skandalös oder sensationell war.
Hätte Isadora Duncan als junges Mädchen Anna Pawlowa in ihrer Frühzeit sehen können, würde sie wohl verstanden haben, daß die Technik einer perfekt ausgebildeten Ballettänzerin nichts weiter ist als die absolute Beherrschung der Bewegungen. Sie vermag die Seele zu befreien und das Strahlen des Geistes sichtbar zu machen. Aber Isadora war drei Jahre älter, und als sie dann eines Tages die Pawlowa sah, war sie schon so besessen von ihrer Idee des natürlichen Tanzes, daß sie sich nicht zu einer Anerkennung des Balletts durchringen konnte. Dennoch ist es meiner Meinung nach unbestreitbar, daß Isadora Duncan mit ihrem freien Einsatz der Armbewegungen das Ballett erheblich beeinflußt hat. Andererseits kann ich mich aber nicht der Ansicht anschließen, sie sei – wie oft behauptet wird – die Mutter des «Modern Dance» gewesen. Sie hat den Tanz lediglich auf seine Ursprünge zurückgeführt und es damit anderen leichter gemacht, von vorne zu beginnen und neue Richtungen einzuschlagen. Um zu verstehen, wie und warum es ihr gelingen konnte, einzig mit Gefühl und Persönlichkeit Künstler und Intellektuelle so sehr zu beeindrucken, muß man den Zustand der Tanzkunst in den letzten zwanzig Jahren des neunzehnten Jahrhunderts berücksichtigen – in dem Zeitraum, in den auch die ersten zwanzig Jahre des Lebens der Isadora Duncan fielen.

Als Isadora im Jahre 1878 geboren wurde, unterhielten die meisten europäischen Hauptstädte staatliche Opernhäuser, deren Balletttruppen und -schulen immerhin als Ausbildungszentren gelten mußten, ob diese Ausbildung nun zu ernsthafter künstlerischer Arbeit genutzt oder für Albernheiten verschwendet wurde. In diesen Bereichen blieb der Ballett-

«Les Poules», Folies-Bergère

Marianna Pitteri in «Star of Hope»

Regina Badet, Première Danseuse der Pariser Oper

Konzertplakat für The Grand Comic Opera Co.

Letty Linds Gewandtanz

Kate Vaughan

Lottie Collins

tanz auf unterschiedlichem Niveau leistungsfähig und angesehen. Nur in London und New York fehlte das Rückgrat eines staatlich geförderten professionellen Balletts, und die armen Schüler dort waren auf Gedeih und Verderb auf Privatlehrer angewiesen. Einige von ihnen verstanden ihr Handwerk, und die übrigen lehrten «fancy dancing» – eine bunte Mischung von allem Möglichen, was sie irgendwo einmal gesehen oder selbst gemacht hatten. Unter diesen Umständen verkam das alte klassische Ballett, das in der Mitte des neunzehnten Jahrhunderts vor allem beim Londoner Publikum hoch angesehen war, zu nichtssagenden Drehungen von Chormädchen, die vom Tanz wenig Ahnung hatten. Ihre überentwickelte Wadenmuskulatur wurde nur allzu deutlich unter den starren, mehrlagigen Ballettröcken sichtbar, die im Verlauf der Jahre nur deshalb immer kürzer geworden waren, weil es gekonnte Technik zu sehen gab. Aber so war nach und nach alle Grazie und Weiblichkeit verschwunden, und damit auch wirkliche, zauberhafte Kunst.

Der kurzlebige Gewandtanz (Skirt Dance), der um 1870 erstmals im Drury Lane Theatre vorgeführt wurde, kündigte die erste Revolte an. Bei diesem Tanz mit langen, fließenden Gewändern wurde kühn auf das traditionelle Ballettkostüm verzichtet, und obwohl die Schritte selbst recht kindisch waren, war er zu seiner Zeit sehr modern und verursachte eine außerordentliche Sensation. So manche ehrgeizige Dame der Gesellschaft, die bei irgend einer wohltätigen Veranstaltung groß herauskommen wollte und es sich ohne weiteres zutraute, die einfachen Schritte und sanften Drehungen vorzuführen, von der leichten Handhabung der Röcke gar nicht zu reden, fand sich am Ende unentwirrbar in ihre Kleider verwickelt der Länge nach am Boden liegen. Das war ohne Zweifel, was die Beliebtheit dieses Tanzes rapide schwinden ließ.

Er hätte sich vielleicht nie wieder erholt, wenn nicht Kate Vaughan gewesen wäre, eine überaus attraktive Tänzerin, die zu ihrem Glück eine Zeitlang richtigen Ballettunterricht erhalten hatte. Ihr Gesicht war klassisch schön und in ihren großen, dunklen Augen zeigte sich eine Spur von Melancholie. Ihr Stil erinnerte an Tanagrafiguren, und sie inspirierte die präraffaelitischen Maler und Dichter, die sie verehrten. Sie war für ihre Generation in

Excelsior, *1881*

England, was Marie Taglioni vierzig Jahre zuvor für Paris gewesen war: der Ausdruck einer neuen Kunstrichtung. Trotz eines gelegentlichen hohen Beinwurfs – den ein bornierter Kritiker «diesen unschönen Schritt» nannte – leitete sie die Rückkehr zum Tanz als Kunstform ein, lange bevor Isadora Duncan überhaupt geboren war.

Ein beherztes englisches Mädchen namens Lottie Collins brachte als nächste etwas persönlichen Zauber in den trist darniederliegenden Bühnentanz ein. Lottie tanzte den Cancan, fügte einen Hauch englische Unschuld hinzu, würzte das Ganze mit etwas Tschingtarasasa und machte aus dieser Revuenummer etwas, bei dem «der Refrain wilder und wilder, die Tänzerin immer ekstatischer zu werden scheint, ohne daß jemand vernünftigerweise eine Spur von Vulgarität und Unziemlichkeit in irgendeiner Bewegung entdecken kann». Dies genügte Lottie Collins, um England und Amerika im Sturm nehmen zu können.

Die Leute waren wirklich leicht zu befriedigen. Was ihnen am meisten gefiel, war das große Spektakel, das 1881 mit *Excelsior,* einem an der Mailänder Scala von dem Choreographen Luigi Manzotti inszenierten Meisterwerk (in sechs Akten und zwölf Bildern) seinen Zenit erreichte. Die Handlung schildert den Aufstieg der menschlichen Zivilisation, dargestellt am Beispiel der Technik im Kampf gegen die finsteren Mächte der Unwissenheit. Mit einer Massenbesetzung von fünfhundert Akteuren wurden die Erfindung des Dampfschiffs und der eisernen Brücke, der Bau des Suezkanals in Ägypten und des Mont Cenis-Tunnels in den Alpen sowie die Entdeckung der Elektrizität und der Telegraphie vorgeführt. Am Ende stand eine Apotheose der Erleuchtung und des Friedens. In Paris wurde das Stück in einem Theater, das speziell für Ausstattungsstücke erbaut wurde, ein volles Jahr gespielt. In Wien blieb es sogar neunundzwanzig Jahre auf dem Spielplan und erreichte 329 Vorstellungen. Mit dieser Art von Ballett war Manzotti in seinem Element. In einer anderen Inszenierung brachte er achtzehn Pferde, zwei Elefanten und einen Ochsen auf die Bühne.

Das *Excelsior*-Monumentaltheater, bei dem die menschlichen Werte hinter dem Spektakulären und Virtuosen zurücktraten, war die Summe aller Leistungen und Fehlleistungen des italienischen Balletts des neunzehnten Jahrhunderts, das sich wie Rauch in Nichts auflöste, als der Tanz zu den expressionistischen Entwicklungen in Kunst und Musik aufschloß. *Excelsior* war aber auch ein Produkt alter Tradition. Die Italiener waren zu allen Zeiten Meister des Schauspiels, und fast alles, was wir heute mit dem Begriff des Theaters verbinden, entstand in den Palästen des italienischen Adels. Der hohe Stand ihrer Inszenierungen erstaunt noch heute. Wenn man weiß, daß es sich bei den Aufführungen meist um Allegorien handelte, die die politischen Ziele des Anlasses – häufig eine Verbindung durch Heirat – genau widerspiegelten, dann mußte ihr jeweiliger Urheber so etwas wie ein Cecil de Mille sein, und ein Dichter und Politiker dazu. Ein solcher Mann war Graf Philipp d'Aglié am Hof von Savoyen im siebzehnten Jahrhundert. Welche Kraft der Phantasie! Welch meisterhafte Beherrschung des theatralischen Rüstzeugs! Selbst der extravaganteste Theaterregisseur erschiene im Vergleich zu den Talenten von d'Aglié als stümperhaft. Er verfaßte die Szenarios und die Verse – in Latein, Italienisch und Französisch – für über vierzig Ballette, spielte mehrere Instrumente, schrieb seine eigenen Partituren und war in ganz Europa für die Brillanz seiner Choreographien berühmt. Als Staatsrat durchschaute er natürlich die Ränkespiele um die Macht, die zu solch prächtigen Anlässen führten.

Für diese Aufführungen wurden riesige Säle erbaut. Frühe Illustrationen lassen erkennen, wie die Verteilung der Zuschauer und der Akteure in diesen Palastsälen immer wieder geändert wurde, bis die nun gewohnte Art des Zuschauerraums entstand. Die interessante-

La liberazione di Tirreno e d'Arnea, *1616*

ste Phase war die, als die Akteure nicht nur auf der Bühne standen, sondern auch auf eine davorliegende arenenartige Fläche hinunterstiegen. Das einzig noch vorhandene Beispiel für diese Bühnen-Arenen-Kombination ist das faszinierende Teatro Farnese im herzoglichen Palast von Parma, das Giovanni Battista Aleotti erbaut hatte und das nach den im Zweiten Weltkrieg entstandenen Bombenschäden originalgetreu wiedererrichtet wurde. Das Theater befindet sich in einer riesigen ehemaligen Rüstkammer im zweiten Stock und verdankt seine Entstehung einem Kampf um gesellschaftliches Prestige. Der Herzog von Parma wollte bei Cosimo de' Medici von Florenz Eindruck machen, der auf der Heimreise von einer Pilgerfahrt im Jahre 1618 bei ihm abzusteigen gedachte. Die Arbeiten wurden in größter Eile durchgeführt: Tag und Nacht wurde am Theater gebaut und zugleich eine großartige Aufführung geprobt. Aber dann fühlte sich Cosimo von der Reise doch zu erschöpft und kehrte auf einer kürzeren Route mit dem Schiff zurück. Alles wurde abgesagt. Erst zehn Jahre später erlebte das Theater seine erste Aufführung, doch muß sich das Warten gelohnt haben. Eine Heirat vereinigte die Häuser der Medici und der Farnese und bot den willkommenen Anlaß für ein erlesenes Spektakel. Es umfaßte eine Oper, ein Ballett, ein vom Bräutigam geführtes Roßballett und ein dramatisches Finale, bei dem die Arena für eine Schlacht zwischen Seeungeheuern einen Meter hoch mit Wasser gefüllt wurde und einhundert Menschen auf einer Wolke von der Decke schwebten. Das

Il favore degli dei, *1690 im Teatro Farnese in Parma aufgeführt*

Il carnevale languente, *Turin 1647*

Publikum fürchtete zwar, das ganze Gebäude würde unter der Last des Wassers einstürzen, aber es lief alles ohne Zwischenfälle ab. Der Sohn aus dieser Ehe, vielleicht in eben dieser Nacht gezeugt, war so tanz- und theaterbegeistert, daß er mit seinen prunkvollen Festen und Feiern beinahe den ganzen Staat ruiniert hätte.

Höfischer Tanz aus der Abhandlung von Guglielmo Ebreo

Tanzen war für einen so begeisterten Liebhaber wie diesen jungen Herzog kein leichtes Unterfangen. Schon hundertfünfzig Jahre vor seiner Geburt hatte der Tanzmeister und Theoretiker Domenico da Piacenza die sehr anspruchsvollen Hoftänze gesammelt und im Detail beschrieben. Er führte zwölf Grundschritte auf und einundzwanzig verschiedene Tänze, die eigene Schöpfungen waren. Sein Schüler Guglielmo Ebreo (Wilhelm der Jude) aus Pesaro arbeitete dreißig Jahre an einer mit herrlichen Illustrationen versehenen Abhandlung, die 1463 abgeschlossen war und den neuesten Stand der Tanzkunst darstellte. Genaues Zeitmaß und «contra tempo» gehörten zu den Kleinigkeiten, die er zum Studium empfahl.

Dann war da noch Cesare Negri, der aus unbekannten Gründen mit dem Spitznamen Il Trombone (Die Posaune) bedacht wurde. Er verlangte von seinen Schülern sehr viel. Sie mußten ihre Füße wie moderne Ballettänzer nach außen drehen und zehn verschiedene Arten der Pirouette beherrschen. Negri war ein weitgereister Startänzer, Tanzmeister und Theoretiker in der exklusiven Welt der Höflinge. Da sich die Italiener leicht durch Virtuosität hinreißen ließen, ist es kein Wunder, daß Mailand, das schon 1536 zur Zeit von Negris Geburt der Mittelpunkt des Tanzes war, später das Zentrum der Ballettechnik wurde. Ein Übermaß an Virtuosität pflegt allerdings früher oder später eine Reaktion herauszufordern.

Eine solche trat gegen Ende des achtzehnten Jahrhunderts ein. Der mit der Spanierin Maria Medina verheiratete italienische Tänzer und Choreograph Salvatore Viganò versuchte, eine mehr naturalistische Expressivität in das Ballett einzuführen. Inspiration für

Maria Medina Viganò

Thematik, Bewegung und Kleidung suchte das Paar im alten Griechenland, wie es später auch Isadora Duncan tun sollte. Wie ähnlich sie sich waren, läßt sich an der im Jahre 1793 verfaßten Beschreibung einer Wiener Dame ablesen:

> *Über ihrem fleischfarbenen Trikot trug Maria Medina nichts als zwei oder drei Kreppröcke, einer kürzer als der andere, die um die Taille von einem dunklen Gürtel zusammengefaßt wurden. Dieser Gürtel war eigentlich alles, was sie am Leib trug, denn der Krepp verhüllte nichts. Beim Tanzen hoben sich ihre Röcke und wehten zur Seite, so daß ihr Körper sichtbar wurde, der in dem naturfarbenen Trikot völlig nackt erschien. Die Wirkung, die diese Frau und die von ihrem Mann geschaffenen Ballette hervorriefen, war sensationell; es war der triumphale Höhepunkt einer alten Kunst und einer neuen Art.*

Die Viganòs waren einfach einem kommenden Trend voraus. Die Mode hatte wie die Virtuosität ein Extrem erreicht, auf das eine Reaktion erfolgte. Die förmlichen Brokatkleider des achtzehnten Jahrhunderts mit ihren Krinolinen und ihren weiten, leicht gesteiften Unterröcken wurden von sanft fließenden Empire-Kleidern mit hoher Taille abgelöst, die etwas an griechische Gewänder erinnerten. Doch nach einiger Zeit beherrschten Schwere und Pomp wieder das Bild.

Um 1900 wiederholte sich der gleiche Ablauf nach den Exzessen der Fischbeinkorsetts, Turnüren und Bombasinstoffe. Kate Vaughans fliegende, wirbelnde Röcke waren ein Hinweis auf die Liberalisierung auf und außerhalb der Bühne, und das Theater stand allem

Die Viganòs

Loie Fuller mit dem Feuertanz

Neuen und Attraktiven so weit offen, daß eine Frau, die eigentlich kaum als Tänzerin gelten konnte, in aller Welt Aufsehen zu erregen vermochte. Ihr Name war Loie Fuller, und sie war eine clevere junge Dame aus Illinois, die ihre Karriere als Schauspielerin begonnen hatte. Rein durch Zufall entdeckte sie eine originelle Möglichkeit, die erst seit relativ kurzer Zeit bekannte Elektrizität auszunutzen. Bei einem Gastspiel in London hatte sie die Bekanntschaft eines jungen Offiziers der indischen Armee gemacht, der ihr nach ihrer Rückkehr nach New York einen Sari sandte. Als sie die durchscheinende Wolke aus Seide vor einem Spiegel um ihren Körper legte und nachdachte, wie sie daraus ein Kleid fertigen lassen könnte, fielen zufällig Sonnenstrahlen durch ein Fenster hinter ihr und schienen durch den Stoff, was einen prächtigen Effekt ergab. Sie begann sich zu drehen und die Seidenbahnen zu schwingen und beobachtete das Spiel des Lichts.

Dies genügte, um ihr erfinderisches Gehirn anzuregen. Mit Hilfe ihrer Brüder entwickelte sie eine Vielzahl von Bühneneffekten, darunter auch eine Beleuchtung durch Glas im Bühnenboden, was bis dahin unbekannt war. Der Feuertanz, der Serpentinentanz, der Regenbogen und der Korb waren einige der vielen Nummern, in denen sie Hunderte von Metern von Distelwollgewebe in einer Orgie von Bewegung und Farbe durch die Luft wirbelte. Ihre Mutter hütete streng das Geheimnis des Schnittmusters dieser aufwendigen Kostüme, brachte sie sorgfältig verpackt in das Theater und trug sie wieder hinaus.

Loie Fuller war so anders als Isadora Duncan, wie das Theater von der Natur verschieden ist. Loies Sinn für theatralische Effekte war unübertrefflich: Jeder ihrer Auftritte, die von einem kleinen Trupp von Elektrikern betreut wurden, wurde bis ins kleinste Detail ausgefeilt und geprobt. Sie gab jedoch ohne weiteres zu, daß sie eigentlich kaum eine Tänzerin war. Die einzige Ähnlichkeit zwischen ihr und Isadora Duncan geben am besten ihre eigenen Worte wieder, mit denen sie sich einmal über die alten Griechen äußerte: «Ich glaube, daß sie mehr den Eindruck studierten, den sie durch ihren Tanz vermitteln wollten, als die Art des Tanzes selbst.»

Loie feierte ihre größten Erfolge in Paris. Bei ihrem ersten Besuch dort zögerte sie zunächst, bei den Folies-Bergère aufzutreten – nur deren Theaterleitung war zu einem Engagement bereit. Ihr Erfolg dort war jedoch so groß, daß sie bald von Künstlern und Intellektuellen – darunter Auguste Rodin und Anatole France – und vor allem von der Avantgarde-Gruppe akzeptiert wurde. Ihre große Bewunderung für Marie Curie inspirierte sie zu einem Radium-Tanz. Ihre Auftritte waren jedoch mehr Effekthascherei als Tanz und nicht von Dauer. Und außerdem wurde Loie Fuller selbst allmählich ziemlich dick.

Die einzige bekannte Vorläuferin von Loie Fuller war die attraktive Lady Hamilton, Lord Nelsons Mätresse, die einhundert Jahre früher in ihrem Salon in der Britischen Botschaft in Caserta gerne graziöse Laientanzabende gab. Als sie einmal mit einigen langen Schals einen den Viganòs nachempfundenen Tanz vorführte, kam sie auf den Einfall, ihren gutmütigen Gatten, den Botschafter, zu bitten, sich mit einem Kandelaber hinter ihr aufzustellen, damit sie in einer Aureole milden Lichts tanzen konnte.

Ich finde es erstaunlich, daß nach Loie Fullers Triumphen niemand ihre Ideen mit wirklich professionellen Tänzern und echtem choreographischem Erfindungsreichtum fortführte. Erst 1950 kam dann Alwin Nikolais mit seinen «Son et lumière»-Vorführungen. Nikolais ist ein Magier der Ideen, Bewegungen, Farben, Klänge, Lichteffekte und Requisiten, und die Ergebnisse sind ebenso verblüffend wie brillant theatralisch.

Die Begeisterung, die Loie Fuller und Isadora Duncan um 1900 hervorriefen, führte dazu, daß Spitzenschuhe und Ballettröcke endgültig als altmodisch angesehen wurden. In Paris konnten sie sich nur noch an der Oper halten, jener Bastion des klassischen Balletts, die von 1894 bis 1940 von einer hervorragenden Mailänder Ballerina geleitet wurde: Carlotta

Loie Fuller

Zambelli. Sie tanzte bis 1927, leitete dann die Schule und regierte das Ballett mit Güte und Strenge. Sie war eine dunkelhaarige Frau mit lebhaften Augen und ungeheurer Energie, und sie rettete die französisch-italienische Schule in jenen Tagen der zweifelhaften künstlerischen Prätentionen, als sich Tänzerinnen wie Regina Badet «Danseuse de l'Opéra» nennen durften, vor dem endgültigen Niedergang.

Um die Jahrhundertwende blühte inmitten dieses kuriosen Konglomerats von Virtuosität und schlechtem Geschmack eine zarte Blume auf, ein Mädchen von zauberhafter Schön-

Loie Fuller: Die Spirale

Der Korb

Der Serpentinentanz

Cléo de Mérode

Carlotta Zambelli

heit: Cléo de Mérode. Weil der belgische König sie liebte, wird Cléo zu den großen Kurtisanen der Belle Époque gerechnet; sie war dazu aber viel zu romantisch (La Belle Otero zum Beispiel war eine hinreißende spanische Schönheit und Persönlichkeit, die sehr gut für sich selbst sorgen konnte). Cléo de Mérode dagegen war sensibel und verletzlich. In Madrid verliebte sie sich in einen jungen Prinzen und er sich so sehr in sie, daß er sie sogar heiraten wollte. Natürlich untersagte ihm seine Familie die Heirat mit einer Tänzerin, und so kehrte sie traurig zur Pariser Oper zurück, wo sie wegen ihrer Zerbrechlichkeit irgendwie fehl am Platz war. Wenn ich mir ihre Fotografien ansehe, glaube ich in ihren sehnsuchtsvollen Augen immer eine seltsame künstlerische Unerfülltheit zu entdecken. Anders als Carlotta Zambelli wurde sie nicht zur richtigen Zeit am richtigen Ort geboren. Carlotta war eine der «Fischbein»-Ballerinen großen Stils, kraftvoll und lebhaft. Im Jahre 1901 wurde sie als letzte ausländische Ballerina zu einem Gastspiel am Marien-Theater in St. Petersburg eingeladen.

Um 1904 hatte die junge Generation der St. Petersburger Tänzer erkannt, daß die Entwicklung nicht mehr weiter in Richtung auf eine Perfektionierung der Technik gehen konnte, und sie waren begierig nach einem Wechsel. Zunächst verlief die neue Entwicklung ganz in Richtung des wahrhaften Ausdrucks, wie ihn ein junger Tänzer und Choreograph, Michael Fokin, propagierte. Fokin war ein dunkler Typ, gut aussehend und ein poetischer Revolutionär. Ihm gelang das Kunststück, auf zweihundert Jahre Balletttradition zurückzugreifen – und auf die hervorragenden Tänzer, die sie hervorgebracht hatte – und gleichzeitig deren archaische Aspekte abzulehnen. Er sann den alten Zeiten nach und ließ romantische Visionen des neunzehnten Jahrhunderts, des Fernen Ostens, des alten Rußland und des klassischen Griechenland wiedererstehen. Aber obwohl seine Ballette thematisch nicht modern oder zeitgenössisch waren, waren sie neu in ihrer Auffassung des Tanzes. Er verzichtete zum Beispiel fast völlig auf Spitzenschuhe, da er es unsinnig fand, Nymphen oder Haremsdamen auf Spitzen tanzen zu lassen. Amüsant ist die Tatsache, daß Fokin, der ja immer so kategorisch dem klassischen Ballett zugerechnet wird, den *Feuervogel* (L'Oiseau de Feu), *Scheherazade* (Schéhérazade), *Petruschka* (Petrouchka) und *Thamar* mit einem Minimum an reinen Ballettschritten choreographierte und nur vier der Dutzende von weiblichen Rollen in Spitzenschuhen tanzen ließ. Freilich war dies auch die Epoche, in der alles, was an die Zwänge des vergangenen Jahrhunderts erinnerte, verworfen wurde: Korsette, Spitzenschuhe und viktorianische Moral gingen, und es kamen die freie Liebe, das Stimmrecht für Frauen und das Automobil.

In diesem Klima begann in Amerika die einfache Kunst zu blühen. Der jungen Tänzerin Ruth St. Denis, einer Zeitgenossin von Isadora Duncan und Fokin, gelang es, im eigenen Lande ohne den sonst obligatorischen Nachweis von Auslanderfolgen sofort ernstgenommen zu werden, und zwar hauptsächlich deshalb, weil sie während ihrer Anfangjahre in rauschenden Broadway-Shows ein ausgezeichnetes Gespür für Theater entwickelt hatte. Mit dieser soliden kommerziellen Erfahrung und beträchtlichem Ichbewußtsein machte sie sich auf, künstlerische Erfüllung zu suchen.

Auf ihrem Gebiet war Ruth St. Denis zweifellos eine bewundernswerte Künstlerin. Ihre Art von Kitsch, die ursprünglich von einer Werbung für ägyptische Zigaretten inspiriert, gleichzeitig jedoch von einer grundaufrichtigen mysteriösen Überzeugung durchdrungen war, machte sie zu einer unwiderstehlichen Akteurin. Mit ihren morgenländischen Phantasien zu abendländischer Musik bereitete sie zudem das Publikum auf den seriösen Tanz vor. Neue Bewegungen oder Anregungen gingen allerdings von ihr nicht aus; sie war nicht moderner als Isadora Duncan oder Fokin.

Der moderne und zeitgenössische Tanz, wie ihn die Welt seit diesem Jahrhundert kennt, ist etwas absolut Neues. Es ist die einzige Tanzform intellektuellen Ursprungs und entwickelte sich nicht auf der Grundlage überkommener Tanzschritte aus der Antike oder aus dem Dorftanz. Die Geburtsstunde des Modern Dance schlug etwa zur gleichen Zeit, da Isadora Duncan ihre scheinbar neue Kunst schuf. Und weil beide Formen das klassische Ballett ablehnten, wurden sie später miteinander verwechselt und für ein und dasselbe genommen. Die Quelle wirklich origineller Tanzideen war aber in Mitteleuropa zu suchen, und zu einem Teil müssen diese Einfälle meisterlich, zum andern indessen schrecklich gewesen sein. Die Neigung zu exzentrischen Tänzen ließ jedenfalls die Phantasie zügellos schweifen, und wenn die Ergebnisse auch manchmal grotesk waren, so erhöht dies nur den Unterhaltungswert der Fotografien, die uns aus dieser Zeit überliefert sind.

Ruth St. Denis als algerisches Tanzgirl, 1920

Zu den wenigen wirklich «modernen» und geschmacksicheren Konzertkünstlern dieser Epoche gehören die drei Wiesenthal-Schwestern aus Wien. Grete Wiesenthals Choreographie für einen Walzer im fließenden Abendkleid mit einem Champagnerglas in der Hand war eine gelungene Metapher für die emanzipierte junge Dame des Europa vor dem Ersten Weltkrieg. Dieser Tanz war 1907 höchst zeitgemäß und ist auch heute noch sehenswert, da er gültiger Ausdruck jener Zeit geblieben ist. Beachtlich scheint mir außerdem der Umstand, daß Grete Wiesenthal dem ersten Ballett in zeitgenössischen Kleidern, präsentiert von Serge Diaghilew, um mehrere Jahre voraus war. Dieses Ballett war *Spiele* (Jeux) aus dem Jahre 1913, aber die Gastspiele der Ballets Russes in Paris stellten ab 1909 alle anderen Tanzaktivitäten in Europa in den Schatten. Abgesehen von Diaghilews großartigem Talent als künstlerischer Leiter, bedeutete das technische Können seiner Tänzer gegenüber den meisten der «modernen» Solisten einen ungeheuren Vorteil. Selbst denjenigen mit ausgezeichneten Ideen und gutem Geschmack fehlte das tänzerische Können, um daraus Kapital schlagen zu können.
Die Sakharoffs zum Beispiel waren ein Paar, das seine expressiven Nummern mit ausgezeichneter Kostümausstattung als «abstrakte Pantomime» bezeichnete. Alexander Sakha-

Die Wiesenthal-Schwestern

GEORGE BARBIER 1921
clotilde &
alexandre
SAKHAROFF

roff war in Rußland geboren worden und ging nach Paris, um dort Jura und Malerei zu studieren. Als er einmal Sarah Bernhardt in einem Theaterstück ein Menuett tanzen sah, war er so begeistert, daß er Tänzer zu werden beschloß. Er studierte dann in München – allerdings nicht Tanz, sondern Akrobatik und gab dort 1910 sein erstes Tanzkonzert. Mit diesem Minimum an Technik konnten er und seine attraktive deutsche Frau, Clothilde von Derp, eine lebenslange Karriere aufbauen, die sie um die ganze Welt führte. Heute mißt man ihnen kaum noch Bedeutung bei. Immerhin sollte man bedenken, daß zwei Tänzer, die einen ganzen Abend allein bestreiten und das Publikum, wie es bei den Sakharoffs immer der Fall war, zu begeistern verstehen, doch ein erhebliches Maß an künstlerischer Ausdruckskraft und Phantasie besitzen müssen. Auch Rußlands regierende Ballerina Mathilde Kschessinska (oder Kschessinskaja), die sie in Paris sah, war von ihnen beeindruckt. Die Sakharoffs verbreiteten die Begeisterung für den Tanz überdies in Publikumskreisen, die große Truppen wie das Diaghilew-Ballett nicht erreichen konnten, und diese Aufgabe war sehr wichtig – und ist es auch heute noch.

Experiment und Innovation nähren sich aus vielen Inspirationsquellen, und hinter einem großen Teil des modernen Tanzes werden die Theorien eines ganz außerordentlichen und faszinierenden Franzosen namens François Delsarte sichtbar. Seltsamerweise fand er in

Der künstlerische Tanz (The Artistic Dance)

Hansi Dichtl

Liesel Pink-Pank

seinem Heimatland Frankreich weniger Beachtung als beispielsweise in Amerika und Deutschland. Delsarte wurde 1811 geboren. Er muß eine reizende Art von «verrücktem Professor» gewesen sein. Er begann als Opernsänger, verlor aber seine Stimme. Er beschäftigte sich zuerst mit den bedeutungslosen Gesten, die in seinem früheren Beruf für Schauspielkunst gehalten wurden, und beschloß dann, die natürlichen menschlichen Bewegungen zu studieren, mit denen unbewußt Gefühlsregungen ausgedrückt werden. Jede Beobachtung brachte ihn einen Schritt weiter, und schließlich waren für die Forschungsphase allein fünfundzwanzig Jahre vergangen. Nach weiteren fünfundzwanzig Jahren, die er für die Sichtung und Auswertung seiner Beobachtungen benötigte, stellte er fest, sein Werk sei «noch nicht reif zur Veröffentlichung» – eine Bemerkung, die ich unwiderstehlich charmant finde. Es muß ein köstlicher Anblick gewesen sein, wie er mit seinem Notizblock im Untergehölz eines Parks hockte und den Unterschied festhielt, wie sich eine Mutter zu ihrem Kind und wie sich das Kindermädchen zu diesem verhielt, oder auch wie sich eine liebevolle Mutter benahm und wie eine eher gleichgültige. Durch sein Studium von Menschen in Cafés und Kirchen, in Zorn und Trauer, in Freude und Angst konnte er genaue Gesetze für alle unbewußten Bewegungen formulieren und so Charakter, Gefühlsbewegungen und Motive unfehlbar und sehr genau deuten. Ich glaube, daß dies die erste wissenschaftliche Untersuchung des menschlichen Ausdrucks durch Körperbewegungen war.

Der künstlerische Tanz (The Artistic Dance)

Die Revuetänzerin Lysana

Walter Junk

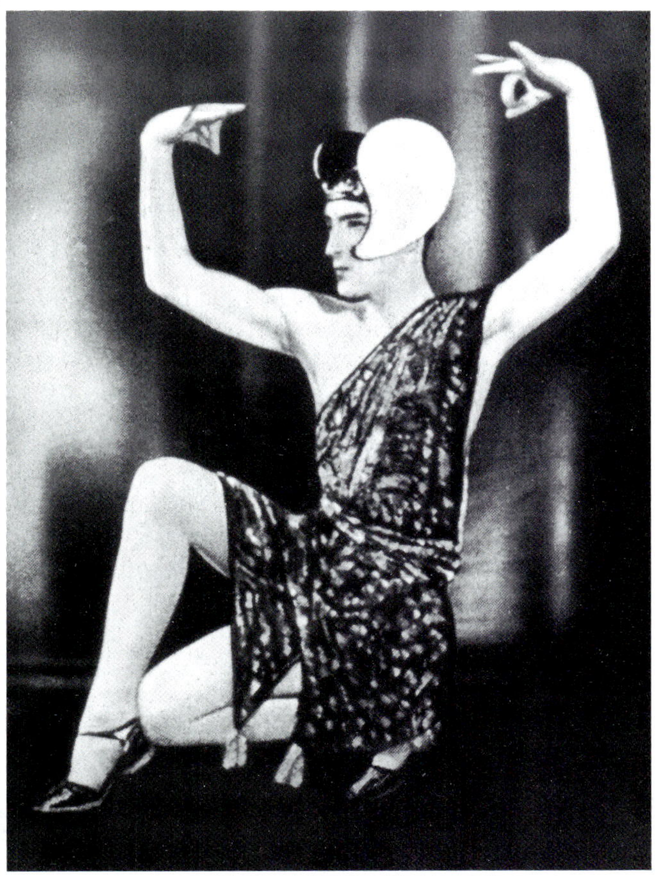

François Delsarte *Emile Jacques-Dalcroze*

Der nächste wichtige Forscher, auch er kein Tänzer, war Émile Jacques-Dalcroze, ein Schweizer Musik-Pädagoge, der 1865 in Wien geboren wurde. Delsarte wollte Sänger zu besseren Schauspielern machen; Dalcroze wollte Musiker musikalischer machen, und so erfand er eine Bewegungsform, die er Rhythmische Gymnastik nannte. Daß seine Schulen in Deutschland und in der Schweiz so starken Zulauf durch Tänzer fanden, war kennzeichnend für diese Zeit. Er selbst behauptete niemals, Tanz zu lehren; er übersetzte lediglich Viertel- und Achtelnoten in Körperbewegungen. Da seine Schüler gingen, liefen und die

Rhythmische Gymnastik: «5/4-Takt im Kanon mit Ausdruck»

Rhythmische Gymnastik

Arme schwenkten, waren die meisten Leute davon überzeugt, daß in seinen Schulen Tanz gelehrt wurde.

Der Mann, der diese Art des Unterrichts am nächsten an den echten Tanz heranführte, war ein seltsamer Riese namens Rudolf von Laban (oder einfach Rudolf Laban), der 1879 in Pressburg – heute Bratislawa – als Sohn eines Generals geboren wurde. Er war über einen Meter achtzig groß, gut gebaut, trug einen Assyrerbart und nutzte seine magnetische Anziehungskraft auf Frauen weidlich aus («Er ist ja so charmant ...»). In seiner Jugend sah Laban, wie sich Derwische durch ihre wirbelnden Tänze in religiöse Trance versenkten. Die Idee, den Tanz spirituellen Zwecken dienstbar zu machen, fesselte ihn sofort, und sein Interesse für andere mögliche Anwendungen dieser Bewegungsform blieb bis zum Ende seines Lebens wach.

Wahrscheinlich hatte sich noch nie zuvor ein so fortschrittlicher und analytischer Geist so eingehend mit den Geheimnissen der menschlichen Bewegung befaßt. Das Feld lag weit offen vor ihm, aber Laban war viel zu ruhelos und impulsiv, um jemals selbst etwas zu Ende zu führen, sein System der Tanzschrift – Labanotation genannt – einmal ausgenommen. Er ließ immer andere den Boden bestellen, während er selbst voraneilte und neue Wege für die Forschung aufzeigte. Er war ständig zwischen Deutschland, Italien und der Schweiz unterwegs und lehrte Tanz, Tanzgymnastik und «Persönlichkeitspflege». Progres-

Bewegungschor von Mary Wigman, um 1928

sive Kunstgruppen entstanden um ihn, wo immer er erschien. Er ließ sich schließlich in England nieder, wo Fabrikarbeiter während der Kriegszeit von seinen Studien über arbeitserleichternde Bewegungsabläufe am Fließband profitierten und Schulkinder ermutigt wurden, auf bloßen Füßen persönlichen Ausdruck zu improvisieren.
Für sich genommen war seine Choreographie oder seine Tanzlehre wohl kaum besonders verdienstvoll. Dennoch bildet seine Ansicht, wonach der Tanz in kreativer und expressiver Hinsicht von anderen Künsten unabhängig ist, und seine Verbindung des Tanzes mit Psychologie, Philosophie, Mystik und Kosmologie die Basis des modernen und zeitgenössischen Tanzes. Er war der Brennpunkt des mitteleuropäischen Tanzes, eines sehr wichtigen Stils, in dem seine Schülerin Mary Wigman die überragende Figur war.
Dieser neue Tanz unterschied sich radikal von Isadora Duncans ästhetischem Prinzip. Isadora hätte niemals eine bewußt unschöne Bewegung einsetzen können, schon gar nicht eine unweibliche, während Mary Wigman zwar nicht gerade männliche Strenge, aber doch eine für beide Geschlechter gültige starke Ausdrucksform und Persönlichkeit propagierte. Sie war die engagierte Pionierin einer Art von Tanz, der der Vergangenheit nichts schuldete. Ihr Tanz war Ausdruck der Psychologie des zwanzigsten Jahrhunderts, des brennenden Verlangens nach Selbsterkenntnis und persönlicher Freiheit des Ausdrucks; er war frei, herb und real, und er war ein Kind des Intellekts.

Rudolf von Laban

Mary Wigman in ihrem Schmerzenstanz (Dance of Sorrows)

Ruth St. Denis und Ted Shawn

1914 zersplitterte der Ausbruch des Ersten Weltkriegs Europa und neben anderen, wesentlicheren Dingen auch den dortigen modernen Tanz. Im gleichen Jahr heiratete in Amerika Ruth St. Denis einen ernsthaften und ehrgeizigen jungen Mann namens Ted Shawn. Ihre Partnerschaft sollte in Amerika dem modernen Tanz (womit hier immer der Modern Dance gemeint ist) zum Durchbruch verhelfen.
Ted Shawn war nie ein großer Tänzer, denn es war zu dieser Zeit in Amerika ohnehin schwierig, ein ernsthafter Tänzer zu werden. Seine Choreographie war jedoch nach damaligen Begriffen außergewöhnlich. Er verstand es ausgezeichnet, Kunst und Geschäft im richtigen Verhältnis zu mischen, und stellte geschickt Programme zusammen, die es seiner Frau erlaubten, ihrem Hang zum Mystischen Ausdruck zu geben, die indes immer mit furiosem Ragtime-Jazz endeten. Das Publikum war hingerissen, aber die Ehe hielt nicht lange. Keiner von beiden verstand Spaß in persönlichen Dingen, und Ruth St. Denis konnte sich mit Shawns größerer Intelligenz nie abfinden. Von ihm stammte der Vorschlag, eine Schule zu eröffnen, um einerseits ihre Kunst auf eine solide Grundlage zu stellen und andererseits für schlechtere Zeiten im Theatergeschäft gewappnet zu sein. Irgendwer prägte den Namen Denishawn, und er setzte sich durch. Der gewitzte Shawn sorgte dafür, daß Denishawn im öffentlichen Bewußtsein zum Synonym für Kunst und guten Geschmack wurde, und er schuf damit den Raum, in dem Amerikas wirkliche «Mutter des Modern Dance», Martha Graham, ihre eigene Richtung finden konnte.
Martha Graham war von Ruth St. Denis' Bühnenpersönlichkeit und von dem fähigen Choreographen und Theoretiker Ted Shawn stark beeinflußt; als sie jedoch deren Schule verließ, hatte sie bereits sehr bestimmte eigene Vorstellungen. Das Angebot der beiden an Tanzstilen, einschließlich des Balletts, befriedigte sie nicht. Sie hätte Mary Wigmans

Exotica mit Ruth St. Denis: Ägyptisch, mexikanisch, östlich mit Ted Shawn, japanisch mit Charles Weidman

Ted Shawn und seine Tänzer

Richtung der spannungsvollen, konzentrierten, schmucklosen Darbietung einschlagen können, die so stark auf den rein persönlichen Ausdruck beschränkt war, daß nur noch ein sehr ernsthaftes und sehr exklusives Publikum angesprochen wurde. Statt dessen legte Martha Graham – als Künstlerin nicht weniger ausdrucksfähig – ihrem Tanz Bühnenkriterien zugrunde, so daß Thema, Musik, Farbe und Bewegung gleichermaßen daran beteiligt waren. Sie lehnte es indessen ab, daß der Künstler, in welcher Rolle und bei welcher Bühnenausstattung auch immer, nur als Werkzeug des Orchesters die Musik interpretieren sollte. Der Grahamsche Tänzer drückt durch seine Bewegungen eine persönliche Botschaft aus, weshalb Musik und Ausstattung in den Tanz integriert werden müssen. Zu diesem Zweck wählte sie Musik aus, die so zeitgenössisch war wie ihre choreographische Konzeption, und sie nahm nur Künstler, Bildhauer und Architekten, für die die Bühnenausstattung nicht aus Bildern, sondern aus Formen im Raum bestand.
Am wichtigsten war ihre eigene künstlerische Größe. Mit ihrem eindrucksvollen Auftreten und ihrer Bühnenpräsenz, ihrer dramatischen Kraft als Tänzerin und Schauspielerin zugleich und ihrem intensiven persönlichen Einsatz wäre sie in jedem anderen Bühnenfach ebenfalls zum Star geworden. Dank ihrer Intelligenz vermochte sie einen neuen Bewegungsstil mit den Gesetzen der Bühne zu vereinen, ohne dabei den geschlossenen Gesamteindruck zu opfern.

Doris Humphrey und Charles Weidman, um 1942

Martha Grahams Geheimnis scheint in der erfolgreichen Kombination von Gefühl und Verstand, Weiblichkeit und Männlichkeit zu liegen. Sie war ein weiblicher Star mit männlicher Schöpferkraft und eine ebenso egozentrische Künstlerin wie uneigennützige Pädagogin. Sie verstand es, dem modernen Tanz sein eigenes Bewegungsrepertoire, seine eigene Technik zu geben und aus persönlichen Experimenten heraus eine zusammenhängende Kunstform zu schaffen. Aus andern Versuchen entstanden kleine Dynastien, zum Beispiel die von Doris Humphrey, einer weiteren Denishawn-Schülerin. Obwohl also Martha Grahams Schule die notwendige zentrale Kraft des modernen Tanzes darstellt, bleibt immer Raum für andere originale Schöpfungen. Die 1893 geborene Martha Graham ist heute in den Achtzigern, immer noch lebensvoll, aktiv und kreativ, und ihre zeitlose Weisheit ist ungebrochen.

1937

Als Medea in Cave of the Heart

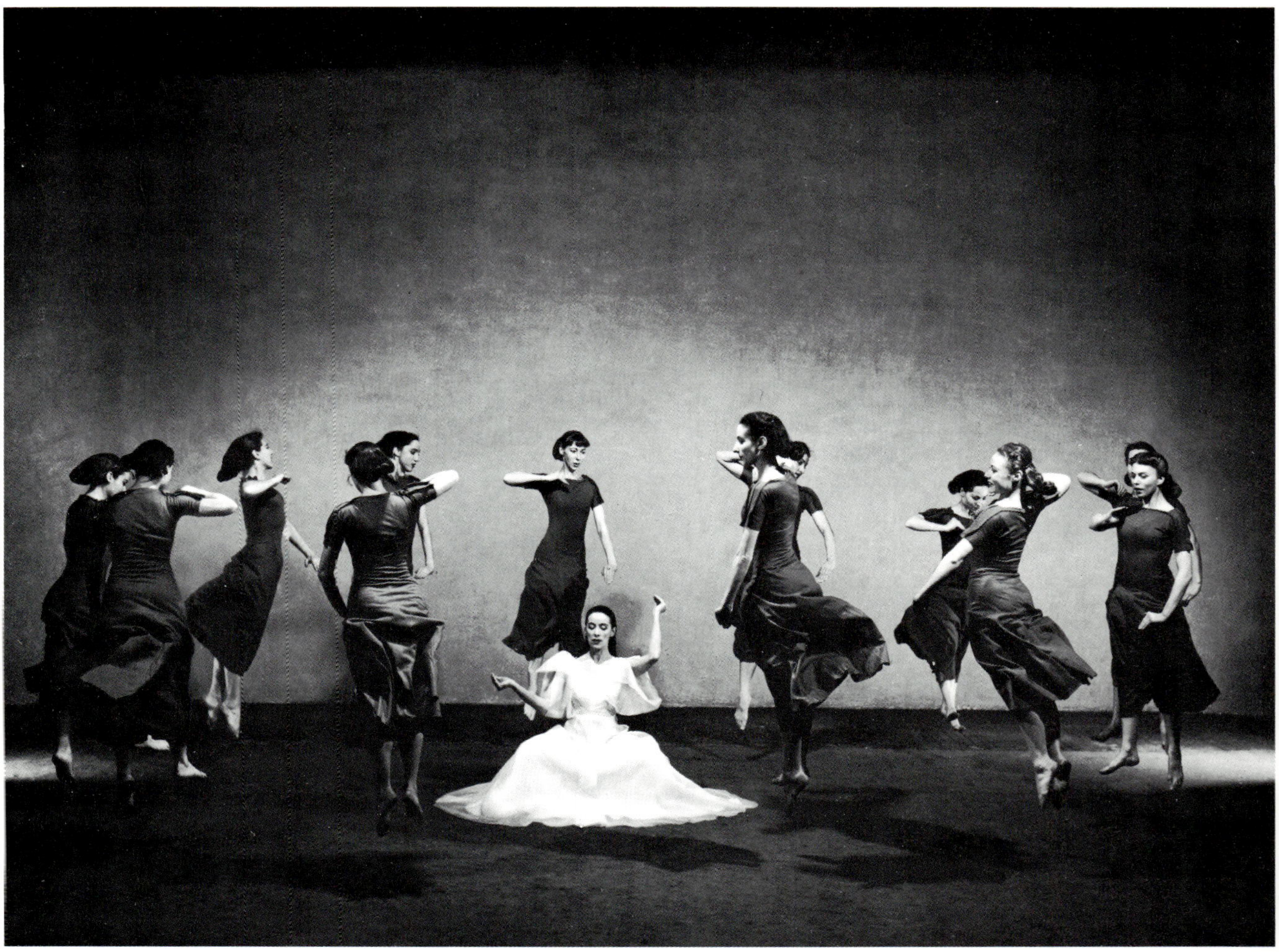

Mit ihrer Truppe in Urmysterien *(Primitive Mysteries)*

Martha Graham, May O'Donnell, Merce Cunningham und Erick Hawkins in Appalachian Spring

Wenn wir rund siebzig Jahre zurückgehen, stellen wir verblüfft fest, daß das erste wirkliche Ballett, das vom geistigen Ansatz her in keiner Weise mit der früheren Tanzästhetik übereinstimmte, nicht von jemandem geschaffen wurde, der mit dem modernen Tanz in Verbindung stand, sondern vom berühmtesten aller Ballettänzer: von Waslaw Nijinsky. Als er 1913 *Le Sacre du Printemps* (Das Frühlingsopfer, auch: Die Frühlingsweihe) choreographierte, erfand er plötzlich und unerklärlicherweise einen neuen Stil, der zum Kern des modernen Tanzes vorstieß. Dieses außergewöhnliche Ballett wurde erstmals ein Jahr vor Mary Wigmans Debüt aufgeführt und lange bevor Rudolf Laban seine Tanz-

Martha Graham

Paul Taylor und Betty de Jong

Merce Cunningham

schrift entwickelte, mit der die Choreographie hätte aufgezeichnet werden können. Leider waren Nijinskys komplexe Schritte, mit denen er Strawinskys kraftvolle Musik umsetzte, für die Tänzer fast nicht zu begreifen. Sie blieben auch deshalb nicht lange in ihrem Gedächtnis haften, weil die meisten sie mit ihrem wenig gewandten Ballettverstand ablehnten. Marie Rambert, eine Schülerin von Dalcroze, die Nijinsky bei der Analyse der Musiksätze half und auch zu den Mitwirkenden gehörte, erinnert sich noch an die langen Probestunden, aber natürlich nicht mehr an die Choreographie. Nijinsky selbst fiel wenige Jahre nach seiner Schöpfung in geistige Umnachtung. Die Urfassung des *Sacre* ist daher unwiederbringlich verloren und längst zur Legende geworden. Der beispiellose Skandal nach der Uraufführung in Paris ist freilich von vielen Anwesenden aufgezeichnet worden. Eine junge Künstlerin, Valentine Gross, die das Ballett für «erstaunlich schön» hielt, beschrieb die Aufführung so:

> *Nichts, was jemals über die Schlacht von* Le Sacre du Printemps *geschrieben wurde, hat bisher auch nur annähernd eine Vorstellung davon vermitteln können, was sich wirklich abspielte. Das Theater schien wie von einem Erdbeben erschüttert zu wanken. Die Leute schleuderten Schmähungen zur Bühne, johlten und pfiffen, so daß die Musik*

Twyla Tharp (rechts) und Kompanie

völlig unterging. Es setzte Ohrfeigen und sogar Boxhiebe. Mit Worten läßt sich diese Szene einfach nicht beschreiben ... Ich weiß nicht, wie dieses Ballett, das das Publikum von 1913 so schwierig fand, in einem solchen Tumult überhaupt zu Ende getanzt werden konnte. Die Tänzer hörten nicht einmal mehr die Musik ... Diaghilew brüllte Anweisungen aus seiner Loge ...

Wir werden Nijinskys «erstaunlich schöne» Sensation nie sehen können, uns über das «Erdbeben» selber kein Urteil bilden oder erleben können, welchen Eindruck es auf uns gemacht hätte. Wir wissen nur, daß *Le Sacre du Printemps* geschaffen wurde, bevor der Modern Dance das Licht der Welt erblickte, und daß die Bewegungen völlig im Widerspruch zum damaligen Ballett standen. Während Isadora Duncan für ein paar einfache Sprünge und Schritte das Verdienst zugeschrieben wurde, den modernen Tanz inspiriert zu haben, mußte der brillante Neuerer Nijinsky, dessen Meisterwerk nicht aufgezeichnet ist, in die Geschichte als der Geist einer duftenden Rose eingehen. Sein berühmter Sprung durchs Fenster in *Der Geist der Rose* wird leider immer jenen größeren Sprung in den Schatten stellen, mit dem er vor allen anderen Choreographen in einen noch unerforschten Bereich der Bewegung vordrang.

Kaiserlicher Tanz

> *Ich wünsche mir, daß meine Botschaft von Schönheit, Freude und Leben angenommen und nach mir weitergegeben wird. Und wenn Anna Pawlowa vergessen sein wird, hoffe ich doch, daß die Erinnerung an ihren Tanz bei den Menschen fortleben wird. Wenn mir für meine Kunst nur dies Wenige gelingt, will ich zufrieden sein.*
>
> *Anna Pawlowa*

Anna Pawlowa war die größte Tänzerin, die die Welt jemals gesehen hat. Wie könnte man sich ihr Genie erklären? Nun, Genie ist einfach ein anderes Wort für Zauber, und zum Wesen des Zaubers gehört es eben, daß er unerklärlich ist.

In Anna Pawlowas Herkunft deutete nichts darauf hin, daß sie einmal eine große Ballerina werden sollte. Sie stammte nicht aus einer jener alten Ballettfamilien, in denen die Kinder in der Atmosphäre des Tanzes aufwuchsen, umgeben von Eltern, Onkeln und Tanten, die allesamt auf der Bühne standen. Ihre berühmteste Vorgängerin im Ballett, Marie Taglioni, die in sehr hohem Alter starb, als die Pawlowa gerade drei Jahre zählte, war Tochter, Nichte, Schwester und Tante von Tänzern und Tänzerinnen. Die Pawlowa indes war ein Einzelkind, und ihre Eltern hatten keinerlei Beziehung zum Theater. Sie war eine einmalige Erscheinung, für die es keine Erklärung gibt, so wenig wie für den Abendstern oder die Chinesische Blume, die nur einmal in hundert Jahren blüht.

Nach strengen Maßstäben war Anna Pawlowas Technik nicht absolut makellos und korrekt, obwohl sie manche Schritte mit einer seither unerreichten Brillanz ausführte. Unübertroffen aber war ihre Fähigkeit, sich in alles zu verwandeln, was immer sie sein wollte: in eine Blume, einen Schwan, eine Libelle oder einfach in die Verkörperung von Charme und Fröhlichkeit. In ihren Bewegungen achtete sie nicht mehr auf die Regeln des Lehrbuchs, sondern ging völlig in ihrer Rolle auf – mit ein paar schnellen Schritten, einigen Posen und einer Arabesque vollbrachte sie ein Wunder. Das war Anna Pawlowas Zauber.

Sie kam 1881 in St. Petersburg zur Welt, ein zu früh geborenes, sehr zartes Kind. Ihr Vater starb, als sie zwei Jahre alt war, und Mutter und Kind blieben in bitterer Armut zurück. Anna verlebte daher ihre Kindheit überwiegend bei ihrer Großmutter in Ligovo, einem kleinen Dorf in der Nähe von St. Petersburg. Mit acht nahm ihre Mutter sie zu Weihnachten mit ins Marynski-Theater (zu deutsch: Marien-Theater) zu einer Aufführung von *Dornröschen,* und von diesem Augenblick an konnte sie nur noch ans Tanzen denken. Sie mußte ihre Begeisterung aber noch zwei Jahre zügeln, bis sie alt genug war, um in die Ballettschule aufgenommen zu werden. So begann Anna Pawlowas Leben und Karriere, was bei ihr ein und dasselbe war.

Gegenüber: Anna Pawlowa

Anna Pawlowa mit neun

Anna Pawlowas Elternhaus in Ligovo

Mit fünfzehn

Sie behielt ihr ganzes Leben ihre schlanke und zerbrechlich wirkende Figur, hatte einen ungewöhnlich langen Hals, ein ovales Gesicht und einen stark gewölbten Spann, was der Linie ihrer Beine und Füße besondere Schönheit verlieh. Nach Abschluß ihrer Ausbildung an der Ballettschule wechselte sie zur Bühne des Marynski-Theaters, wo sie vom Stammpublikum, einem kleinen Kreis erzkonservativer Hofbeamter und adliger Familien, sehr bald als der kommende Star erkannt wurde. Die Begeisterung dieses Publikums für seine Lieblingskünstler kannte keine Grenzen. Nach Marie Taglionis letztem Auftritt etwa sechzig Jahre zuvor geriet es in solche Raserei, daß ihre Ballettschuhe von einem Koch zubereitet wurden – hoffentlich in einer kräftigen Sauce – und von den fanatischsten ihrer Bewunderer aufgegessen wurden. Sie wurde mit Juwelen und Pelzen überhäuft und verließ Rußland mit einem Vermögen.

Als eines der Theater des Zaren, die er aus seiner Privatschatulle finanzierte, gehörte das Marynski-Theater zum kaiserlichen Haushalt, und die Künstler waren Angestellte des Zaren. Wenn irgendwie vom normalen Geschäftsgang abgewichen werden sollte, zum Beispiel wenn sich jemand vorzeitig pensionieren lassen wollte, mußte dem Zaren eine Petition zur Genehmigung vorgelegt werden. Aber das Theater und die Theaterschulen wurden großzügig unterstützt, und eine Ballerina wie die Pawlowa war fast wie eine Treibhauspflanze, die in einer Atmosphäre geheiligter Traditionen zum Erblühen gebracht und im perfekten Rahmen der besten Balletttruppe der Welt zur Schau gestellt wurde. Nur wenige Tänzer verließen diesen Hort der Sicherheit und des Komforts, höchstens vorübergehend im Sommer, wenn das Theater in St. Petersburg geschlossen war, denn dann

Anna Pawlowa

durften sie kleine Tourneen machen. Es läßt sich nicht feststellen, wann oder warum die Pawlowa zum erstenmal den Drang fühlte, aus dieser idealen Umgebung auszubrechen, um die Schönheit des Tanzes in die entlegensten Winkel der Welt zu tragen. Sie muß inmitten der nachklingenden Erinnerungen an die legendäre Taglioni aufgewachsen sein, und vielleicht dachte sie schon immer gern und oft an die Erzählungen über die Reisen und Triumphe der Taglioni in ganz Europa.

Jedenfalls verursachte der Tanz der Pawlowa auf ihrer ersten Auslandsreise, die nach Stockholm ging, eine solche Sensation, daß nach der Vorstellung junge Männer die Pferde von ihrem Wagen abschirrten und diesen selbst zu ihrem Hotel zogen. Im neunzehnten Jahrhundert wurde dieser charmante Beweis der Verehrung nur ein- oder zweimal einer Ballerina zuteil, und es muß die junge Pawlowa insgeheim belustigt haben, im Jahre 1907 ein so seltsames, altmodisches Kompliment zu bekommen.

Zu diesem Zeitpunkt war die angeborene körperliche Schwäche ihrer Kindheit bereits überwunden. Sie hatte sich insgesamt vier Jahre einem rigorosen Training unterworfen, zunächst mit einer ehemaligen Ballerina, dann mit Enrico Cecchetti, dem weithin berühmten Lehrer der Mailänder Schule. Sie verpflichtete ihn vertraglich, ausschließlich mit ihr zu arbeiten, bis sie die erforderliche Kraft und Ausdauer besaß, um in allen Prüfstücken einer Ballerina triumphieren zu können, das heißt im klassischen Repertoire von Marius Petipa.

Sie hatte sich inzwischen verheiratet, lebte in gesicherten Verhältnissen und näherte sich dem Gipfel ihres Könnens. Auch das Leben außerhalb der Peripherie des kaiserlichen Theaters hatte sie gekostet, und so kaufte sie sich im Jahre 1912 mit ihrem Mann ein Haus

Der Schmetterling

Die Libelle

La Fille Mal Gardée

Herbstblätter *(Autumn Leaves) mit Aubrey Hitchens*

Rondino

Gavotte

Der Sterbende Schwan *(Le Cygne)*

Oriental Impressions *mit Uday Shankar*

Mit ihrem Boston Terrier

– allerdings nicht in St. Petersburg, sondern im Londoner Stadtteil Hampstead Hill. Es war das einzige Heim, das sie bis zum Ende ihrer Tage jemals haben sollte. Man wüßte wirklich gerne, warum sie London und nicht Paris wählten. In St. Petersburg war ja Französisch die Hofsprache, und für die Russen war Frankreich immer so etwas wie ihre zweite Heimat gewesen. Die Pawlowa aber kaufte und liebte Ivy House mit dem sanft abfallenden Garten, den alten Bäumen und einem Teich für die Schwäne, zu denen sie sich so sehr hingezogen fühlte. Ich glaube, daß sie die glücklichsten Augenblicke ihres Lebens dort verbracht hat. Die einzigen Aufnahmen, die einen Einblick in ihr Privatleben und ihre

Mit ihrem Lieblingsschwan Jack

Persönlichkeit als Frau und nicht als Tänzerin geben, zeigen sie in ihrem Garten und ihrem Haus mit ihrem Mann, umgeben von ihren Tieren, denn sie liebte alle Tiere, vor allem Vögel.
Sie war so pausenlos mit Tanz beschäftigt, daß es wenige Zeugnisse von ihr als Frau gibt. Man weiß viel mehr über ihr Leben im Theater als außerhalb. Zum Beispiel war sie gegenüber denen, die mit ihr arbeiteten, äußerst anspruchsvoll, aber noch weit mehr verlangte sie von sich selbst, wobei sie einen Tagesablauf einhielt, den nur wenige andere durchstanden. Wenn alles unter tropischer Hitze stöhnte, pflegte sie zu sagen: «Welch

In Ägypten

herrliches Klima, um zu tanzen! Man wird so schnell warm!» War es kalt, fand sie die Temperatur «kräftigend». In ihren seltenen freien Stunden unterrichtete sie einige wenige ausgewählte Schüler oder modellierte die feinen Figürchen, die ein so klares Bild von ihr selbst in Bewegung geben. Alles was sie tat, schien mit Tanz in Zusammenhang zu stehen. Selbst wenn sie nur in gewöhnlichen Kleidern (die nie gewöhnlich waren, wenn *sie* sie trug) für Aufnahmen posierte, vor allem aber mit Hüten oder in Abendroben, war die Pawlowa elegant und schön, freilich auf eine Art, die sie von anderen Frauen unterschied.
Als sie 1912 mit ihrem Mann Ivy House kaufte, schien dies ihr erster Versuch zur Selbständigkeit zu sein, denn schon zwei Jahre später stellte sie ihre eigene Balletttruppe zusammen und übernahm alle damit verbundenen Schwierigkeiten und Verantwortlichkeiten. Es war eine überaus harte Probe, und man fragt sich, wie sie, die als der edelste Diamant in einer Kaiserkrone hätte strahlen können, auf diese begehrte Position so leicht zu verzichten vermochte. Anna Pawlowa erhielt übrigens auch ein Angebot, Diaghilews Ballett zu leiten. Ihr Leben wäre dadurch bestimmt angenehmer geworden, aber die beiden

Unterrichtsstunde im Hamburger Zoo

hätten niemals zusammenarbeiten können, weil es ihr Schicksal war, verschiedenen Zielen zu dienen: Diaghilew sollte der Tanzästhetik eine neue Richtung geben, und Anna Pawlowa sollte der Welt das Ballett bringen. Zweifellos hatte Anna Pawlowa Sendungsbewußtsein. Sie mußte für jedermann tanzen, überall auf der Welt, und dazu war ihr keine Stadt zu klein, keine Bühne zu provinziell. Es vergaß aber auch keiner, der sie sah, das

Mit ihrem Ehemann Victor Dandré und in ihrer Garderobe

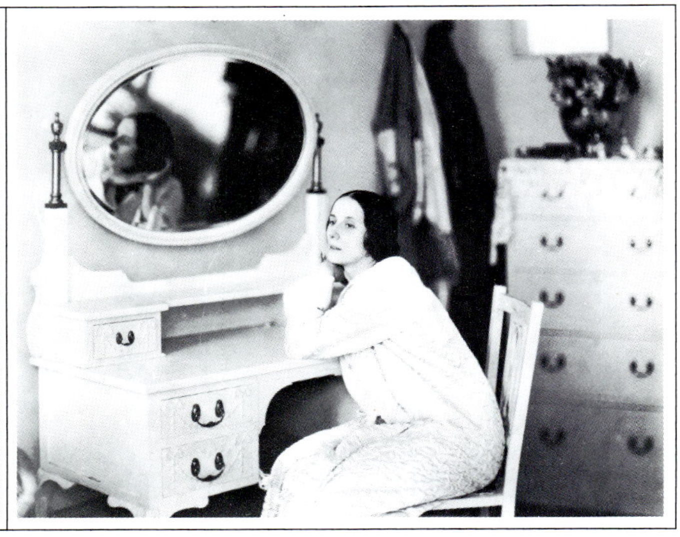

Anna Pawlowa

Erlebnis ihrer Kunst, und die Erinnerung daran wird so lange lebendig bleiben, wie es Menschen gibt, die uns von ihrem Zauber berichten können.
In Rußland tanzte sie zum letzten Mal 1914. Etwa siebzehn Jahre und fünfhunderttausend Kilometer später wollte sie zu einer Abschiedstournee durch Europa aufbrechen, als sie sich eine Erkältung zuzog und 1931 in Den Haag an einer Rippenfellentzündung starb. Es heißt, sie habe mit ihren letzten Worten darum gebeten, ihr das Schwanenkostüm herzurichten. Die Einäscherung fand in London in der Nähe ihres geliebten Hauses statt, in dem sie so selten verweilen und glückliche Stunden verbringen durfte. Obwohl sich der traurige Tag bereits zum fünfzigsten Mal gejährt hat, an dem die Welt ihre erlesenste Künstlerin des Tanzes verlor, wird der alljährliche Gedächtnisgottesdienst in der russisch-orthodoxen Kirche in London immer noch von alten Freunden besucht und sogar von Bewunderern, die viel zu jung sind, um ihren Tanz jemals erlebt zu haben.
Was Anna Pawlowa für mich über alle anderen Tänzerinnen hinaushebt, ist ihre Beseeltheit, ihr leidenschaftliches Mitfühlen und ihre Grazie, die auch die kleinste Bewegung bedeutsam werden ließ: wo andere ihre Kunst erlernen müssen, brach die ihre hervor wie die Glut der Sonne. Ich bin überzeugt, daß sie ohne den Tanz unvollkommen gewesen wäre, und ganz bestimmt wäre die Welt des Tanzes ohne sie unvollkommen geblieben.

Dieses Wunder hatte Rußland, hatten die Traditionen und Unterrichtsmethoden des russischen Balletts hervorgebracht, denn dort stand das Ballett damals in höchster Blüte. Die Saat aber stammte aus Frankreich und wurde seit dem siebzehnten Jahrhundert, als Ludwig XIV. das Dekret erließ, das die Geburtsstunde des Balletts als Bühnenkunst bedeutete, von französischen Ballettmeistern gepflegt. Aus europäischer Sicht war Rußland zu jener Zeit ein endloses, halb barbarisches Steppengebiet, während Amerika eine riesige, teilweise kolonisierte Wildnis war. Heute sind diese beiden Länder die Supermächte der Welt, und seit der Epoche des Sonnenkönigs verlagerte sich das schöpferische Zentrum des Balletts erst in dieses und dann in jenes Land: von Frankreich nach Rußland und von Rußland nach Amerika.
Daß das Ballett in Rußland Fuß faßte und so erfolgreich aufblühte, ist jedoch durchaus verständlich, denn es fand dort eine große Fülle nationaler Tänze vor und damit eine gute Grundlage. Rußland nimmt ja insofern eine Sonderstellung ein, als die beiden ältesten Arten des Volkstanzes, der orientalische und der europäische, von zwei Seiten an seine Grenzen heranreichen. Alle orientalischen Tanzformen entstanden in Indien, von wo sie sich nach Südostasien, den Philippinen und bis nach China und Japan ausbreiteten. Im Westen wanderte ihr Einfluß über den Nahen Osten und Südeuropa bis nach Spanien. Rußland liegt also dem Ursprung am nächsten, ebenso aber auch Mitteleuropa mit seinen charakteristischen Volkstänzen – und schließlich tanzen in Rußland sogar die Bären!
Der erste Anstoß zur Entwicklung des russischen Balletts kam in der zweiten Hälfte des siebzehnten Jahrhunderts. Als Zar Alexei Michailowitsch von den großartigen Aufführungen an den Höfen Westeuropas Kunde vernahm, gab er selbst eine Darbietung des «Französischen Tanzes», wie er es nannte, in Auftrag. Zu jener Zeit bestanden solche Aufführungen aus Reden, Musik und Tanz, wobei von allem reichlich angeboten wurde. Während der zehn Stunden dauernden ersten Aufführung, die seine Höflinge in kaum glaublichen zwei Wochen für ihn einstudiert hatten, amüsierte sich der Zar köstlich.

Etwa fünfundfünfzig Jahre später gab die Kaiserin Anna Iwanowna einen Opernabend, der mit einer Tanzszene ausklang. Diese gilt als das erste Ballett auf russischem Boden. Sie hatte jedoch mit unserer heutigen Vorstellung von Ballett wenig gemein, denn sie wurde

Der Kaiserliche Winterpalast in St. Petersburg, Standort der ersten russischen Ballettschule

von über hundert Militärkadetten aufgeführt (selbstverständlich Söhnen adliger Familien), und es gibt keinen Hinweis darauf, daß auch Mädchen mitgewirkt hätten. Der wichtigste Mitwirkende war zweifellos der französische Ballettmeister Jean-Baptiste Landé, der die Kadetten vor der Aufführung zwei Jahre lang unterrichtet hatte und anschließend die Erlaubnis erhielt, eine Ballettschule zu gründen. So eröffnete also knapp siebzig Jahre, nachdem Ludwig XIV. 1669 in Paris das Berufsballett geschaffen hatte, St. Petersburg 1738 in einem Seitenflügel des Kaiserlichen Winterpalasts eine Ballettschule, deren erste Zöglinge je zwölf Söhne und Töchter von kaiserlichen Gefolgsleuten waren. Sie entwickelte sich zu der Institution, die Anna Pawlowa hervorbrachte, und ist heute noch die angesehenste unter den Ballettschulen. Sie ist jetzt dem Kirow-Theater in Leningrad angegliedert. Moskau folgte bald mit einer eigenen Schule, die in einem Waisenhaus errichtet wurde.

Peter der Große, der 1689 den Zarenthron bestieg, liebte Feste und Maskenbälle über alles. Er führte die neuesten Gesellschaftstänze aus den westlichen Hauptstädten ein, und so wurde es bald ein gesellschaftliches Muß, gut tanzen zu können. Bis zum Ende des siebzehnten Jahrhunderts war der Tanz in allen sozialen Schichten – bei Bauern, Aristokraten und Bühnendarstellern – Teil des Lebens geworden. Es gab auch leibeigene Künstler, Schauspieler, Tänzer und Musiker, die, wenn sie Glück hatten, bei ausländischen Lehrern eine hervorragende Ausbildung erhielten. Der aufgeklärte Graf Scheremetew zum

Charles-Louis Didelot

Beispiel, dessen Haus heute ein faszinierendes Museum ist und ein eigenes Theater enthält, verpflichtete unter anderem den berühmten französischen Tänzer und Lehrer Charles Le Picq (genannt «Der Apoll des Tanzes») dazu, seinem privaten Ballett professionellen Schliff zu geben. Als Leibeigene konnten die Tänzer ohne weiteres veräußert werden, und viele wurden von den kommerziellen, aber auch von den kaiserlichen Theaterleitungen in Moskau gekauft. Die letzte solche Transaktion fand 1806 statt.

Die Berufung von ausländischen Ballettlehrern zur Unterweisung und Entwicklung des russischen Balletts hielt zweihundert Jahre ziemlich gleichmäßig an. Dabei wurde unter den geeigneten Talenten, ob durch Zufall oder nach Plan, eine vorzügliche Auswahl getroffen. Von diesen Reisenden des neunzehnten Jahrhunderts ist mir Charles-Louis Didelot der liebste. Er war ein überaus lebhafter kleiner Mann und gab dem Ballett in Rußland eine neue Richtung. Außerhalb des Theaters war er die Güte selbst. Bei der Arbeit jedoch erwies er sich, wie es die folgende Beschreibung aus seinen späteren Lebensjahren zeigt, als strenger Zuchtmeister der alten Schule:

Es war sehr amüsant, Didelot hinter den Kulissen seine Schülerinnen beobachten zu sehen. Er wiegte sich manchmal in den Hüften von einer Seite auf die andere, lächelte, machte zierliche Schritte und stampfte mit dem Fuß auf. Wenn die kleinen Schülerinnen tanzten, drohte er ihnen mit der Faust, und wenn sie die Figuren verpatzten, machte er ihnen das Leben zur Hölle. Er stürzte sich auf sie wie ein Habicht, zog sie an den

Haaren oder an den Ohren, und wenn eine wegzulaufen versuchte, versetzte er ihr einen Tritt, daß sie hinfiel. Sogar die Solotänzerinnen hatten unter ihm zu leiden. Trat eine Tänzerin unter Applaus hinter die Kulissen, packte er sie an den Schultern, schüttelte sie mit aller Kraft und stieß sie zurück auf die Bühne, wie wenn sie zurückgerufen worden wäre.

Dennoch wurde er von allen geliebt, denn sie wußten, wie sehr ihm Perfektion am Herzen lag. Didelot wurde 1767 in Stockholm geboren, wo sein Vater am Königlichen Theater als Haupttänzer engagiert war. Als er mit sechs an den Pocken erkrankte, blieben auf seinem Gesicht so schlimme Narben zurück, daß sein Vater überzeugt war, er könne niemals eine Bühnenlaufbahn einschlagen. Doch dann intervenierte das Schicksal auf ganz ungewöhnliche Weise. Als nämlich der Bruder des Königs sein Lieblingsmurmeltier auf einen Maskenball mitnehmen wollte und das Tier im letzten Moment unauffindbar blieb, mußte der kleine Didelot in einem Pelz aus Eichhörnchenfellen als Ersatz einspringen. Er spielte seinen Part den ganzen Abend mit solcher Komik, daß der König von seinem munteren Talent ganz angetan war und ihn nach Paris zur Ballettausbildung schickte. Didelot tat sich dabei sehr hervor und wurde ein exzellenter Tänzer, obwohl sein Äußeres immer gegen ihn war. Er wurde als dürres Skelett mit einer langen roten Nase beschrieben.

Als Choreograph und Lehrer hatte er indessen großartigen Erfolg. Seine schönen Gruppierungen wurden als außerordentlich phantasievoll gepriesen, und der Dichter Alexander Puschkin entdeckte in ihnen einen «erstaunlichen Charme». Sein größter Theatercoup war die Einführung des realistischen Fliegens, wobei einzelne Tänzer von fast unsichtbaren Drahtseilen getragen wurden.

Das Publikum war der überdeutlichen kleinen Plattformen, Gloires genannt, die an schweren Seilen hingen und auf denen die Akteure zwischen Pappkartonwolken vom Himmel auf und nieder schwebten, ziemlich überdrüssig geworden. Die Italiener verwendeten zwar sehr echt aussehende Baumwollwolken, aber das war nichts im Vergleich zu dem dramatisch-schönen Anblick, wenn Didelots Tänzer scheinbar ohne fremde Hilfe einfach davonschwebten.

Antoine Paul als Zephir

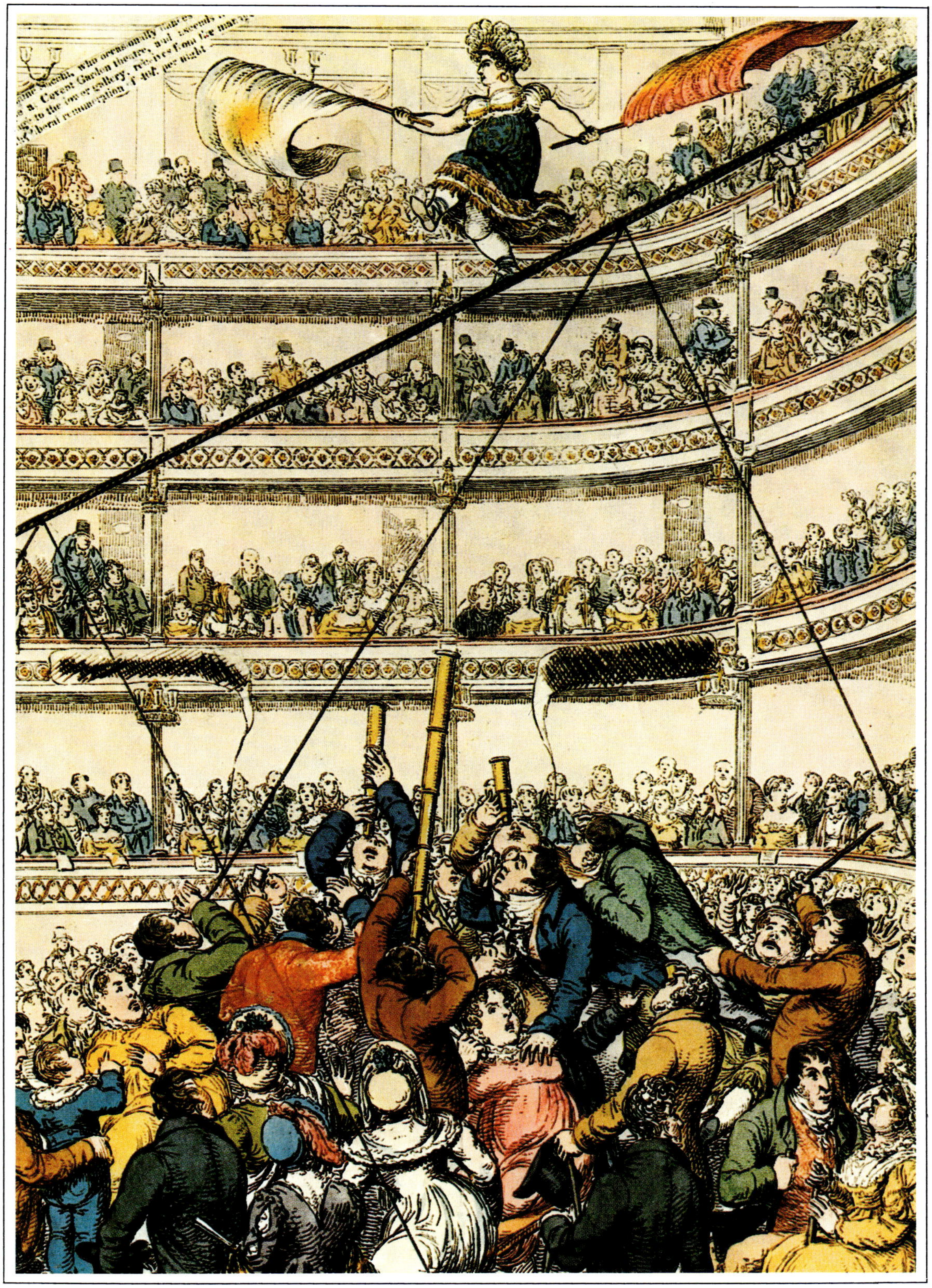

Die Seiltänzerin Mme. Sacchi im Covent Garden, um 1816

Sein erstes «fliegendes Ballett» war 1796 in London zu sehen, wo damals ein außergewöhnlich betriebsames Ballettleben herrschte. Als Zephir in Didelots berühmtem Ballett *Flore et Zéphyre* sanft nach oben entschwebte, um eine unbequeme Geliebte loszuwerden, war das Publikum verblüfft und begeistert, zum Teil auch zweifellos neidisch. Natürlich gaben die Kritiker ihrer ernsten Besorgnis Ausdruck und sagten schreckliche Katastrophen voraus. Aber niemand beachtete sie, und Didelot setzte diese Flugvorrichtungen immer einfallsreicher ein. Er stellte ganzen Gruppen auf der Bühne solche in der Luft gegenüber und ließ Flüge von einer Seite auf die andere oder vom Hintergrund bis direkt vor die Rampen durchführen. Er steckte immer in Arbeit: Er suchte neue Szenarien, entwarf Kostüme, erfand Maschinen für neue Effekte, schuf Choreographien und bildete Tänzer aus. Er muß eine geballte Ladung Energie und Rastlosigkeit gewesen sein. Kein Wunder, daß er so cholerisch reagieren konnte!

Didelot wollte eigentlich gar nicht nach Rußland gehen; er machte seinen ersten Besuch in St. Petersburg im Jahr 1801 mehr deshalb, um freie Zeit auszufüllen. Wie alle französischen Ballettmeister brannte er darauf, seine Werke an der Pariser Oper herauszubringen. Die dortige Theaterleitung zeigte ihm jedoch die kalte Schulter, und er kam auch nicht gegen die Intrigen der Brüder Maximilien und Pierre Gardel (und ihrer Clique) an, die vierzig Jahre lang das Ballett leiteten. Am russischen Kaiserlichen Theater fand er dagegen die ihm gemäße Arbeitsatmosphäre vor, so daß er sich 1816 endgültig in St. Petersburg niederließ und den Lebensabend nach seinem Rücktritt in Kiew verbrachte. Er war ein großer Verlust für Frankreich und ein enormer Gewinn für Rußland. Dementsprechend wird die Geschichte der russischen Choreographie in zwei Abschnitte eingeteilt – die Zeit vor und nach Didelot. Er starb in Kiew im Jahre 1837.

Während des ganzen achtzehnten und neunzehnten Jahrhunderts waren die mit der Bühnenmaschinerie herstellbaren magischen Illusionen ein wesentlicher Bestandteil des Theaters. In dieser Hinsicht gab es damals zwischen dem Zirkus oder Varieté und dem reinen Ballett, wo die Choreographie sich häufig selbst genügt, keine so große Kluft. Zu Didelots Zeiten hatte ein Choreograph seinem Publikum spannende Theaterkost zu bieten, wobei alles – Geschichte, Bühnenbild und Effekt – irgend etwas Magisches an sich haben mußte. Didelot verstand sich sehr gut auf diese Kunst und gewöhnte die Leute gleichzeitig an ein höheres Niveau bei der Ausführung der Tänze.

In Amerika hatte er einen Zeitgenossen, der mit den gleichen Chancen gewiß ähnliche Leistungen vollbracht hätte wie er: John Durang. Der 1768 in Pennsylvania geborene Durang glich Didelot in erstaunlich vielen Dingen: auch er war voller Tatendrang, phantasiebegabt, ideenreich und liebte den Tanz. Aber niemand schickte Durang zum Ballettunterricht nach Paris, und in Amerika gab es keine Lehrer. Trotzdem kann man ihn Amerikas ersten Tänzer nennen. Er muß ein Mensch von großer Ausstrahlung gewesen sein, und zwar von früher Jugend an, als er nach seiner eigenen Beschreibung «aktiv, fleißig, strotzend vor Gesundheit und Lebensfreude» war. Er lernte außerdem leicht und rasch, konnte ohne Unterricht sofort jeden Tanz nachtanzen und spielte mehrere Instrumente. Er war etwa vierzehn, als er einen Franzosen namens Roussel einen Hornpipe tanzen sah, das heißt den schottischen Schiffsjungentanz, dessen Bewegungen gleich wie beim holländischen Matrosentanz sind.

> *Ich glaubte, ich könnte es im Tanzen mit jedermann aufnehmen, aber sein Stil war, wie seine Kleidung, etwas Besonderes. Ich übte zu Hause und konnte bald alle seine Schritte und dazu viele noch bessere Hornpipe-Schritte. Einen Schritt, den Pidgeon-Wing, hatte ich noch nie zuvor von jemandem gesehen, und ich konnte die Bewegung von der Vorderseite des Hauses aus nicht ganz erkennen. Es gelang mir, Mr. Roussel zu*

George Washington Smith

überreden, bei meinem Vater Logis zu nehmen, so daß ich korrekter tanzen lernte als früher. Der Pidgeon blieb dabei die einzige Schwierigkeit: Er konnte mir das Prinzip und die Anatomie dieses Schritts nicht erklären, und ich begegnete auch später nie einem Tänzer, der es mir hätte zeigen können. Das Rätsel darum verfolgte mich bis in den Schlaf, und meine Gedanken kreisten nur noch um dieses Thema. Einmal träumte mir, ich sei auf einem Ball und führe, von der ganzen Gesellschaft bewundert, den Pidgeon-Wing vor; als ich am Morgen aufwachte, war ich sicher, den Schritt zu können.

Und so war es. Er analysierte den Schritt sogar so gründlich, daß er «ihn immer lehren und die Schüler zu Meistern dieses Schritts machen konnte». Was beweist, daß er, auch ohne eine Schule besucht zu haben, die Gesinnung eines wahren Ballettmeisters hatte.
Mit siebzehn erhielt er das erste Bühnenengagement für seinen Hornpipe. Bei der Probe am Morgen vor seinem Debüt war er einem Nervenzusammenbruch nahe, aber dennoch fest entschlossen, das Publikum für sich zu gewinnen. Und da er nie um einen Einfall verlegen war, wenn es um Theater ging, ließ er in einer Seitenkulisse ein Trampolin aufstellen, von dem aus er durch die Luft hereingeflogen kam, polternd in der Mitte der Bühne landete und von donnerndem Applaus begleitet seinen Tanz begann. Das Publikum tobte, warf begeistert Obst und andere Dinge auf die Bühne, bis sich der Vorhang wieder hob und er den Tanz wiederholte. Das war ein guter Start für seine Karriere, die sich jedoch nicht auf den Tanz allein beschränken konnte, da es keine Balletttruppen gab. Er nutzte auch jede andere Möglichkeit, irgendeine Art von Unterhaltung zu bieten, bei der die Leute für ihr gutes Geld etwas zu sehen bekamen. Mit Erfolg wandte er sich der Schauspielerei, dem Gesang, der Pantomime und dem Possenspiel zu, trat als Seiltänzer und in Clownnummern

Selbstbildnisse von John Durang: The Hornpipe   Pas seul à Vestris

zu Pferde auf und sprang durch brennende Reifen. Was für ein Mann! Und wie begeistert wäre er wohl von Didelots Flugballetten und den ausgeklügelten Maschinerien auf den europäischen Bühnen gewesen.

Durang wurde seinerzeit von einem Schauspielerkollegen als bester Tänzer Amerikas bezeichnet, und George Washington, der selbst auf dem Tanzparkett stets eine sehr gute Figur machte, sah sich ihn wiederholt im South Street Theatre in Philadelphia an. Ich bin sicher, daß auch er etwas Zauberhaftes hatte. Eines seiner vielen haarsträubenden Abenteuer verlief folgendermaßen: «Eines Abends ritt ich Cornplanter in voller Rüstung mit heruntergeklapptem Visier. Ich war sehr schnell, und auf meinem Helm brannte ein Feuerwerk ab, das mit einem Knall endete. Das Pferd erschrak darob so sehr, daß es über drei Reihen des Parketts sprang, mit seiner Hinterhand eine Trennwand umriß und im Durchgang an der Stalltüre landete. Ich selbst wurde über das ganze Orchester auf die Bühne geschleudert, doch kamen ich und das Pferd ohne Schaden davon.» Wahrscheinlich fügte er dann einen Hornpipe ein, um das Publikum wieder zu beruhigen.

Noch während Durangs Karriere setzte aus Europa ein Zustrom von Tänzern ein, deren Vorhut Auswanderer aus Frankreich bildeten, die die Revolution vertrieben hatte. Obwohl keine außerordentlichen Persönlichkeiten darunter waren – Monsieur und Madame Placide vielleicht ausgenommen, denen es irgendwie gelang, Ballett mit Seiltanz zu verbinden –, verbesserte ihre Tätigkeit in Amerika im Laufe der Jahre doch das Klima für den Tanz.

Während der amerikanischen Revolution, die Durang in seiner Jugend erlebte, hielten

The Highland Fling (Schottischer Tanz) *Harlekin*

viele Leute jede Art von Vergnügen für gottlos (im Gegensatz zu den französischen Revolutionären, die auf den Straßen Freudentänze aufführten), und es wäre ihnen fast gelungen, die Theater überhaupt zu schließen. Viele Vorstellungen wurden deshalb als «Lesungen» angekündigt, um einem Verbot zu entgehen. Die Auswirkungen der puritanischen Ablehnung aller Lustbarkeiten waren noch überall zu spüren, als die ausländischen Tänzer eine willkommene Brise europäischer Kultur mitbrachten. Was noch wichtiger war: sie eröffneten Tanzschulen. So konnte ein Mädchen, das 1823 – ein Jahr nach Durangs Tod – in Philadelphia geboren wurde, zur ersten einheimischen Ballerina der Vereinigten Staaten werden. Sie hieß Mary Ann Lee und wurde vom Tag ihres Debüts an, das sie mit vierzehn feierte, von außerordentlichem Beifall begleitet. Sie war die erste amerikanische Ballerina, die *Giselle* tanzte. Ihr Partner, George Washington Smith, stammte ebenfalls aus Philadelphia und war viele Jahre lang der einzige amerikanische Tänzer von Rang; er hatte erfolgreich den Weg vom Holzschuhtanz in seiner Kindheit zum klassischen französischen Ballett zurückgelegt. Smith hatte das Glück, daß seine Karriere in die Zeit fiel, als sich in Amerika sehr verheißungsvolle Ansätze für das Ballett entwickelten. Bald darauf erlebte es in Europa seinen künstlerischen Niedergang, so daß das amerikanische Ballett abstarb, noch ehe es eine ausreichende Tradition für seinen Fortbestand hatte aufbauen können. Es mußte auf seine Stunde warten und wie Dornröschen hundert Jahre schlummern, ehe die heimischen Talente wiedererwachen und sich kraftvoll erheben konnten.

Bevor es jedoch in tiefen Schlaf versank, hatte das amerikanische Ballett noch Zeit, seine

Mary Ann Lee mit dreizehn

erste internationale Ballerina hinauszuschicken, Augusta Maywood. Sie war nur zwei Jahre jünger als Mary Ann Lee, und sie eroberte in einem aufsehenerregenden Siegeszug die alten Festungen Paris, Wien und Mailand. Dieses Kunststück war umso bemerkenswerter, als sich Paris gerade mitten in einem Ballerinen-Boom befand und die mutige Augusta bei ihrem Operndebüt noch nicht einmal fünfzehn war. Théophile Gautier zufolge, auf den immer Verlaß ist, wenn man eine anschauliche Beschreibung des Gegenstands seiner Kritiken braucht, hatte die Maywood «dunkle Augen, ein schmales Gesicht und jenen wachen, ungebändigten Ausdruck, der kommende Schönheit ahnen läßt». Ich habe noch nie zuvor von einer Tänzerin mit «Jaguarbeinen und der Quirligkeit eines Clowns» gehört – die Kombination scheint mir etwas verwirrend –, aber nach Gautiers Eindrücken muß sie auf der Bühne kraftvoll und federnd, etwas brüsk, fast aggressiv und wenig graziös agiert haben und dabei doch sehr attraktiv gewesen sein. (Um eine ungefähre Parallele zu ziehen: Sie könnte im engen Rahmen der Pariser Oper ebenso originell gewesen sein wie Twyla Tharp im modernen Ballett, denn sie hatte ihre eigene, sehr ungewöhnliche Art und eine überraschende Selbstsicherheit, die das Publikum gefangennahm.)

Augusta Maywood war eine durch und durch moderne Frau. Seit ihrem ersten Auftritt in Philadelphia im Alter von zwölf Jahren war sie eine erfolgreiche Ballerina, und so war es kein Wunder, daß sie es nach dem berauschenden Triumph in Paris erniedrigend fand, sich Tag und Nacht von ihrer Mutter behüten zu lassen. Sie brannte mit einem Tänzer durch und gestaltete fortan ihr Leben und ihre Laufbahn nach ihrem eigenen Willen. Sie gab

Augusta Maywood

Ehemännern und Liebhabern den Laufpaß, wenn sie ihr nichts mehr zu bieten hatten (umgekehrt war das nie der Fall), und machte in ganz Europa auf bewundernswerte Art Karriere. Sie hatte viel gesunden Menschenverstand und fand es praktischer, mit ihrer eigenen Truppe auf Tournee zu gehen, als auf die Tänzer und Einrichtungen in den Gasttheatern angewiesen zu sein. Sie brachte Amerikas Pioniergeist nach Europa und kehrte nie mehr in ihr Geburtsland zurück.

Wenn Augusta Maywood eine Pionierin war, dann war Juba ein Herold. Wie Augusta ging er nach Europa, und auch er kehrte nie mehr nach Amerika zurück. Dies geschah allerdings nicht aus freien Stücken: er starb leider in London im Alter von siebenundzwanzig Jahren. Juba war so etwas wie eine Synthese aller Richtungen des Jazztanzes, die noch kommen sollten. Man nimmt an, daß er 1825 geboren wurde, also im gleichen Jahr wie Augusta Maywood. Er war natürlich schwarz, vermutlich ein freigeborener Neger. Sein wirklicher Name lautete William Henry Lane, doch ist dies völlig belanglos. Er war eine Inkarnation des Tanzes und hätte daher ebensogut Dance heißen können. Woher er kam und woher seine Begabung stammte, weiß niemand, aber jeder einzelne Zuschauer war von seinen Bewegungen, seiner unglaublichen Präzision und seiner außerordentlichen Grazie hingerissen. Grazie ist die wesentliche Eigenschaft derer, die zum Tanzen geboren sind – die Pawlowa und Nijinsky hatten Grazie, und Juba ebenfalls.
Ein Bild zeigt ihn 1848 in Vauxhall Gardens in London mit den Händen in den Taschen, die Knie angezogen und die Beine nach auswärts gedreht, ein kompakter, wohlproportionierter kleiner Mann mit einem eleganten Kopf, glänzenden Schaftstiefeln und Freude an seinen lässigen, ungezwungenen Schritten und Gesten. Er war überdies ein erstklassiger Sänger und Tamburinspieler, aber beim Tanzen hatte «noch nie jemand eine solche Beweglichkeit der Muskeln und Gelenke gesehen, solches Springen, solches Gleiten, solche Drehungen, solche Zehen- und Fersenarbeit, solche Vorwärts- und Rückwärtsbewegungen, solche Körperstellungen, solche Kraft der Füße, solche Elastizität der Sehnen, solche Bewegungsvielfalt, solche Vitalität, solche Vielseitigkeit, solch natürliche Grazie, solche Ausdauer».

Augusta Maywood mit zwölf in Der Gott und die Bajadere *(Le Dieu et la Bayadère)*

Juba in Vauxhall Gardens, London 1848

Welch ein Bild von natürlichem, spontanem Tanz wird hier beschworen! Er tanzte für sich selbst, egal wo er sich befand. Es konnte auf der Bühne sein oder im heißen Menschengewühl eines Ballsaals. Sein Leben und sein Tanz waren ununterscheidbar und untrennbar. Er war rastlos, und als er sich schließlich völlig verausgabt hatte, ereilte ihn der Tod. Die folgende Passage aus einer Londoner Kritik, die drei Jahre vor seinem Tod verfaßt wurde, scheint mir sein Wesen am eindringlichsten wiederzugeben:

> *Es hat noch nie ein Lachen wie Jubas Lachen gegeben – es vereinigt das Gelächter von fünfzig komischen Pantomimen in sich. Es hat nichts mit Kichern und schon gar nichts mit dem bekannten Wiehern gemein, nicht eine Spur – es ist ein anderes, ein eigenes Lachen für sich – klar, schallend, widerhallend, volltönend, harmonisch, voll Vergnügen, unbändiger Lust und überschäumender Freude; man hört es wie das kontinuierliche Summen der Natur, das in allen Dingen webt, es ergreift Ihr Herz, und Sie lachen mit, es kriecht in Ihr Ohr und setzt sich dort fest …*

Zur selben Zeit wie Juba lebte in London der bedeutende Choreograph Jules Perrot, der damals allerdings mit seinen achtunddreißig Jahren nicht mehr der brillante Tänzer wie vordem war. Mit gut zwanzig hatte er als Partner von Marie Taglioni an der Pariser Opéra

Jules Perrot in Nathalie

getanzt, war aber bei ihr in Ungnade gefallen, weil er mehr Applaus als sie bekam. Er verließ daher die Oper und konnte dort nie mehr Fuß fassen. Im Januar 1848 trat er mit Augusta Maywood in Mailand und im Sommer des gleichen Jahres in London auf, wo ihn vielleicht einmal die Neugier in das Theater von Vauxhall Gardens getrieben haben mag, um das dunkelhäutige Wunder zu sehen. Am Ende dieses Jahres ging er als Premier danseur nach St. Petersburg und wurde dort nach Didelot der zweite französische Ballettmeister, der das russische Ballett stark beeinflußte.

Der Tanz Jubas und das klassische Ballett Perrots waren unendlich weit voneinander entfernt. Falls Perrot Juba gesehen hat, muß er dessen Tanz wohl dem «grotesken» Stil zugeordnet haben, der zu allen Zeiten Bestandteil von Ballettaufführungen war. Da er jedoch modernere Auffassungen als seine Zeitgenossen oder unmittelbaren Nachfolger

Der Kobold *(Le Kobold) von Perrot*

hatte, ist er möglicherweise der einzige Choreograph des neunzehnten Jahrhunderts gewesen, der Jubas Genie in seiner ganzen Größe erkannte.

Perrot hatte Pech als Tänzer, weil gerade die «Ära der Ballerina» begann, als er mit siebzehn plötzlich aus Ehrgeiz zum Ballett statt zu den populären Boulevardtheatern ging, wo er unter Akrobaten und Spaßmachern aufgewachsen war. Er wurde Schüler des großen Auguste Vestris und war sehr wahrscheinlich ebensogut wie sein berühmter Lehrer. Der Zwischenfall mit Marie Taglioni zeigt indessen, daß die Zeit der männlichen Tänzer vorbei war. Man stellt amüsiert fest, daß nach 1837 etwa bei vielen Balletten an der Pariser Oper die männliche Hauptrolle glatt ignoriert wurde. Es gab *La Sylphide* (kein Wort von James), *Giselle* (nichts über Albrecht) und eine lange Liste anscheinend alleinstehender Damen: *Nathalie, Lady Henriette, Paquita, Betty, Stella, Gemma* und andere.

Infolge dieser Voreingenommenheit und trotz seines exzellenten Könnens als Tänzer wandte sich Perrot mit seinem kreativen Talent der Choreographie zu. Wie Didelot war er äußerst phantasiebegabt, und wo immer es ging, vermied er die süßlich-romantischen Themen, die während seiner Anfangszeit Mode waren, und wählte dafür hochdramatische Szenarien wie in *Faust* und *La Esmeralda* (wieder ein weiblicher Titel!), deren Geschichte er in abgeänderter Form Victor Hugos Roman «Der Glöckner von Notre Dame» entnahm. Die Uraufführung von *La Esmeralda* begegnete in London keinen besonderen Problemen, während es am Kaiserlichen Theater in St. Petersburg einen Skandal gab, weil ein Priester und ein Hauptmann Schurken und Leute aus dem Volk Helden waren. Perrot wurde nach elf Jahren erfolgreicher Bühnenarbeit, in denen er den dramatischen und technischen

Stand des St. Petersburger Balletts erheblich weiterentwickelt hatte, zum Rücktritt gezwungen.

Von all den Balletten aus der Mitte des neunzehnten Jahrhunderts wird *Giselle,* die sich bis heute am besten behauptet hat, nicht unerwartet meist in der Perrot'schen Version inszeniert. Das Ballett wurde für Carlotta Grisi geschaffen, in die sich Perrot – wegen ihrer veilchenblauen Augen – während seiner Arbeit in Neapel verliebt hatte. Er trainierte sie, nahm sie nach Paris mit und choreographierte ihre Tänze für die Premiere von *Giselle* an der Oper. Offiziell bekleidete Perrot dort keine Stelle, und er wurde auch auf dem Programm nicht erwähnt, weil im übrigen der etatmäßige Ballettmeister Jean Coralli das Stück einstudierte. Perrot soll Carlotta schließlich geheiratet haben, doch ist dies kein sehr wichtiger Aspekt ihrer Beziehung, zumal sogar behauptet wird, sie wären nie wirklich verheiratet gewesen.

Giselle wurde 1841 uraufgeführt. Nach etwa zwanzig Jahren wurde das Ballett aus dem Pariser Repertoire gestrichen – und vergessen. Es lebte aber in Rußland fort und wurde dort zum Prüfstein für die Ballerinen. Teilweise aus diesem Grund wird der Name Carlotta Grisis als der ersten Interpretin meist vor dem ihres Gatten genannt. Die Leistung Jules Perrots für das Ballett war freilich weitaus größer, und der bedeutendste zeitgenössische Kenner der Tanzgeschichte, Lincoln Kirstein, ist der Ansicht, sein Schaffen sei vielleicht sogar dem von Marius Petipa gleichzustellen, der allgemein als Meister des russischen Balletts des neunzehnten Jahrhunderts anerkannt wird.

Carlotta Grisi und Lucien Petipa in Die Peri, *1843*

Fanny Cerrito und Saint-Léon in Das marmorne Mädchen *(La Fille de Marbre), 1847*

Marius Petipa war bereits einer der Haupttänzer in St. Petersburg, als Perrot 1848 dort ankam. Sie müssen also während der elf Jahre, die Perrot dort Ballettmeister war, eng zusammengearbeitet haben. Nach Perrots Ausscheiden wegen *La Esmeralda* nahm ein anderer Franzose seinen Platz ein. Es war Arthur Saint-Léon, ein amüsanter Mann, der als Geiger ebenso gut war wie als Tänzer und dies in seinem eigenen Ballett *Die Teufelsgeige* (Le Violon du Diable) auch eindrücklich bewies. Auf einer Lithographie, die ihn mit Kittel, kurzen Hosen, aufgebogenen Schuhen, fliegenden Haaren, Schnurrbart und der Geige unter dem Kinn zeigt, sieht er für einen Tänzer ein bißchen unordentlich aus. Und doch war er auf beiden Gebieten ein Virtuose. Als Geiger debütierte er mit dreizehn in Stuttgart, wo sein Vater Ballettmeister war, und im Jahr darauf als Tänzer in München. Er war außerdem ein vorzüglicher Choreograph. Ich stelle ihn mir als feinen, urbanen Menschen vor, ganz anders als Perrot, den Sohn eines Bühnenzimmermanns. Perrot konnte sehr launisch sein, und obwohl er wahrscheinlich viel origineller war als Saint-Léon, fehlte ihm doch diplomatisches Geschick, wenn es darum ging, seinen eigenen Willen durchzusetzen.
Wie Perrot war auch Saint-Léon eine Zeitlang mit einer berühmten italienischen Ballerina verheiratet, nämlich mit Fanny Cerrito. Im Gegensatz zu Perrot bekam er die begehrte Stelle als Ballettmeister an der Pariser Oper, um die sich so viele andere begabte französische Choreographen vergeblich bewarben. Dort brachte er 1870 das Ballett *Coppelia* heraus, das als sein Hauptwerk gilt und heute noch beim Publikum sehr beliebt ist. Er war übrigens der einzige echte Pariser unter den französischen Ballettmeistern; er wurde 1821 in der Hauptstadt geboren und starb dort mit neunundvierzig Jahren an den Folgen eines Herzanfalls. In seinen Mußestunden entwickelte er ein Tanznotationssystem und schrieb daneben einige Ballettpartituren.
1862 war Marius Petipa an der Reihe, Erster Ballettmeister und Choreograph des Kaiserlichen Balletts in St. Petersburg zu werden. Wenn man bedenkt, daß er mit zwanzig seine ersten Ballette in Frankreich einstudierte, muß es ihn sehr viel Geduld gekostet haben, bis zum vierundvierzigsten Lebensjahr zu warten, um endlich mit dieser verantwortungsvollen Stellung in Rußland betraut zu werden. Als die Gelegenheit kam, war er der sprichwörtlich richtige Mann zur richtigen Zeit am richtigen Ort, um russische Tänzer, französische Ballettausbildung, europäische Volkstänze, dramatische Geste und Bühnenspektakel zusammenzufügen und daraus für den Zaren aller Reußen ein vollendetes Ganzes herzustellen. Petipa war ein gründlicher und methodischer Mann.
Wie so viele der großen Ballettmeister der Vergangenheit stammte auch er aus einer Familie von Tänzern. Von seinen Anlagen her scheint er mehr seinem Vater Jean-Antoine als seinem älteren Bruder Lucien ähnlich gewesen zu sein. Lucien, der beste Tänzer von den dreien, war gut aussehend, elegant und sehr französisch. An der Pariser Oper errang er große Erfolge und tanzte als Partner der berühmtesten Ballerinen seiner Zeit. Er reiste fast nie ins Ausland und starb 1898 in Versailles. Marius und sein Vater waren das genaue Gegenteil von ihm. Bevor sie sich schließlich in Rußland niederließen, waren sie ständig unterwegs gewesen. Da Jean-Antoine sehr jung geheiratet hatte, stand er immer noch auf der Bühne, als auch seine Söhne schon Karriere gemacht hatten. 1839 ging er mit dem einundzwanzigjährigen Marius nach New York, aber die beiden kehrten bald wieder zurück. Was wäre wohl mit dem russischen Ballett geschehen, wenn sie sich entschlossen hätten, in Amerika zu bleiben? Bestimmt hätte sich dann Marius' schöpferische Begabung wegen des Mangels an ausgebildeten Tänzern nicht entfalten können. Auch hätte das Ballett in Rußland den günstigen Augenblick versäumt oder unter der Leitung von Lew Iwanow, der nie mehr werden konnte als Petipas Assistent, eine andere Richtung genommen.

Saint-Léon in La Esmeralda

Marius Petipa

Da es weitgehend Petipas Verdienst zuzuschreiben ist, daß das Ballett seinen absoluten Höhepunkt in St. Petersburg erreichte, kann man sich natürlich fragen, warum der Zenit gerade in dieser Stadt und nicht in Paris oder in irgendeiner anderen europäischen Kapitale mit entsprechenden Bedingungen erreicht wurde. Die Gründe sind rasch aufgezählt: Paris vernachlässigte die männlichen Tänzer und versagte den besten seiner Choreographen die Anerkennung. Londons hellsichtigere Theaterdirektoren wiederum konnten keine vertraglichen Sicherheiten bieten, da sie rein kommerzielle, staatlich nicht geförderte Häuser leiteten. Italien und Deutschland waren in zuviele Einzelstaaten zersplittert, als daß *eine* Hauptstadt die besten Talente hätte zusammenziehen können, während Kopenhagen und Stockholm ihre Überlieferung mehr hüteten als weiterentwickelten. Wien hätte sich natürlich angeboten, aber obschon es die besten italienischen und auch französische Choreographen anzog und immer wieder ein bedeutendes Zentrum darstellte, gab es keine kontinuierliche Tradition, in der die Ballettmeister auf der Arbeit ihrer Vorgänger aufbauen konnten. Eben dies war jedoch in St. Petersburg der Fall, so daß immer wieder Leute zum Bleiben bewegt wurden, die im Grunde lieber woanders gearbeitet hätten.
Ihnen machte das rauhe russische Klima zu schaffen, doch wurde dieser Umstand dadurch gemildert, daß man Didelot zum Beispiel vertraglich die kostenlose Lieferung einer bestimmten Menge Brennholz zusicherte. Zudem war die weite Landreise nach St. Petersburg äußerst strapaziös und nicht selten von wenig angenehmen Zwischenfällen begleitet. So wurde Marie Taglioni einmal von einem berühmten Räuber aufgehalten und gezwungen, entweder auf Fellen, die man über den Straßenkot gebreitet hatte, zu tanzen oder aber ihr Geld und ihren Schmuck herzugeben. All diese Unannehmlichkeiten wurden indes durch die ausgezeichneten Verträge und den langen Jahresurlaub kompensiert. Ein anderer Punkt war die innere Einstellung der russischen Tänzer zu ihrer Kunst. In jedem

Petipa als Lord Wilson in Die Tochter des Pharao *(La Fille du Pharaon)*

Land blühen gute Tänzer wie Blumen an der Sonne auf, wenn sie durch gute Führung inspiriert werden, aber die Fähigkeit der russischen Tänzer, sich ganz auf ihre Arbeit zu konzentrieren, fand man anderswo nicht so leicht. Ein französischer Kritiker, der 1858 Rußland besuchte, vermerkte erstaunt, daß die Damen des Corps de ballet nicht «kicherten, redeten oder nach den Herren im Publikum schielten».

Jean-Antoine und Marius Petipa kamen knapp vor Mitte des neunzehnten Jahrhunderts nach St. Petersburg und wurden dort heimisch. Es war der Ratschluß des Schicksals, daß sie beide das Ende ihrer Tage fern der Heimat erleben sollten – nicht in Amerika, das nirgends Bereitschaft gezeigt hatte, den Choreographen des Jahrhunderts aufzunehmen, und nicht in Spanien, wo sie sich in die unwiderstehlichen Rhythmen und feurigen Tänze verliebten (und in die Damen, was den Junggesellen Marius betrifft), sondern in Rußland. Marius heiratete zweimal eine Russin, hatte mehrere Kinder und wurde dort zweiundneunzig Jahre alt.

In seiner Jugend war er ein Mann von einnehmendem Äußeren mit strahlenden Augen gewesen. Seine Bewegungen und seine Sprache waren ohne Zweifel präzise, sein Verstand und seine Gedanken klar und immer in Bewegung. Jeder Choreograph hat seine eigene Arbeitsmethode; bei manchen entstehen zum Beispiel die Aufführungen Schritt für Schritt während der Proben mit den Tänzern. Petipas Ballette dagegen wurden zu Hause sorgfältig vorbereitet; dann erst erschien er im Übungssaal, um das Stück mit seinen vielen Tänzern einzustudieren. Er teilte sein Corps de ballet in Gruppen ein, die rochierten und rotierten, sich in großartigem Fluß kreuzten und aufreihten und mit dem letzten Akkord

Petipa als Ta-Hor in Die Tochter des Pharao

Petipa mit Sohn und Tochter

Marie Taglioni (auf einer Zehenstütze) und Antonio Guerra in Der Schatten *(L'Ombre)*

Dornröschen, *um 1890*

Der Nußknacker, *1892*

chwanensee

chwanensee *mit Paul Gerdt, 1895*

ein harmonisches Bild formten. Er machte sich vor allem Gedanken über die Grenzen der menschlichen Statur und unterbrach die gleichmäßige Höhenlinie der sich bewegenden Körper seiner Tänzer auf vielfältige und einfallsreiche Weise, um zu einem befriedigenden optischen Gesamteindruck zu kommen. Auch ließ er Kinder in Linien und Mustern auftreten, die sich mit denen der Erwachsenen verwoben. Kamen die Tänzer einmal zum Stillstand, stellte er liegende, kniende, im Ausfallschritt und auf Spitzen stehende Tänzer einander gegenüber, so daß sich eine Pyramide ergab.
Er benutzte außerdem eine ungeheure Vielfalt an Requisiten wie Kränze, Schals, Blumenkörbe, Stäbe und Bänder. Einige Tänzer trugen sogar kleine Schemel mit sich und stellten sich in bestimmten Augenblicken der Choreographie darauf, um noch größer zu erscheinen. Sein phantastischster Einfall war ein «Tanz der Karyatiden», bei dem das Corps de ballet, Männer und Frauen, geheimnisvolle Körbe auf dem Kopf trugen, aus denen am Schluß kleine Kinder kletterten. Nach meiner Vermutung muß es sich dabei um sehr kleine Kinder gehandelt haben.
Ich erinnere mich noch sehr gut an unsere englische Aufführung von *Dornröschen* im Jahre 1939, die vom Marynski-Original übernommen wurde. Im zweiten Akt kam eine Stelle, wo vom Corps de ballet eine dreißig Zentimeter hohe Felsattrappe auf die Bühne gezogen wurde. Auf dieser Attrappe befand sich eine Zehenleiste, auf der ich mich einen Augenblick lang als zentrale Figur einer sorgfältig angeordneten Gruppe von Nymphen auf die Spitzen stellen mußte. Auf einer Lithographie aus dem Jahre 1840 steht Marie Taglioni in ähnlicher Weise auf einer Rose; entsprechend nannte man diesen Schritt «Pas de fleurs». Diese Vorrichtungen waren also schon in Petipas Jugend, lange bevor die Ballerinen von ihren Partnern emporgehoben wurden, gang und gäbe. Überraschend ist es da nicht, daß er auch eingehend die Möglichkeiten untersuchte, wie die Damen in den Armen ihrer kräftigen Partner graziös hochgehoben und sogar auf deren Schultern gesetzt werden könnten.

So wurde der moderne Pas de deux geboren. Weiß der Himmel, was Petipa wohl zu manchen der Zerrbilder sagen würde, die in unserer so toleranten Zeit daraus entstanden sind! Es wäre für ihn wohl undenkbar gewesen, eine Ballerina mit dem Kopf nach unten zu sehen. Eine Ballerina mußte damals wunderhübsch und sehr modisch sein und hatte – von Juwelen geschmückt und mit einem knielangen Tutu bekleidet – Würde mit höchstem Charme zu verbinden. Mathilde Kschessinska war die faszinierendste und eleganteste Starballerina dieser Epoche, und sie besaß sehr viele echte Juwelen, mit denen sie sich auf und außerhalb der Bühne zieren konnte. Sie war kokett, amüsant, lebhaft und bezaubernd, und ihr Leben war phantastischer als ein Märchen.
Romantisch war schon der Beginn ihrer Karriere. Gewöhnlich besuchte der Zar mit seiner Familie einmal im Jahr nach den Abschlußprüfungen die Kaiserliche Ballettschule, wobei hernach ein Essen gegeben wurde. Bei dieser Gelegenheit fand sich die Kschessinska als eine der Jahrgangsbesten neben dem Zarewitsch plaziert, der später als Nikolaus II. zum letzten Zaren von Rußland wurde. Sie verliebte sich sofort in ihn und betörte den jungen Mann derart, daß er ihr ein einfaches, aber komfortables Haus zur Verfügung stellte, in dem sie ihre Liebesidylle genießen konnten. In diesem Haus gab es Feste, Lieder, Champagner und all die ausgelassene Fröhlichkeit der Jugend – ein Leben, dem sie sich unbeschwert wieder zuwandte, sobald sie den schrecklichen Schlag verwunden hatte, den ihr der Prinz durch seine Liebesheirat mit der blondgelockten Prinzessin Alice von Hessen-Darmstadt, der letzten Zarina, zufügte. Der zukünftige Zar gab ihr das Haus als Abschiedsgeschenk – Schmuck hatte sie schon genug. Sie sollte ihrem «geliebten Niki» nie

Mathilde Kschessinska

Der Nußknacker *mit Gerdt und V. A. Nikitina, 1892*

mehr begegnen. Sie ließ sich indes von Großherzog Sergej Michailowitsch trösten, der die Annehmlichkeiten ihres Lebens um einen wunderschönen Landsitz vermehrte.
Daß sie einen Sohn gebar, der von André Wladimirowitsch, einem anderen Großherzog stammte, den sie 1921 im französischen Exil heiratete, konnte sie ihrem Beschützer, Sergej Michailowitsch, nicht verheimlichen. Aber der Gute war überhaupt nicht böse und las ihr weiterhin jeden Wunsch von den Augen ab, so daß man in der kaiserlichen Intrigenküche, dem Marynski-Theater, ihr gegenüber nach wie vor auf der Hut sein mußte. Jeder wußte, daß sie als letztes Mittel eine Petition an den Zaren schicken konnte und schicken würde. Sie war verderbt – meine Güte! – und kapriziös, fühlte sich schnell zurückgesetzt und witterte überall Verschwörungen, und doch war sie bis zu einem gewissen Grad auch warmherzig und großzügig. Und sie war tapfer. In späteren Jahren, als sich das Schicksal drastisch gegen sie wandte, hörte man nie ein Wort der Klage von ihr.
Obwohl in Luxus gebettet, war sie bei der Arbeit die Gewissenhaftigkeit selbst. Keiner ihrer Liebhaber war zwar weniger als Großherzog, doch blieb sie vor allem Tänzerin – die Tochter von Felix Kschessinsky, einem hervorragenden polnischen Charaktertänzer. Ihre Stellung als Primaballerina assoluta am Marynski-Theater nahm sie durchaus zu Recht ein, und wenn sie auftrat, sprühte ihr Tanz ebenso Funken wie die echten Diamanten in ihrem Haar.
Im Jahr ihrer Abschlußprüfung, 1890, wurde Petipas *Dornröschen* mit einer italienischen Ballerina, Carlotta Brianza, uraufgeführt. Vermutlich beschloß Mathilde Kschessinska gleich danach, den Beweis anzutreten, daß die russischen Tänzerinnen den italienischen Ballerinen ebenbürtig waren. Als erste nahm sie einige der technisch überaus schwierigen Schritte, die in Mailand entwickelt und nur dort gelehrt wurden, in Angriff und meisterte

Mathilde Kschessinska

sie schließlich auch. Von da an erübrigte es sich, für wichtige Aufführungen italienische Gastballerinen einzuladen, denn die Kschessinska – so klein, kokett und feminin sie war – besaß einen ungeheuren Willen und erstaunliche Körperkraft. So gelang es ihr, die Italienerinnen vollkommen überflüssig zu machen.

Sie schien ein Symbol der letzten Tage der Zarenherrschaft zu sein. Zumindest muß Lenin das so empfunden haben, als er bei seiner Ankunft in Rußland im Jahre 1917 darauf bestand, seine berühmt gewordene Rede an die Bevölkerung vom Balkon der letzten Petersburger Wohnung der Kschessinska aus zu halten. Das kleine Palais stand am Kronwersky Prospekt und war ganz nach ihren Wünschen erbaut und ausgestattet worden. Sie selbst war bereits mit ihrem Großherzog André Wladimirowitsch und ihrem gemeinsamen Sohn geflüchtet und hatte außer ihrem Schmuck alles zurückgelassen. Als dieser verkauft war, eröffnete sie in Paris eine Schule, und in den dreißiger Jahren gehörte ich drei oder vier Sommer lang zu den Schülerinnen, denen sie etwas von ihrem Zauber mitzuteilen versuchte. Es war wunderbar, diese Lebhaftigkeit zu sehen: die sprühenden Augen und den erfrischenden Charme einer Frau, die von einer Aura des Märchenhaften umgeben war und sie zeitlebens nie verlieren sollte. Sie starb 1971 kurz vor Vollendung ihres hundertsten Lebensjahrs.

Die Kschessinska mit ihrem Vater

Zeitgenossin und in gewisser Hinsicht auch Rivalin der Kschessinska war die bewundernswürdige Olga Preobrajenska. Sie waren so gegensätzlich wie Feuer und Wasser. Die Preobrajenska – kurz Preo genannt – war nie sehr reich, nie verderbt und nicht einmal besonders hübsch, aber sie war geistreich und fleißig. Sie hatte einen koboldhaften Humor, ärgerte sich manchmal plötzlich und lächelte dann nach wenigen Minuten wieder. Am Marynski-Theater gab man ihr Rollen wie die der Weißen Katze in *Dornröschen* – Rollen, die zu ihrer Persönlichkeit paßten und aus denen sie einen Triumph zu machen verstand. Sie arbeitete aber auch hart an sich, um eine große Ballerina zu werden. Im Jahre 1921 verließ sie die Sowjetunion und ließ sich zwei Jahre später endgültig in Paris nieder, wo sie bis kurze Zeit vor ihrem Tod im Jahre 1962 ebenfalls Ballettunterricht erteilte. Sie wurde zweiundneunzig. Sie war die angesehenste Lehrerin ihrer Zeit, und ich selbst hatte das große Glück, in den Genuß ihrer klugen Unterweisung zu kommen, sooft ich in Paris war.

Diese großen Ballerinen des zaristischen Kaiserreichs waren als Elevinnen von der Italienerin Virginia Zucchi inspiriert worden. Sie war 1885 nach St. Petersburg gekommen, zu einem Zeitpunkt, als sich das Publikum des Marynski-Theaters dem Ballett gegenüber trotz Petipa ziemlich gleichgültig verhielt. Die Zucchi tanzte zuerst während der Sommersaison in einigen Lustgärten, wo sie mit ihrer dramatischen Kunst und einem durchgehend

Als die Weiße Katze in Dornröschen

Mit Pierina Legnani in Der Korsar

n Blaubart *(Barbe-Bleue)*

In Le Matelot, *einem eigenen Solotanz*

Virginia Zucchi in La Esmeralda

Lew Iwanow

auf Spitzen getanzten Solo solche Furore machte, daß ganz St. Petersburg sich danach drängte, sie zu sehen. Als im Kaiserlichen Theater die Wintersaison eröffnet wurde, wurde ihr ein Vertrag angeboten. Sie gab in der Folge sieben Jahre lang Gastspiele, so daß sich bei den Ballettabenden wieder ein enthusiastisches Publikum einfand.
Petipa war von ihrer leidenschaftlichen Interpretation seiner Werke sehr beeindruckt. Leidenschaft spielte in seinen Balletten sonst eine untergeordnete Rolle; was ihnen Größe und nachhaltigen Ruhm verlieh, war die sorgfältige Ausarbeitung seiner Szenarien und Choreographien. Gegen Ende seines Lebens verloren diese Qualitäten für die junge Generation ihre Anziehungskraft, und er starb in Verbitterung, ohne zu ahnen, daß man seiner Kunst eines Tages wieder mehr Verständnis entgegenbringen würde. Der Grund für seine Verbitterung mag auch darin gelegen haben, daß er trotz seines Ruhms und seiner unzähligen großen Erfolge niemals den Ruf erhielt, auch nur eines seiner Werke an der Pariser Oper vorzustellen, wo sein Bruder Erster Tänzer und zeitweilig Ballettmeister war. Dies wäre für den Franzosen Petipa die Krönung seines Schaffens gewesen, aber er wartete sein ganzes Leben vergeblich darauf.

Vermutlich war Petipa unwillentlich die Ursache dafür, daß ein russischer Kollege ein ähnliches Schicksal erlitt. Da das Leben im neunzehnten Jahrhundert gemächlicher als in unserer Zeit verlief, hielt man auch weniger von Änderungen und Neuerungen. Die

Uniformen für die Kaiserliche Ballettschule in St. Petersburg

Eine Klasse der Kaiserlichen Ballettschule (Tamara Karsawina: erste Reihe, vierte von rechts)

Elevinnen der Schule am Kaiserlichen Theater, 1893–94 (Anna Pawlowa: zweites kniendes Mädchen von links)

Theaterdirektoren erachteten jeweils *einen* guten Ballettmeister zur Fortsetzung der Tradition für ausreichend. Petipa hatte so lange warten müssen, bis er die Position von Saint-Léon übernehmen konnte, daß er schon über siebzig war, als endlich sein *Dornröschen* aufgeführt wurde. Fünf Jahre später legte er aus Gesundheitsgründen einen Teil der Choreographie für *Schwanensee* in die Hände seines Assistenten Lew Iwanow, der aus dem zweiten Akt das absolute Meisterwerk des klassischen Balletts machte. Er hätte logischerweise Nachfolger Petipas als Hauptballettmeister werden müssen, anstatt immer zweiter Mann zu bleiben.

Iwanow war gefühlsbetonter als Petipa. Der Franzose war geduldig, fleißig und gründlich; der Russe war empfindsam, poetisch und fatalistisch. In seiner Jugend muß er sehr anziehend gewesen sein – begabt, großzügig, unbekümmert und intelligent. Schon nach einmaligem Anhören konnte er jedes Musikstück nachspielen, und sein Gedächtnis für Ballette war ebenso überragend. Und doch mußte der Ärmste ein halbes Jahrhundert alt werden, bis er zum Assistenten Petipas ernannt wurde. Und das blieb er auch – er starb,

Michael Fokin

während der rührige Franzose noch immer am Ruder war. Hätte Iwanow frei seiner eigenen Inspiration folgen können, wäre er wohl bei etwas Ähnlichem angelangt wie *Die Fontäne von Bachtschissarai,* die 1934 in Leningrad uraufgeführt wurde. Das sowjetische Ballett baute direkt auf dem Erbe von Petipa und Iwanow auf, aber wenn Iwanow die Nachfolge Petipas hätte antreten können, wäre die Entwicklung glatter und rascher verlaufen. So kam es zu einem unglaublichen Generationensprung: Iwanow starb 1901, zwei Jahre vor Petipas letzter Ballettschöpfung, und der nächste Choreograph war zweiundsechzig Jahre jünger als der große Meister!

Die Folge war, daß der neue Choreograph, Michael Fokin, die soliden Vorzüge von Petipas Werk nicht anerkennen konnte; er fand die alten Ballette gespreizt und gekünstelt. Nach seiner Ansicht dienten sie lediglich der Vorführung von Virtuosität. Er sah, daß die Ballerinen Tutus und Spitzenschuhe trugen, gleich, ob sie Prinzessin oder Goldfisch sein sollten; daß ein Liebes-Pas de deux von zwei Menschen getanzt wurde, die einander kein einziges Mal ansahen, sondern nur ins Publikum blickten; und daß Gespräche zwischen den Darstellern mit Gesten geführt wurden, denen die starre Schematik von Semaphoren anhaftete. Seine Ideen wurden von der alten Garde des Marynski-Theaters allerdings nicht

Fokin und Karsawina in Fisherman and the Pearl from Shavotta

gut aufgenommen und nur von einigen jüngeren Tänzern unterstützt. Eine kleine Gruppe, zu der die Pawlowa und die Karsawina gehörten, versammelte sich um ihn, um eine Verschwörung gegen den Direktor anzuzetteln, aber die Sache verlief im Sande.

Ich glaube, Fokins ideales Leben wäre das des Nachfolgers von Petipa gewesen. Auf diese Weise hätte er – was Iwanow versagt blieb – die lange Reihe der Franzosen unterbrochen, die in seinem Theater die Position des Choreographen innehatten. Wäre er in Rußland geblieben, wäre dies möglich gewesen. Beim Ausbruch der Revolution war er jedoch bereits eine internationale Größe und gehörte sowohl zu Paris, wo er seine größten Triumphe gefeiert hatte, als auch zu seinem eigenen Land. Er entschied sich indes für das Exil und leitete damit eine Auswanderung ein, die nunmehr in umgekehrter Richtung von

Pawlowa und Fokin in Harlequinade

Rußland in den Westen ging. Dies war eigentlich Serge Diaghilews Werk, denn er zog die Fäden, die Fokin aus Rußland herausführten.

Serge Diaghilew entstammte einer mäßig begüterten Familie in Perm im Ural. Als er seine Ausbildung beendet hatte, ging er 1890 nach St. Petersburg. Er war hochintelligent und zeichnete sich durch eine ungewöhnliche ästhetische Empfindsamkeit und ein starkes Selbstbewußtsein aus, das sich hinter trügerischer Sanftheit verbarg. Die «Neuen Pickwikkier», eine Gruppe junger Leute, die sich regelmäßig trafen, um über Kunst und neue Ideen zu diskutieren, nahmen ihn in ihren Kreis auf. Sie waren voller Energie, Begeisterung, Witz und Ironie und beschäftigten sich intensiv mit Kunst und Leben.
Einer von ihnen beschrieb damals Diaghilew als «untersetzt, dicklich und von gesunder

Serge Diaghilew

Hautfarbe – ein typisch grobschlächtiger Provinzler». Zu Anfang war er tatsächlich schüchtern, aber bald beherrschte er sie alle, obwohl er weder Schriftsteller, Maler noch Musiker war. Über sich selbst sagte er: «Ich bin erstens ein Scharlatan, wenn auch ein recht brillanter; zweitens ein großer Charmeur; drittens völlig furchtlos; viertens ein Mann mit sehr viel Logik und sehr wenig Skrupeln und fünftens ohne wirkliches Talent.» Freilich vergaß er hinzuzufügen, daß er der geborene Führer, ein glänzender Organisator und im allerbesten Sinne des Wortes ein Showman war. Von 1899 bis 1901 war er als künstlerischer Berater am Marynski-Theater tätig und versuchte, an die neuesten Entwicklungen Anschluß zu bekommen. Aber es war von vornherein abzusehen, daß Diaghilew nicht lange unter einer schwerfälligen Bürokratie arbeiten würde. Dazu war er zu arrogant, zu kompromißlos und zu geradlinig.

Diaghilew hatte keineswegs die Absicht, das Ballett zu revolutionieren; vielmehr wurde ihm dies von den Umständen geradezu aufgezwungen. 1906 veranstalteten die Pickwickier eine wichtige Ausstellung russischer Kunst, und Diaghilew, mittlerweile zum Kosmopolit geworden, beschloß sie nach Paris zu bringen, das der kulturelle Nabel der Welt war, aber von russischer Malerei noch nichts wußte. Der Erfolg dieser Ausstellung ermutigte ihn, im nächsten Sommer russische Musik vorzustellen. Auch sie war in der Hauptstadt der Zivilisation so gut wie unbekannt, und so veranstaltete er mit dem großen Schaljapin eine Reihe von Konzerten.

Diaghilew hatte das Herz und den Mut eines Glückspielers. Er liebte den Reiz und das Risiko, ein Impresario der Künste zu sein, und in Paris war er in seinem Element. 1908 dehnte er mit Mussorgskys *Boris Godunow* seine Aktivitäten auf die Oper aus. An das Ballett dachte er immer noch nicht. Obwohl Paris in Musik und Kunst in der Welt führend war, befand sich das Ballett in einem erbärmlichen Zustand. Alexandre Benois war es, einer der Gründer der Pickwickier, der 1909 schließlich den Vorschlag machte, auch das russische Ballett nach Frankreich zu holen.

Der Maler Benois liebte das Ballett seit seiner Kindheit – eine Passion, die Diaghilew in der Provinz vorenthalten blieb – und hatte bereits ein neues Ballett ausgearbeitet, das in St. Petersburg zwei Jahre zuvor herausgekommen war. Die Pickwickier, die alles gemeinsam planten, meinten, dieses Ballett, *Armidas Pavillon* (Le Pavillon d'Armide), wäre hervorragend geeignet, die hinreißenden jungen Tänzerinnen und Tänzer des Marynski-Theaters in Paris vorzustellen. Weil diese Saison – mit der Pawlowa, Karsawina und Nijinsky – ein so

Karikaturen von Jean Cocteau: Diaghilew und Nijinsky; Picasso und Strawinksy

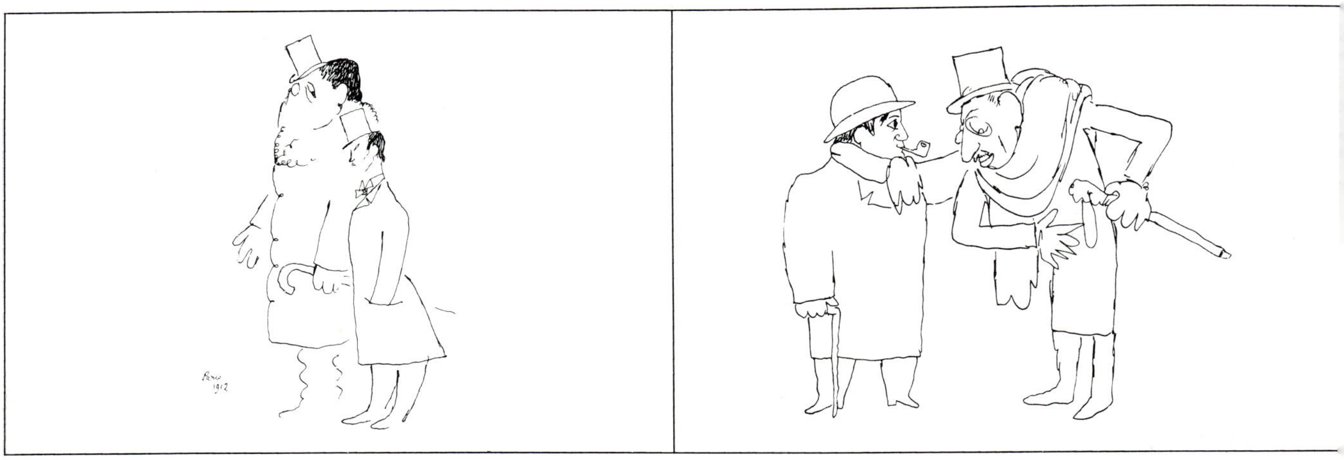

Die Prinzessin in Der Feuervogel, *von Léon Bakst*

Der Feuervogel *(für die Karsawina entworfen), von Bakst*

Silvestra, Die gutgelaunten Frauen

Le Pélerin, Der blaue Gott *(Le Dieu Bleu)*

Vertrauter von Köstschei, Der Feuervogel

Kleines amerikanisches Mädchen, Der Zauberladen

Ein Odaliske, Scheherazade

Danse Sacré et Danse Profane

Der Zeremonienmeister, Dornröschen

Nymphe, Der Nachmittag eines Fauns

Die Jahrmarktszene aus Petruschka, *von Alexandre Benois*

Der Zauberladen, *von Bakst*

Vorhang für Parade, *von Picasso*

Erstes Bild aus Dornröschen, *von Bakst*

Die gutgelaunten Frauen *(Les Femmes de Bonne Humeur), von Bakst*

Anna Pawlowa, von Walentin A. Serow

gewaltiger Erfolg war, wurde 1910 ausschließlich dieses Ballett gezeigt. Erst von da an schufen Diaghilew und seine Freunde eigens Ballette für Paris, wobei ihnen Léon Baksts unglaubliches Gespür für Bühneneffekte zugute kam. Seine Ausstattung der *Kleopatra* (Cléopâtre) hatte die Franzosen ein Jahr zuvor im Théâtre du Châtelet fasziniert, und so wurde als neues Werk *Scheherazade* geplant, wild und exotisch, mit Musik von Nikolai Rimsky-Korsakow und Kostümen, die nur Bakst zu ersinnen vermochte.
Scheherazade schlug in Paris wie eine Bombe ein und löste bei den Parisern eine wahre Dekorationswut aus. Die Modeschöpfer verlegten sich auf Orientalisches, und in keinem besseren Heim durften mehr exotische Kissen und Dekorationen à la Ballet Russe fehlen. Ebenfalls in dieser kurzen Sommersaison wurde Igor Strawinskys erstes Ballett, *Der*

Tamara Karsawina, von Jean Cocteau

Feuervogel, aufgeführt. Es war auch dies ein üppiges Gemisch aus Phantasie und Farbe, aber das Bemerkenswerteste daran war Strawinskys Musik. Er war noch sehr jung, ein unscheinbarer, schmächtiger Mann, den außerhalb Rußlands niemand kannte und der selbst in seiner Heimat nur wenig bekannt war. Eine kühne Entscheidung also, ihm ein größeres Ballett für Paris anzuvertrauen.

Die Saison von 1910 war ein begrenztes Sommerengagement von Tänzern, die an den kaiserlichen Theatern unter Vertrag standen. Erst 1911 bildete Diaghilew eine ständige Truppe, für die er ganzjährige Beschäftigung und private Gönner finden mußte. Von diesem Augenblick an war er Gefangener seiner eigenen Ideen. Der Erfolg der russischen

Pawlowa und Nijinsky in Armidas Pavillon

Tamara Karsawina

Kunst in Paris war zu Beginn zwar sensationell, doch ihn in den folgenden Jahren beizubehalten, wurde immer schwieriger.
Obschon Diaghilew ein despotisches Regiment führte, hing er vollständig von seinen Mitarbeitern ab. Zu ihnen gehörten Benois, der viele Bühnenbilder schuf, Bakst, dessen extravagante Farb- und Formkompositionen heute noch so originell und erregend sind wie damals, ferner der choreographische Reformer Fokin und viele andere, vor allem Maler und Musiker, die für Diaghilew zu verschiedenen Zeiten wichtig waren.
Die ihn am wenigsten brauchte, war seine Ballerina Tamara Karsawina. Mit oder ohne Diaghilew, in Paris oder in St. Petersburg – sie war die Schönste, die Intelligenteste, ein vollkommenes Produkt des Marynski-Theaters. Sie war kein ätherisches Geschöpf des Tanzes, sondern eine Frau von seltenem Kaliber, die mit ihrem umfassenden Wissen, ihrem Geschmack und Urteilsvermögen durchaus an Diaghilew heranreichte und als Ballerina Petipas disziplinierten Klassizismus ebenso brillant meisterte wie Fokins modernen Expressionismus.
Fokin brauchte die Karsawina für die Interpretation seiner Ballette, und sie genoß es, seine zeitgenössischen Werke zu tanzen. In dieser Hinsicht ergänzten sie und Fokin einander in idealer Weise. Niemand hätte seine Ballette sensibler tanzen können als die Karsawina, und niemand hätte ihr zauberhaftere Rollen geben können als Fokin. Unter der Leitung Diaghilews schuf er von 1909 bis 1911 Meisterwerke wie *Les Sylphides, Petruschka, Der*

amara Karsawina und Adolf Bolm in Der Feuervogel

Tamara Karsawina in Giselle, *erster und zweiter Akt*

Feuervogel und *Der Geist der Rose.* In diesen Stücken sind Stimmung und Atmosphäre wichtiger als choreographische Exaktheit. Und weil es bei ihnen darauf ankommt, daß jeder Künstler auf der Bühne zu einem Geschöpf aus Fokins Phantasie wird, sind zufriedenstellende Wiederaufführungen recht schwierig zu realisieren. Die Karsawina dagegen paßte vollendet in diesen Rahmen hinein und fügte noch etwas von ihrem persönlichen Zauber hinzu. Dies galt natürlich auch für den männlichen Star, Waslaw Nijinsky, der zu Diaghilews Erfolgen wesentlich beitrug.

Diaghilew war ein Mann tiefer Gefühle, aber seine gefühlsmäßigen Lieben waren untrennbar mit seinen künstlerischen verbunden. Er war immer zur Hälfte in die Kunst und in die Schönheit der Karsawina verliebt, und niemals hätte er leidenschaftliche Gefühle für eine hübsche und gleichzeitig dumme Person empfinden können – Mann oder Frau. 1910 hatte er sich in das künstlerische Genie Nijinskys verliebt und daher auch in Nijinsky selbst. Zweifellos war der einundzwanzigjährige Tänzer einmalig. In ihrer Autobiographie beschrieb die Karsawina ihre Eindrücke, als sie ihn zum ersten Mal sah. Sie war zufällig etwas zu früh in den Übungssaal gekommen, wo die Stunde der älteren Schüler gerade zu Ende ging:

> *Ich sah mich ein wenig um und traute kaum meinen Augen: Ein Junge erhob sich bei einem Sprung weit über die Köpfe der anderen und schien in der Luft schweben zu*

Waslaw Nijinsky

bleiben. «Wer ist das?» fragte ich Michail Oboukhoff, seinen Lehrer. «Das ist Nijinsky. Der kleine Satan kommt nie mit der Musik nach unten.» Er rief Nijinsky heraus und ließ ihn einige Schritte vorführen. Ein Wunder offenbarte sich vor meinen Augen. Als er zu tanzen aufhörte, hatte ich das Gefühl, als wäre alles unwirklich gewesen und gar nicht eigentlich geschehen. Der Junge war sich seiner Leistung anscheinend gar nicht bewußt; prosaisch stand er da, fast ein bißchen täppisch. Mit den Worten: «Mach den Mund zu, du Fliegenschlucker», schickte ihn sein Lehrer weg, und das achte Weltwunder rannte mit den anderen Jungen den Korridor hinunter.

An anderer Stelle in ihrem Buch schreibt Tamara Karsawina, Nijinsky habe während ihres ersten gemeinsamen Auftritts in Paris in einer spontanen Eingebung beschlossen, nicht im Laufschritt, sondern mit einem Sprung abzugehen. Er erhob sich von irgendwo in der Mitte der Bühne in die Luft und schwebte hinaus in die Kulissen, ohne an Höhe zu verlieren, ein ungläubiges, auf die Sitze gebanntes Publikum zurücklassend. Seine Begabung, zu fliegen, war Teil seines Zaubers; noch wichtiger war jedoch seine Identifizierung mit jeder Rolle, die er tanzte. Ohne die Ballette, die Fokin im Auftrag Diaghilews für Nijinsky ausarbeitete, wäre er immer noch ein unvergleichlicher Tänzer gewesen, aber weniger legendär. Das klassische Repertoire mit den edlen Prinzen und den charakterlosen Virtuosen paßte nicht zu ihm; seine einzigartigen Qualitäten wurden hier nicht gefordert. Am wenigsten lagen ihm die Rollen junger Männer aus Fleisch und Blut, und das gewiß nicht infolge eines Mangels an mannhafter Kraft: als Goldener Sklave in *Scheherazade*

Mit der Karsawina in Der Geist der Rose

In Le Roi Candaule
(Oper mit Ballett-Divertissement)

bewies er fast übermenschliche Stärke. Als verschiedene Leute sein Genie zu definieren versuchten, gelangten sie zu Ausdrücken wie «Halbkatze», «Halbschlange», «ein Panther», «ein Hengst», «kein Mensch, sondern ein Teufel». Seltsamerweise wurde er fast nie mit einem menschlichen Wesen verglichen.

Diaghilews Entscheidung, eine eigene ständige Balletttruppe zusammenzustellen, hatte sicherlich etwas mit seinen Gefühlen für Nijinsky zu tun. Da er die Intrige liebte, soll er nach gewissen Berichten 1911 am Marynski-Theater bewußt einen Zwischenfall provoziert haben, der dazu führte, daß Nijinsky aus seinem Vertrag entlassen wurde. Es ging dabei um die Schicklichkeit oder Unschicklichkeit eines Kostüms, das er bei einer Aufführung von *Giselle* trug und bei der auch die verwitwete Mutter des Zaren und ihre Enkelkinder anwesend waren.

Einige Leute behaupteten, die Zarenmutter sei schockiert gewesen, weil Nijinsky unter seinem eng sitzenden Jackett nicht die üblichen kurzen Hosen getragen habe und weil das Jackett über seinem Trikot ungewöhnlich kurz gewesen sei. Er hatte das Trikot also so getragen, wie heute alle Tänzer, doch erregte dies damals noch Anstoß. Die Zarenwitwe äußerte später einem Vertrauten gegenüber, daß die Etikette es gar nicht zugelassen hätte, über diese Unschicklichkeit Worte zu verlieren, selbst wenn sie sie bemerkt hätte. Dem Theaterdirektor jedenfalls ging das Kostüm zu weit, und es war ihm ungemein peinlich, daß sich Angehörige der kaiserlichen Familie im Publikum befanden. Am nächsten

In Der Nachmittag eines Fauns

a Scheherazade

Morgen feuerte er Nijinsky. Jetzt hatte Diaghilew Nijinsky als Teil seines privaten und beruflichen Lebens, und er wußte, daß er die beste Balletttruppe der Welt schaffen konnte. Niemand außer Diaghilew hätte im Traum daran gedacht, aus Nijinsky einen Choreographen zu machen, schon gar nicht den Nachfolger Fokins, aber eben das zeugte von Diaghilews Spürsinn, von seinem außergewöhnlichen Instinkt für Möglichkeiten, die andere nicht im entferntesten in Betracht zogen. Nijinsky hatte in der Tat sehr klare und eigenwillige Ideen und war vielleicht einer der größten Neuerer des Jahrhunderts. Leider ist von den vier Balletten, die er herausbrachte, nur eines erhalten, *Der Nachmittag eines Fauns* (L'Après-Midi d'un Faune). Die Choreographie der anderen wurde nicht aufgezeichnet, so daß wir sie uns nur in Gedanken einigermaßen vorstellen können.
Die Legende, die uns von Nijinsky überliefert wird, ist die des phänomenalen Tänzers, der nach einer kurzen Karriere von zehn Jahren geisteskrank wurde. Das Drama seiner Beziehung zu Diaghilew ist in die Legende eingewoben. Es war eine glückliche künstlerische Verbindung, aber eine unglückliche Liebesbeziehung. Nijinsky stand mit seiner bedingungslosen Hingabe an den Tanz abseits der Alltagspflichten des gewöhnlichen Lebens; Diaghilew war im Gegensatz dazu äußerst weltgewandt, aufgeschlossen und kultiviert. Sie waren beide ungewöhnliche Menschen und ergänzten sich als Künstler und

Léonide Massine in Parade

Kunstliebhaber. Nijinsky hielt daher in seiner seltsam weltfremden Unschuld ihre Verbindung für völlig unzertrennlich, auch als er im Jahre 1913 die hübsche ungarische Tänzerin Romola de Pulszky heiratete. Er hätte seinen Wohltäter und Beschützer wenigstens warnen können. So war er erstaunt, ja ungläubig, als ihn Diaghilews Reaktion auf seine Verehelichung erreichte. In einem kurzen Telegramm, das ihm der Intendant überbrachte, wurde ihm seine Entlassung mitgeteilt.

Nijinsky war plötzlich ohne Arbeit, und die Ballette, die Diaghilew um ihn herumgebaut hatte, waren so sehr auf ihn zugeschnitten, daß es auf der ganzen Welt keine Balletttruppe gab, die ihn hätte aufnehmen können. Er konnte nicht zu den herkömmlichen Starrollen des Marynski-Theaters zurückkehren, weil sie gar nicht zu ihm paßten, und an den anderen Opernhäusern Europas waren die Ballette so antiquiert, daß man seinetwegen das ganze Repertoire hätte umkrempeln müssen. Als Nijinsky schließlich für ein Londoner Theater eine Gruppe von Tänzern zusammenstellte, mußten sie in einem Programm mit gewöhnlichen Varieténummern auftreten. Er war zutiefst enttäuscht. Nirgends gab es den künstlerischen Hintergrund, den er brauchte.

Wie unvorstellbar das heute wäre: Nijinsky ohne Arbeit! Heute gibt es in allen Himmelsrichtungen Balletttruppen, die für ihn ohne weiteres den richtigen Rahmen schaffen

Lydia Sokolowa in Massines Le Sacre du Printemps

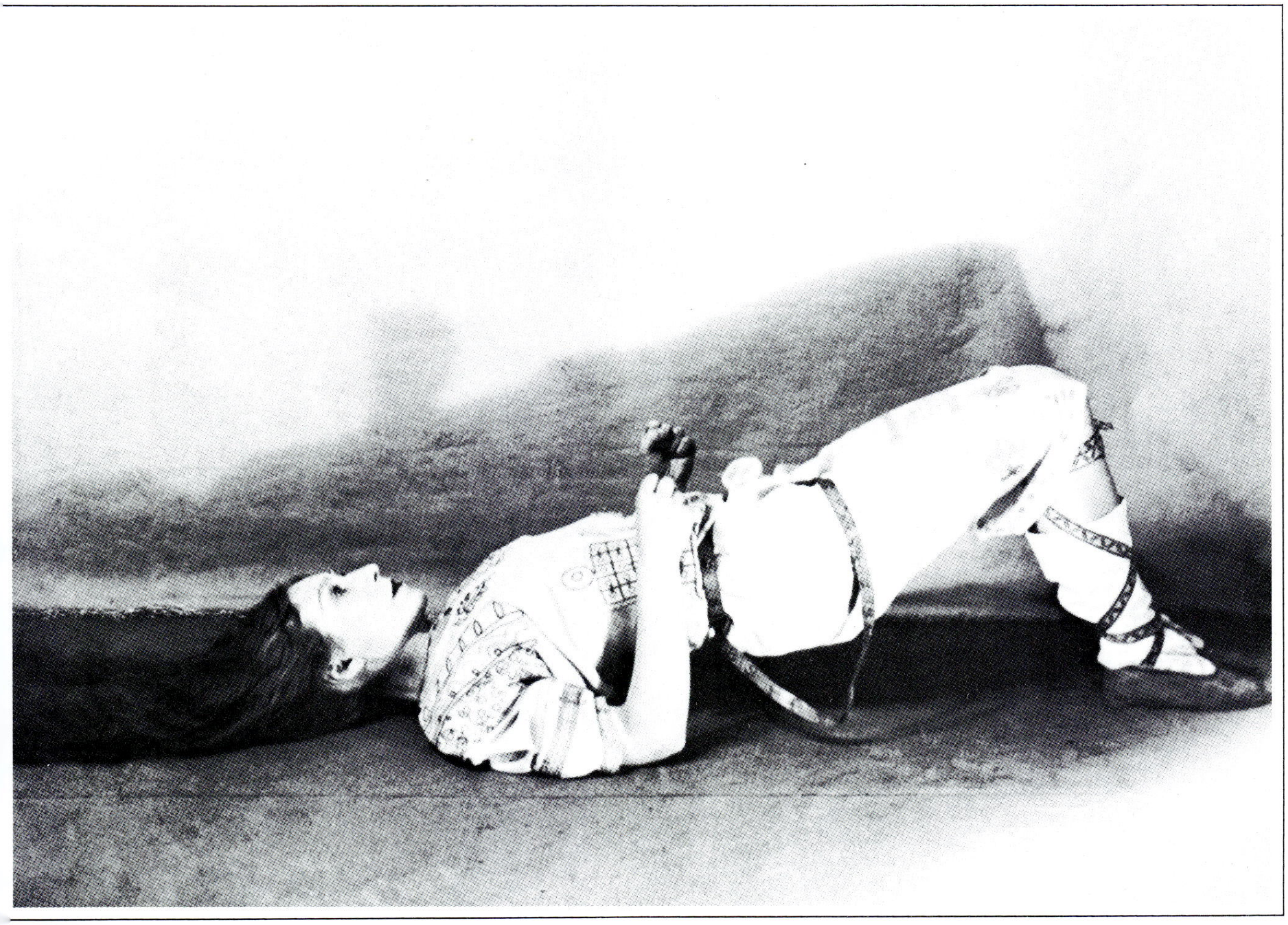

Serge Lifar und Alexandra Danilowa in Balanchines Apollon Musagète, *1928*

George Balanchine in Venedig, Mitte der zwanziger Jahre

könnten, wenn er plötzlich wie der Geist der Rose durch ein offenes Fenster hereinschwebte.

Nijinskys modernste oder zeitloseste Eigenschaft war die Sanftheit seiner Kraft, die manche Leute als Weiblichkeit deuteten. Ich würde eher sagen, es war die Geschmeidigkeit eines Tigers oder Löwen. Großkatzen sind ja keineswegs feminin – sie sind vielmehr kraftvoll und leise, und ihr Tritt ist unhörbar. Beim Sprung ist die Koordination ihrer Gliedmaßen unglaublich präzise, und sie scheinen von der Luft getragen, bevor sie weich federnd auf dem Boden aufsetzen. Der Tiger im Dschungel ist mit seiner Umgebung gänzlich eins. Er ist instinktiver Teil der Geräusche und Bewegungen um ihn, voll gespannter Aufmerksamkeit und Konzentration. So stelle ich mir Nijinsky auf der Bühne vor. Diaghilew gab ihm seinen Dschungel. Als er ihn wieder daraus vertrieb, war Nijinsky verloren, desorientiert wie ein wildes Tier, das in einen kahlen Käfig eingesperrt wird. Sein Käfig waren die Realitäten und Pflichten des Lebens: eine Familie, die er ohne Einkommen ernähren mußte, Geschäftsbriefe, die zu schreiben waren, Grenzen in Kriegszeiten, Visas, Verschwägerte – ein Alptraum ohne Tanz, der doch für ihn das Leben war. So verließ sein Geist seinen Körper und lebte fortan vielleicht in der sicheren grünen Geborgenheit eines eigenen, unzugänglichen Dschungels, während sein verwaister Körper noch dreißig Jahre zurückblieb.

Diaghilews Leben ging ohne Nijinsky den gewohnten Gang, aber es fehlte vielleicht doch der zündende Funke. Er entdeckte neue Choreographen, unter ihnen Nijinskys Schwester Bronislawa Nijinska, Léonide Massine und George Balanchine. Er verpflichtete neue Komponisten und Maler, die wie Picasso zum Beispiel sonst vielleicht nie mit dem Ballett in Berührung gekommen wären. Es war Diaghilews Genius, der das Ballett mit einem einzigen gewaltigen Schritt in das zwanzigste Jahrhundert trug.

Strawinsky und Balanchine bei der Probe mit Arthur Mitchell und Diana Adams zu Agon, *1957*

Man kann nur staunen, wie er als Einzelner ohne finanzielle Sicherheiten zwanzig Jahre lang, einschließlich der Zeit des Ersten Weltkriegs, bis zu seinem Tode im Jahre 1929 im Geschäft bleiben konnte. Er starb jung, in den Fünfzigern, und in diesem Augenblick hörten auch seine Ballets Russes auf zu bestehen. Sein Einfluß dagegen wirkte weiter, und seine Choreographen führten ihre Arbeit, die sie unter ihm begonnen hatten, auch in Zukunft fort. George Balanchine war der letzte seiner Schule, und er erreichte am meisten. Balanchine ist Georgier. Er hat seinen eigenen Kopf, um nicht zu sagen Dickkopf, und sein Stil ist klassischer als der aller anderen Choreographen Diaghilews, jedoch mit einer eigenen modernen Note. Während des Krieges und der Revolution war er Schüler an der St. Petersburger Schule und choreographierte seine ersten Ballette in Rußland. Diaghilew begegnete er erst 1924 während einer Tournee mit sowjetischen Staatstänzern durch Deutschland und schloß sich den Exilrussen an. So vervollständigte er – zusammen mit Fokin, Nijinsky und Massine – das Quartett der Choreographen, die sozusagen im Austausch für die vier Franzosen Didelot, Perrot, Saint-Léon und Petipa, die Rußland so viel gegeben hatten, in den Westen kamen. Eigenartigerweise läßt sich jedem von ihnen ein Pendant zuordnen. Didelot wie Fokin liebten es, ihre Ballette überzeugend realistisch und sogar supernaturalistisch zu gestalten, während Perrot und Nijinsky die besten Tänzer und modernsten Choreographen ihrer Zeit waren. Saint-Léon und Massine waren Meister der leichten Komödie. Schließlich gibt es auch interessante Parallelen in den Lebensläufen von Petipa, der das russische Ballett entscheidend prägte, und Balanchine, der den amerikanischen Klassizismus schuf. Der eine machte seine erste Choreographie mit achtzehn, der andere mit zwanzig, und beide waren etwa dreißig, als sie in ihre Wahlheimat Rußland, bzw. Amerika gingen. Mit vierundvierzig Jahren erreichten sie den Höhepunkt ihrer Laufbahnen: der eine leitete das Marynski-Ballett, der andere das New York City Ballet. Beide standen auch mit einem Komponisten in Verbindung, der für das Ballett von besonderer Bedeutung war: Petipa mit Tschaikowsky, Balanchine mit Strawinsky. Von Balanchine stammt das Wort: «Der Tanz ist eine Frau», und hier spricht seine St.

Valse bleue

Petersburger Ausbildung und Anschauung aus ihm. Petipa stellte die Ballerina ebenfalls sehr in den Vordergrund.

Oberflächlich betrachtet scheint allerdings Balanchines Choreographie mit der von Petipa nichts gemeinsam zu haben. Bei Balanchine steht mehr die Variation von Mustern als die Komposition von Bildern im Vordergrund. Am Schluß seiner Ballette nehmen die Tänzer eine einheitliche Stellung ein und knien beispielsweise alle, wogegen Petipa sie in verschiedenen Höhen angeordnet hätte. Dies zeigt Balanchines Vorliebe für klare Linien und Muster. Seine Tänzerinnen sind langbeinig und gertenschlank, und auch das entspricht nicht dem Ideal des neunzehnten Jahrhunderts. Ferner bevorzugt Balanchine weit ausgreifende Bewegungen und die große Linie; seine Arabesquen sind erstaunlich hoch. Petipa aber benutzte für seine kleineren, rundlicheren Tänzerinnen zierliche Schritte und eher verhaltene Bewegungen. Dennoch sind ihre Techniken grundsätzlich dieselben; der Unterschied liegt in dem, was betont wird und was in den Hintergrund tritt.

Balanchines Barock-Konzert *(Concerto Barocco) mit Melissa Hayden und Suzanne Farrell*

Beide Lehrer vermieden nach Möglichkeit den Ausdruck starker Gefühlsbewegungen. Jeder von ihnen schuf seine Form des reinen Tanzes, in dem Beziehungen nur angedeutet, aber nicht hervorgehoben werden. Petipa war an ein Szenarium aus Handlungsszenen und aus Tanzszenen gebunden, wobei im Lauf der Handlung mehrere Hauptfiguren mit kontrastierenden Tanzarten auftraten. Vielleicht hätte er jedoch wie Balanchine lieber den Tanz um seiner selbst willen, ohne dramatische Elemente, vorgeführt. Der Beweis hierfür

Symphonie in drei Sätzen *(Symphony in Three Movements)*

könnte im Ballett *Die Bajadere* (La Bayadère) liegen, deren einaktige Version wir heute im Westen sehen und die als wahres Meisterstück des abstrakten Balletts gilt. Ursprünglich handelte es sich um eine komplizierte vieraktige Tragödie, deren Choreographie von Petipa stammt und die er 1877 am Marynski-Theater in St. Petersburg zur Uraufführung brachte.

Es ist schwierig, das Neue zu schätzen, wenn man das Alte nicht kennt, und es ist daher möglich, daß das amerikanische Publikum erst 1949, als das britische Royal Ballet in New York *Dornröschen* und *Schwanensee* zeigte, einen Maßstab für Balanchines Originalität bekam. Die alten Petipa-Iwanow-Ballette, in all ihrer Großartigkeit dargestellt, ließen die amerikanischen Tänzerinnen in ihrem schmucklosen Kostüm, das ihre Linie und ihre Bewegungen besser zur Geltung bringen soll, in scharfem Kontrast erscheinen. Das Gastspiel zeigte deutlich, wie weit Balanchines Auffassung von der Tradition abweicht und daß die mit dem Tutu bekleidete Ballerina Petipas heute im Aussterben begriffen ist. Tatsächlich greifen nur noch wenige moderne Ballette von Rang auf dieses Standardkostüm des neunzehnten Jahrhunderts zurück. Es ist eher ein betrüblicher Gedanke, daß es eines nicht mehr allzu fernen Tages den Tutu nicht mehr geben könnte.

Hier endet die Parallele zu Balanchine. Petipa behinderte am Ende seines Lebens den Fortschritt, weil er eine beherrschende Stellung innehatte. Er arbeitete in einem luftleeren Raum, ohne Berührung durch andere Ideen, und so blieben er und sein St. Petersburger Publikum ungestört und selbstvergessen. Diese Gefahr gibt es in New York, wo sich viele Stimmen vernehmlich zu Wort melden, nicht. Noch nie wurde einem Publikum eine so breite Palette von Tanzrichtungen angeboten. Man kann dort den alten, den neuen, den dramatischen, den abstrakten und den extrem experimentellen Tanz sehen. Und was man bei einer Truppe vermißt, findet man bei einer anderen. Das bedeutet, daß es um den Tanz ganz hervorragend bestellt ist. Nach St. Petersburg im Jahre 1890 und Paris im Jahre 1909 läßt sich folglich ein weiterer Höhepunkt ausmachen: New York heute.

Ätherischer Tanz

Im Jahre 1800 zählte Stockholm, die Stadt unter dem klaren nördlichen Himmel, etwa 75 000 Einwohner. Es war eine blühende europäische Metropole mit der ganz besonderen Atmosphäre eines Seehafens, wo die Schiffe in der Mitte der Stadt festmachen und der Wind vom Meer den Geruch des Salzes mitbringt. Die Atmosphäre war weltstädtisch, und es gab eine solide Balletttruppe, die im Jahre 1773 unter König Gustav III. gegründet wurde, womit man einer französischen Mode folgte, die St. Petersburg schon etwas früher angenommen hatte.

Das Ballett unterhielt gute Beziehungen zur Pariser Oper, von der im Jahre 1803 ein junger Italiener namens Filippo Taglioni kam, der als Primoballerino und Ballettmeister engagiert wurde. Er war sechsundzwanzig Jahr alt, und ich stelle ihn mir als gutaussehenden jungen Mann vor. Vielleicht war er nicht der größte Tänzer der Welt, aber intelligent, diszipliniert und ehrgeizig. Er sollte der Ahnherr einer kleinen Dynastie werden, und drei Tänzer gab es schon in seiner Familie: seinen Bruder, seine Schwester und seinen Vater.

Filippos italienischer Charme scheint bei Anna Karsten, der Tochter eines berühmten schwedischen Sängers, sehr schnell verfangen zu haben; er zögerte jedenfalls nicht lange, Anna zu heiraten und auch gleich die Dynastie zu erweitern. Ihre Tochter Marie wurde am 23. April 1804, ein Jahr nach der Hochzeit, in Stockholm geboren. Sie und ihr Vater formten gemeinsam das Bild der Ballerina, wie es uns heute selbstverständlich geworden ist: auf einem Bein ätherisch in der Arabesque stehend, mit füllig aus der schmalen Taille fallenden Röcken und einem Blumenkränzchen im Haar. Ein solches Geschöpf gab es 1804 noch nicht. Die Damen des Balletts trugen immer noch eine verkürzte Abart der hochgegürteten Empiretracht, die mit dem französischen Kaiserreich Mode geworden war. Sie bestand aus einem schlank geschnittenen Kleid von leichtem Material, zu dem ein Spenzer – eine kurze Überjacke – getragen wurde, der nicht viel mehr als ein moderner Büstenhalter war. Die etwa wadenlangen Kostüme ließen den Tänzerinnen jede Freiheit, ihre Fußarbeit und elastische, dynamische Sprünge zu zeigen, und sie paßten gut zu den Stellungen und Posen, die zu jener Zeit als gut und richtig galten.

Inhalt der Ballette waren entweder Sujets, die aus der Zeit vor der Revolution erhalten geblieben waren und ausschließlich mythologische und allegorische Themen behandelten, oder Geschichten über Bauern und Bürger. Sie romantisierten das Landleben in der gleichen Art wie Marie Antoinette, die in ihrem Weiler in Versailles stilvoll das Milchmädchen gespielt hatte.

Die neueren Ballette waren kraftvoller und amüsanter als ihre schwerfälligeren allegorischen Vorläufer. Komische Tölpel und Diener, Türken, Chinesen, Seefahrer, Bauern- und Stadtvolk waren jetzt die blutvollen Helden und Heldinnen von Literatur, Malerei und

Gegenüber: Marie Taglioni in La Sylphide

Filippo Taglioni

Theatre Royal, Covent Garden.

LAST NIGHT BUT TWO.

Mr. LAPORTE respectfully announces to the Public, that the
EIGHTH REPRESENTATION will be on

SATURDAY, JULY 28, 1832,

When will be performed,

La Fille d'Honneur

Le Baron de Rosenthal, Mons. ALFRED,
La Baronne de Rosenthal, (*sa Femme*,) Madame THEODORE,
Madame Brigette, (*Sœur de la Baronne*,) Mlle. BAUDIN,
Emma de Rosenthal, (*Nièce du Baron, et Fille du Major de Rosenthal, orpheline*)

Mademoiselle MARS,

Edmond de Rosenthal, (*Frère du Baron, sous le nom de Franchourg*, Mons. HURTEAUX,
Charles de Rosenthal, (*Fils d'Edmond*,) Mons. PAULIN,
Le Chevalier de Florelli, Mons. LAPORTE,
Une Présidente, Mlle. St. ANGE, Un Conseiller, Mons. ARNAUD, Un Domestique, Mons. GUENEE.

And, (for the Second Time in this Country,)

A NEW GRAND BALLET, in Two Acts,

(Arranged and produced by Mons. P. Taglioni,) called

LA SYLPHIDE.

With entirely new Scenery, Machinery, & Decorations,

The MUSIC by Messrs. SCHNEITZOEFFER and ADAM.

The Scenery painted by Messrs. GRIEVE.

The Part of LA SYLPHIDE by

Mademoiselle TAGLIONI.

James Reuben, (*Scotch Peasant*,) Mons. PAUL TAGLIONI,
Anne Reuben, (*his Mother*,) Madame BAUDIN,
Effie, (*Peasant Girl, Niece to Anne*,) Mlle. GALDSTRE-TAGLIONI,
Gurn, (*Scotch Peasant*,) Mons. THEODORE.
Old Madge, (*a Sorceress*,) * * * * *

Sylphides, Scotch Peasantry, Sorceresses, &c. by
Mesdames GRIFFITHS, FAIRBROTHER, RYALS, THOMASSIN,
And the whole of the Corps de Ballet.

THE BALLET OF THE SYLPHIDE
Having been received with unanimous applause, will be repeated on the two last nights of the present Performances.

The Pieces performed will be printed, and may be had at the Box-Office, Price One Shilling each.

Boxes 7s. Pit 3s. 6d. Galleries 2s.

Doors opened at HALF-PAST SEVEN O'CLOCK, the Play to commence at EIGHT.

Private Boxes may be secured by applying to the Box-Office, Hart-Street: a few Orchestra Seats through the Stage, and Personal or Transferable Admissions are likewise to be had.

Days of Performance, Mondays, Thursdays, and Saturdays.

On Monday, the celebrated Comedy of VALERIE, and other Entertainments.
For the Benefit of Mlle. MARS,
On Tuesday, Signor Paganini's Seventh and LAST Concert but ONE.
On Thursday, the celebrated Drama, in Five Acts, called HENRY III. ET SA COUR

Printed by W. REYNOLDS, Exeter-street, Strand.

Theater. Diese Geschichten brachten es auch mit sich, daß die Bühnenbildner das wolkige Nirwana, in dem die Götter und Göttinnen zu wohnen pflegten, vergessen konnten und sich statt dessen mit Darstellungen von Häusern, Straßen, Gärten und Landschaften beschäftigen durften, die dank ihrer meisterhaften Beherrschung der Perspektive atemberaubend realistisch ausfielen.

Marie Taglioni gab ihr Debüt 1822 in Wien mit einem Ballett des mythologischen Typs, *Empfang einer jungen Nymphe am Hofe Terpsichores* (La Réception d'une Jeune Nymphe à la Cour de Terpsichore). Es muß sich um eine leichtherzige Angelegenheit gehandelt haben, denn Marie Taglioni war, wie ein Kritiker bemerkte, «eine demi-caractère-Tänzerin, mehr dem Graziösen als dem Ernsthaften zugeneigt; sie könnte sich gewiß mit Erfolg dem komischen Fach zuwenden». Dies war allerdings weit von dem entfernt, was später aus ihr wurde – soviel zu den Kritiken! Ein dänisches Ballett, *Cupidos und des Ballettmeisters Launen* (Amors og Balletmesterens Luner), das 1786 uraufgeführt wurde und im Repertoire des Königlich Dänischen Balletts zu Kopenhagen bis heute erhalten ist, gibt eine gute Vorstellung vom Tanzstil jener Zeit. Mythologische und ländliche Themen sind hier zu einem launigen Ballett verwoben, in dem auch ein komischer Tanz für zwei Quäker vorkommt.

Filippo Taglioni sollte das Gesicht des Balletts völlig verändern. Viel ist über seine Tochter geschrieben worden, aber ich finde ihn interessanter, weil sie ihren Erfolg nur ihm verdankte. Was für ein unbeirrbarer Mann war er doch! Dies ist um so erstaunlicher, als er

sich intensiv seiner Familie und seiner Arbeit widmete und durchaus kein leichtes Leben hatte, wenn es auch Augenblicke des Triumphs gab. Er ist in Mailand geboren und dort aufgewachsen. Später reiste und tanzte er wie sein Vater und sein jüngerer Bruder und gab mit siebzehn in Pisa sein Debüt. Mit zweiundzwanzig war er an der Pariser Oper, und von dort ging er nach Stockholm. Aber er blieb nicht lange. Nach Maries Geburt zog die junge Familie weiter nach Wien, wo Paul zur Welt kam, als Marie vier Jahre alt war.
Filippo war siebenundzwanzig, als Marie geboren wurde. Mit fünfundfünfzig Jahren schuf er für sie *La Sylphide,* und als er sich von der Bühne verabschiedete, war er neunundsechzig. Er arbeitete noch weitere drei Jahre, bevor er sich am Comersee zur Ruhe setzte, wo er im Alter von vierundneunzig Jahren starb. Marie überlebte ihn nur um dreizehn Jahre. Sein Sohn Paul war ebenfalls ein erfolgreicher Tänzer und Choreograph. Er brachte 1849 in London mit *Electra* das erste Ballett heraus, bei dem elektrisches Licht benutzt wurde, und in einem anderen Ballett, *Winterfreuden oder Die Schlittschuhläufer* (Les Plaisirs de l'Hiver ou Les Patineurs), ließ er seine Tänzer sogar auf Rollschuhen auftreten. Pauls Tochter, Marie die Jüngere, war gemäß der Familientradition ebenfalls eine sehr gute Ballerina.
Niemand weiß genau, wann Filippo damit begann, seine Tochter zur Tänzerin auszubilden. Bekannt ist nur, daß er sie mit zwölf zum besten Lehrer von Paris brachte, dem betagten Jean-François Coulon, bei dem er selbst gelernt hatte. Coulon sah sie sich kurz an und murmelte: «Was soll ich denn mit der kleinen Buckligen anfangen?» So begann die Karriere eines der klangvollsten Namen in der Geschichte des Tanzes. Ich könnte mir denken, daß Filippo, der aus einer Tänzerfamilie stammte, seine Kinder, wie immer auch ihre Anlagen sein mochten, auf jeden Fall zu Tänzern gemacht hätte. Für ihn spielte es überhaupt keine Rolle, daß Marie hängende Schultern hatte, mager war und überlange Arme hatte, ganz zu schweigen davon, daß sie keine besondere Schönheit war. Es spielte aber eine Rolle für Marie, die ständig gehänselt wurde und den Unterricht sooft wie möglich schwänzte. Zweifellos war sie unter diesen Umständen nicht sehr von der Laufbahn begeistert, die ihr Vater ihr zugedacht hatte, aber daran konnten weder sie noch ihre Mutter etwas ändern. Vater fällte die Entscheidungen, und daran gab es nichts zu rütteln. Wenigstens war er weit weg in Wien, wo er als Tänzer und Ballettmeister tätig war.
Da Anna eine weichherzige Mutter war, schrieb sie sehr ermutigende Berichte über Maries Fortschritte, auch wenn man ihr an der Oper sagte: «Lassen Sie Ihre Tochter Schneiderin werden, eine Tänzerin wird sie nie. Ich kenne Ihren Gatten zu gut, und ich weiß, daß es ihm niemals recht wäre, wenn seine Tochter nur irgendwo hinter den Kulissen herumstehen würde.» So lautete das Urteil von Ballettmeister Jean Aumer, als Marie siebzehn war. Inzwischen hatte Filippo jedoch seine Familie nach Wien bestellt und für Marie an seiner Bühne, dem Kärntnertor-Theater, ein Debüt arrangiert, das wenige Monate später stattfinden sollte. Er hatte für sie die Rolle der Ersten Tänzerin in einem Ballett vorgesehen, daß er für sie schaffen wollte – keine Rede also von dem üblichen mühsamen Weg nach oben im Corps de ballet.
Es ist reine Spekulation, aber ich könnte mir denken, daß sich dann etwa folgendes abgespielt hat: Filippo ließ in der Vorfreude darüber, bald wieder mit seiner Familie vereint zu sein und sich von den Fortschritten seiner Tochter überzeugen zu können, gelegentlich eine Bemerkung hören wie «Sie lernt bei Coulon in Paris, wissen Sie» oder «Ich höre, sie macht gute Fortschritte». Dann kam der Tag, als seine Frau und seine Kinder nach tagelanger Fahrt über holprige Straßen mit der Postkutsche aus Paris ankamen. Filippo wollte Marie sofort tanzen sehen, und obwohl sie von der Reise noch etwas

Die Mazurka aus La Gitana

La Sylphide

La Gitana

Die Bajadere *(La Bayadère)*

larie Taglioni und ihr Bruder Paul Taglioni in La Sylphide, *1834*

geschwächt war, tat sie ihr Bestes. Er war entsetzt! Sie hatte nicht einmal annähernd den Stand erreicht, den er erwartete, und es wurde ihm klar, daß sein Name und sein Ruf in Wien auf dem Spiel standen, ja vielleicht sogar seine Position. Außerdem war er Italiener, und es wäre für ihn eine unerträgliche Schmach gewesen, die ganze Sache abzublasen und seine Tochter ganz hinten im Corps de ballet aufzustellen, wo sie hingehörte. In der Familie muß damals ziemliche dicke Luft gewesen sein, aber Filippo war ein Mann von Ehre, und er wußte, daß es nur einen Weg heraus aus der peinlichen Situation gab. Er stellte eine Art Intensivkurs zusammen und machte sich an die Arbeit.

Er liebte Marie zwar, aber ich glaube nicht, daß er auf ihre Gefühle Rücksicht nahm. Er begann sofort mit seinem Programm – sechs Stunden Arbeit täglich in drei Abschnitten, die entsprechend seinen Pflichten am Theater eingeteilt waren und Marie Zeit zum Ausruhen und zur Erholung ließen. Sie hat uns eine einigermaßen genaue Schilderung dieser Tage hinterlassen: Zwei Stunden am Morgen mit Übungen für die Muskeln und Sehnen, um die Beine und die Füße zu kräftigen; zwei Stunden mittags mit Gleichgewichtsübungen, Aplomb genannt, und abends ein «schwieriges, ermüdendes und gefährliches» Training von verschiedenen Sprüngen. Gewöhnlich dauern die täglichen Übungen einer Ballerina nur zwei Stunden. Marie brach deshalb am Ende einer Lektion nicht selten vor Erschöpfung weinend zusammen. Manchmal fiel sie in Ohnmacht. Ihre Mutter wartete besorgt im Nebenzimmer mit warmem Wasser und einem Schwamm, um sie zu erfrischen und zu trösten, während die Tochter trockene Kleider anzog. Anna war über das unerbittliche Vorgehen ihres Mannes zutiefst betrübt, aber es war die einzige Möglichkeit, Marie bis zum Zeitpunkt des angekündigten Debüts in Form zu bringen.

Schließlich kam der große Tag, und als alles vorüber war, holte Filippo, der in dem Ballett ebenfalls getanzt hatte, vor dem Zubettgehen sein Tagebuch hervor und schrieb: «10. Juni 1822. Zum ersten Mal stand meine Tochter Marie auf der Bühne. Sie hatte allergrößten Erfolg.» Ich kann ihn mir richtig vorstellen, wie er die Feder hinlegte und in tiefer Befriedigung die Hände über seinem Wams faltete. Marie war achtzehn Jahre alt.

Sie hatte den Sprung auf die unterste Sprosse der Leiter geschafft, und von nun an lebte die Familie nur noch für Maries Karriere. In den folgenden Jahren vermochte Filippo ihre Technik noch zu verfeinern und zu glätten, bis es ihm gelang, für sie in Paris die ersten Probeauftritte abzuschließen. An der Oper wurden damals sechs solcher Auftritte verlangt, bevor ein Vertrag angeboten wurde. Als sie endlich auf der Bühne stand, wirkte ihr Tanz wie eine Offenbarung. Nach Lady Blessington war er etwas völlig Neues, «unvergleichlich graziös, von wunderbarer Leichtigkeit und ohne jede Kraftanstrengung. Zumindest war davon nichts zu bemerken, und auch das Erlebnis ihrer Bescheidenheit war ebenso neu wie köstlich.» Sie fügte hinzu, Marie habe den Applaus mit «dezenter Würde entgegengenommen, ohne das herausfordernde Lächeln» anderer Tänzerinnen, und den Tanz über den «anstößigen Stil, den die anderen Damen ihres Berufs pflegen», weit hinausgehoben.

Maries erster Erfolg an der Oper brachte einige der anderen Ballerinen so sehr gegen sie auf, daß sie vor ihrem zweiten Auftritt die Bühne mit Schmierseife präparierten. Dank Filippo war sie jedoch in ihrer Technik so sicher, daß ihr das nichts anhaben konnte. Während ihrer ganzen Karriere wurde immer wieder ihre unglaubliche Leichtigkeit und Mühelosigkeit gerühmt, das kindliche Lächeln und das bescheidene Auftreten. Für den «neuen» Stil der Marie Taglioni könnte es indes eine einfache Erklärung geben. Sie war ja von ihrem Vater ausgebildet worden – und welcher Vater möchte nicht, daß seine Tochter sittsam und rein ist? Er formte Charakter und Tanz seiner unscheinbaren Tochter, die er so innig liebte. Auguste Vestris, der berühmte Lehrer in Paris, ermunterte zu «herausforderndem Lächeln und Gesten, die in die Nähe des Anstößigen und Schamlosen reichen».

Karikatur von Théophile Wagstaff (Pseudonym für William M. Thackeray): Marie Taglioni, 1836

Filippo dagegen schärfte seinen Schülern ein: «Sowohl verheiratete wie unverheiratete Damen sollten sich euren Tanz ohne Erröten ansehen können.» Seine eigene Tochter zeigte niemals auch nur einen Hauch jener Vulgarität, die vielen ihrer Kolleginnen anhaftete. Filippo hatte eine Tänzerin herangebildet, die in technischer Hinsicht allen ihren Zeitgenossinnen überlegen war. Ihre Neigung zu gebeugter Haltung hatte er ihr ausgetrieben, indem er sie unerbittlich zu aufrechter Stellung mahnte. Und wegen ihrer zu langen Arme – die jedermann als Mangel empfand – brachte er ihr bei, diese in Höhe des Handgelenks zu kreuzen, anstatt die Fingerspitzen aneinander zu legen. In der Choreographie einiger Ballette sind die speziell für sie entwickelten Stellungen bis heute unverändert erhalten geblieben, was bei Tänzerinnen mit eher kurzen Armen manchmal sehr sonderbar aussieht.

Ein anderes Manko Maries war ihre ziemlich gefühlsarme Natur. Filippo schuf deshalb die Figur der Sylphide für sie und bewies damit einmal mehr seine Brillanz. Der unsterbliche Luftgeist, Symbol der unerfüllten Wunschträume der Männer, entsprach so sehr ihrem ätherischen Tanz, ihrer unschuldigen Natur und ihrem kühlen Wesen, daß wir uns ein so klares Bild von ihr machen können, als lebte sie noch. Ein älterer Ballettkritiker, mit dem ich einmal in meiner Jugend in Paris bei einer Tasse Tee zusammensaß, ereiferte sich bei seiner Beschreibung ihres Tanzes dermaßen, daß er bei dem Versuch, ihre schwerelosen Sprünge zu beschreiben, fast vom Stuhl gefallen wäre. Als ich einzuwenden wagte, es könne wohl kaum jemand wissen, wie sie wirklich getanzt habe, da sie bereits über ein halbes Jahrhundert tot sei, sah er mich nur an und sagte schlicht: «Natürlich weiß ich das. Ich habe die letzten fünfzehn Jahre intensiv mit Mlle. Taglioni zusammengelebt.» So groß war ihr Zauber.

August Bournonville

La Sylphide stellt in der Kunst der Romantik einen Höhepunkt dar. Das Stück spielt im Nebel Schottlands, wo der Held im Kilt einer keuschen Phantasiegestalt nachjagt, die nur er zu sehen vermag. Er läßt seine Verlobte sitzen, entdeckt jedoch mit Hilfe einiger Hexen und ihrer zauberischen Brut von Schlangen und Fröschen, daß die unsterbliche Sylphide ungreifbar ist. Sein Ideal existiert nicht, und beim Versuch, es zu erreichen, löscht er das Traumbild und sein eigenes Leben aus. Die ganze Angelegenheit erscheint uns heute als reichlich naiv, aber im Grunde ist das Stück mit der nicht weniger romantischen Sciencefiction unserer Tage verwandt – dem modernen Ausdruck des ewigen Drangs des Menschen zum Unbekannten. *La Sylphide* war also 1832 kein altmodisches, nostalgisches Stück Theater, sondern eine unmittelbare, zeitgemäße Erfahrung.
Durch einen glücklichen Zufall in der Ballettgeschichte können wir heute noch eine Sylphide durch den Kamin davonfliegen sehen und erleben, wie sie auf einem Stuhl sitzend unter einer Plaiddecke verschwindet, die ihre Gegenwart verbergen soll – alles genau wie in den ursprünglichen Aufführungen. Im Königlichen Theater zu Kopenhagen sind nämlich Technik und Stil der Zeit um 1830 in all ihrer Frische und ihrem Charme unverändert erhalten geblieben. Zu danken ist dies August Bournonville, einem bemerkenswerten Tänzer und Ballettmeister, der ein Jahr jünger als Marie Taglioni war. Nur vier Jahre nach der Uraufführung in Paris brachte er seine eigene Version von *La Sylphide* mit der neuen Musik eines dänischen Komponisten heraus, und die hinterlassene Fassung gibt uns heute einen so klaren Eindruck vom Original, wie dies nach so langer Zeit nur irgend möglich ist.

August war der Sohn des französischen Ballettmeisters Antoine Bournonville, der – wie Filippo Taglioni – eine Zeitlang in Stockholm arbeitete, ehe er nach Kopenhagen ging. Dort wurde August im Jahre 1805 geboren. Der Knabe erwies sich als außergewöhnlich begabt und studierte später bei Auguste Vestris in Paris, wo er seine Sache so gut machte, daß er zum Lieblingspartner von Marie Taglioni avancierte. 1830 kehrte er indessen nach

Kopenhagen zurück, das er als seine Heimat betrachtete. Von da an widmete er sein Leben dem dänischen Ballett, und dank seiner überragenden Intelligenz, seiner Kultur und seiner moralischen Integrität konnte er seinem Beruf ein soziales Ansehen verschaffen, das ihm im übrigen Europa meist versagt blieb. Als Tänzer war er ein hervorragender Techniker, und er gab daher sich – und seinen Nachfolgern – ebensoviele Möglichkeiten, sich vor dem Publikum auszuzeichnen, wie seinen Ballerinen. Wenn er und seine Partnerin den gleichen Schritt in entgegengesetzte Richtungen auszuführen hatte, nahm er im allgemeinen die leichtere Seite für sich. Dies war schon immer die natürliche Ordnung der Dinge gewesen, und Bournonville hielt es auch in Kopenhagen so. Anderswo dagegen zwang die Entwicklung der Spitzenschuhe, die neue choreographische Möglichkeiten für die Ballerina eröffnete, den armen Tänzer immer mehr zu Hilfeleistungen. Er war so sehr mit dem Halten, Auffangen und Drehen, dann dem Heben, Tragen und schließlich dem Werfen der Ballerina beschäftigt, daß ihm kaum noch Zeit und Energie blieb, seine eigene Virtuosität zu zeigen. Man könnte sagen, daß Bournonville in Kopenhagen den männlichen Tanz rettete, weil er den Gebrauch der Spitzenschuhe durch die Damen nicht besonders förderte, und daß Filippo in Paris den männlichen Tanz ruinierte, weil er ein Bild der Ballerina prägte, die hauptsächlich auf Spitzen tanzte. Bournonville war eben selbst ein guter Tänzer, während Filippo seinen Ehrgeiz auf seine Tochter verlegte und so choreographierte, daß sie möglichst gut zur Geltung kam.
Es wird oft behauptet, Marie Taglioni sei die erste gewesen, die auf Spitzen getanzt habe. Vor allem deswegen ist sie ja so berühmt geworden. In Wirklichkeit aber hatten mehrere Ballerinen vor ihr mit der Entwicklung dieser Technik begonnen. Sie und ihr Vater hatten noch in Wien Amalia Brugnoli beobachtet, die das Publikum dadurch verblüffte, daß sie auf Spitzen stand. Dabei mußte sie aber allzu offensichtlich die Kraft ihrer Arme zu Hilfe nehmen. Dies läßt sich sehr gut verstehen, denn ihre Schuhe waren von den heutigen mit ihrem aus Futterstoff und Leim hergestellten Block in der Spitze noch weit entfernt und boten keinen ausreichenden Halt. Zweifellos sah Filippo sofort die Möglichkeiten der neuen Technik und erkannte, welche besondere Kraft erforderlich war, um daraus künstlerische Vorteile zu ziehen. Er erdachte Kräftigungsübungen für die Bein- und Fußmuskulatur, so daß das ganze Körpergewicht graziös auf den Zehen eines Fußes balanciert werden konnte. Die Schuhe waren dabei nebensächlich, wie man an einem Paar sieht, das Marie Taglioni tatsächlich einmal getragen hat. Sie sind vollkommen weich. Andere Tänzerinnen wurden für ihre Geschicklichkeit gerühmt, mit der sie in den Spitzenstand übergingen. Marie Taglioni dagegen vermochte den Anschein zu erwecken, als berühre sie aus der Luft nur kurz den Boden, um gleich wieder wegzufliegen. Dieser Zauber war nur ihr zu eigen.
Die revolutionäre Leistung, die *La Sylphide* für die Ballettkunst bedeutete, ist meiner Ansicht nach nie genügend gewürdigt worden. Das Stück war eine ebensolche Neuerung wie das Diaghilew-Ballett im Jahre 1909, nur daß Filippo seine Revolution ganz allein durchführte. Er hatte kein Haustheater wie das Marynski-Theater in St. Petersburg, das ihm die klassische Ausbildung zur Verfügung gestellt hätte, keinen Bakst, Benois oder Strawinsky. Er machte alles selbst. Er tanzte, unterrichtete, choreographierte und entwarf wenn nötig auch Kostüme; er bestellte die Musiker, schloß Verträge und Gastspiele ab und kümmerte sich um tausend Kleinigkeiten (die alle methodisch in seinem Tagebuch aufgeführt sind; hierzu gehörte auch eine Liste des Schmucks, der Marie verehrt worden war und den er bei ihren gemeinsamen Reisen persönlich verwahrte). Er war ein wunderbarer Vater, bis er in seinen letzten Jahren senil wurde und Maries Vermögen bei ungeschickten Spekulationen verlor. Aber ich glaube, daß sie ihn dennoch bis zu seinem

Ende liebte und achtete. Er hatte ihr wie ein Fels in den vielen Stürmen des Schicksals zur Seite gestanden, von denen sie trotz all ihrer Triumphe nicht verschont blieb.
Marie hatte das Unglück, sich in Graf Alfred Gilbert de Voisins, einen attraktiven, aber nichtsnutzigen Aristokraten zu verlieben und sich mit ihm 1832 in London zu vermählen. Schon nach kurzer Zeit fand er es nicht mehr sehr aufregend, mit der größten Berühmtheit des Theaters verheiratet zu sein, und 1844 wurde die Ehe wieder geschieden. Etwa zur gleichen Zeit wurde auch ihre Vorherrschaft als absoluter Star durch eine jüngere Rivalin, Fanny Elßler, ernsthaft bedroht. Wenig später verliebte sich Marie erneut, diesmal in einen ebenso charmanten wie ehrenwerten jungen Mann, der – vermutlich an Hirnhautentzündung – plötzlich starb, während sie in Rußland gerade die glänzendsten Erfolge ihrer Laufbahn feierten. Verständlich, daß sie als ihre hervorstechendste Eigenschaft «Ergebenheit in mein Schicksal» nannte. Gegen Ende ihres Lebens, als ihr Vater die gemeinsamen Ersparnisse verloren hatte, mußte sie eine Tanzschule eröffnen. Sie wählte London als geeigneten oder angenehmsten Standort, vielleicht deshalb, weil Paris sie nicht nur an Triumphe, sondern auch an viele bittere Stunden erinnert hätte. In London hatte sie schon viele Jahre zuvor ihren Abschied von der Bühne genommen, weil sie dort immer geliebt und geachtet worden war. Vielleicht hatten Brot und «le plumpudding», die sie auf einem Fragebogen als ihre Lieblingsspeisen bezeichnete, für die Wahl der englischen Hauptstadt den letzten Ausschlag gegeben!
Ihre vielen Briefe an nahe Freunde zeigen, daß Marie von Natur aus fröhlich war und gern und ausgiebig tratschte, vor allem auf Kosten ihrer Kolleginnen, über die sie nicht leicht etwas Gutes sagte – aber warum sollte sie auch? Ihr Vater hatte sie an sehr hohe Ansprüche gewöhnt, die kaum jemand erreichen konnte. Emma Livry gegenüber, der einzigen Tänzerin, die diese Höhen vielleicht erreicht hätte, wenn sie nicht so früh verstorben wäre, war Marie Taglioni so großzügig und ermunternd wie eine stolze Mutter. Maries Briefe vermitteln auch gelegentlich Einblicke in die damaligen Theaterbräuche. Sie spricht zum Beispiel ebensoviel und ebenso kenntnisreich von Primadonnen wie von Ballerinen, weil Ballett- und Opernaufführungen immer zusammen stattfanden; auch ein langes Ballett wurde immer mit einer Oper aufgeführt. Auch erwähnt sie immer wieder, wieviel Geld diese oder jene Ballerina dem Theater einbrachte, also nicht, wieviel sie verdiente. Damals waren nämlich alle Künstler vertraglich zu einer Benefizvorstellung pro Saison verpflichtet. Bei diesen Benefizabenden erhielt das Theater alle oder den größten Teil der Einnahmen, deren Höhe davon abhing, wieviele Bewunderer die Künstler anzulocken vermochten und wieviel sie für die Eintrittskarte verlangen konnten. Häufig verkauften sie die Karten persönlich von ihren Hotelzimmern aus. Filippo und Marie wachten immer genau über die Kasse und wußten auf Heller und Pfennig genau, wieviel jede Tänzerin bei einem Benefizabend wert war.

Man kann sich nicht leicht zwei gegensätzlichere Tänzerinnen vorstellen als Marie Taglioni und Fanny Elßler. Fanny führte einen künstlerischen Sex-Appeal ein, der zu Maries spiritueller Herrschaft über das romantische Ballett in krassem Gegensatz stand. In Paris entbrannten deshalb heftige Diskussionen darüber, welche von beiden die Größere war. Die Hälfte der Theater-Habitués ließ Marie wie eine heiße Kastanie fallen und wurden über Nacht zu «Elßleriten»; die andere Hälfte blieb indes loyal und verteidigte als «Taglionisten» ihr Idol.
Die Rivalität war von dem gewitzten Dr. Louis Véron, dem Direktor der Pariser Oper, sorgfältig inszeniert worden, und der einsetzende Sturm auf die Kassen übertraf alle seine Erwartungen. Er war zwar gelernter Doktor der Medizin, hatte aber echtes Theatergespür

Marie Taglioni, links, und Fanny Elßler, rechts, in der Jugend und im Alter

Fanny Elßler mit ihrer Schwester Therese und zur Zeit ihres Debüts

und verstand etwas von moderner Öffentlichkeitsarbeit. Mehr oder weniger war er der Erfinder des Starkults, indem er Marie Taglioni den Vorrang vor allen seinen französischen Ballerinen einräumte und ihr ein unerhörtes Gehalt ausrichtete. Als sie fünf Jahre lang unangefochten an der Spitze gestanden hatte, hielt er jedoch die Zeit für gekommen, das Publikum ein bißchen aufzumuntern. Er sah sich also in London Fanny und Therese Elßler an, die beiden österreichischen Ballerinen, die eben dabei waren, sich einen großen Namen zu machen. Fanny war genau das, was er brauchte. In seiner großzügigen, unwiderstehlichen Art bewirtete er die Schwestern fürstlich, mit Wein und erlesenen Speisen, servierte teuren Schmuck zum Dessert und erläuterte nebenher die Bedingungen eines Dreijahresvertrags. Die Elßlers waren zurückhaltend und reserviert; diese Methoden beunruhigten sie, aber schließlich stimmte Therese, die sich um das Geschäftliche kümmerte, zu.

Einer der Unterschiede zwischen den rivalisierenden Stars war der, daß Maries Karriere von ihrem Vater gesteuert wurde und die Fannys von ihrer Schwester – bis sie sich eines Tages wegen ihrer Liebhaber zerstritten, die mit ihnen in ihrer Wohnung lebten. Therese war eine recht begabte Choreographin, und sie setzte dieses Talent für Fannys Erfolg ein. Auch tanzten sie häufig zusammen, wobei die ungewöhnlich großgewachsene Therese als Partnerin von Fanny gelegentlich auch Männerkleider anzog.

Zu dieser Zeit entdeckten die Tänzerinnen ständig neue Schritte und neue Anwendungen für Spitzenschuhe. Maries Schritte waren immer elastisch und leicht, weshalb man von ihrem «Style aérien» oder «balloné» sprach. Ihr Vater sagte: «Bis anhin habe ich noch nie *gehört,* wie meine Tochter tanzte. Sollte dies jemals geschehen, hätte ich künftig nichts mehr mit ihr zu schaffen.» Er war außer sich, denn er hatte für Marie zum Üben einen bühnenähnlich geneigten Boden in seine Wohnung einbauen lassen. Der Herr im Stockwerk darunter sandte darauf ein artiges Briefchen, in dem er mitteilte, die große Ballerina brauche sich wegen des Lärms keine Sorgen zu machen; er störe ihn nicht im geringsten. Aber gerade diese gut gemeinte Höflichkeit hatte Filippo in höchstem Maße aufgebracht.

Fanny Elßler in ihrer selbst arrangierten Cachucha

Fanny Elßler in Des Malers Traumbild *(The Artist's Dream)*

Fannys Tanz war oft laut, viel stärker «terre à terre» als bei Marie, da sie zum Entzücken des Publikums mit harten, kurzen Schritten auf die Bühnenbretter stampfte. Auch einige andere Tänzerinnen benutzten diese Technik. Wie sie das mit ihren weichen Ballettschuhen machten, ist freilich schwer vorstellbar. Nach einer zeitgenössischen Beschreibung zeichnete sich Fanny durch «große Lebhaftigkeit und erstaunliche Kraft aus, ferner durch eine Präzision, die aus scheinbarer Unordnung kommt, reiche Spitzen, eine Fülle rascher Entrechats, viel Geschmeidigkeit, Beine bis über die Hüften und ungemein verführerische Augen und Kopfbewegungen». Trotz alledem und ungeachtet der Tatsache, daß sie sechs Jahre jünger war als Marie und überaus attraktiv, war sie vor ihrem Pariser Debüt, das Dr. Véron in einer schreienden Werbekampagne angekündigt hatte, schrecklich nervös. Sie lief zu dem greisen Auguste Vestris, der ihr sehr viel half. Er war der Lehrer, der den Tänzerinnen «herausforderndes Lächeln und Gesten, die an das Schamlose und Anstößige grenzen» empfahl. Ich glaube aber nicht, daß er Fannys natürlichen Anstand zu korrumpieren versuchte; er wird eher von ihrer Vitalität und ihrem weiblichen Charme begeistert gewesen sein. Sie selbst sagte, er hätte ihr zu Grazie und Ausdruck verholfen. Ihre größte Erfüllung sollte sie indes später in den Rhythmen nationaler Volkstänze finden.

Fanny Elßlers Verehrer ziehen ihren Wagen

Eine Gruppe spanischer Tänzer, die in Paris auftraten, inspirierte sie 1836 in Corallis *Der hinkende Teufel* (Le Diable boiteux) zu einem Solo, *La Cachucha,* das so untrennbar mit ihrem Namen verbunden ist, wie *La Sylphide* mit dem von Marie Taglioni. Es ist ganz reizvoll, einander zwei Beschreibungen von Fannys Tanz gegenüberzustellen, von denen die eine von einem berühmten Ballettmeister und die andere von einem berühmten Kritiker stammt. Nach August Bournonville begann ihr Tanz ruhig, «als wollte sie das Publikum zu einem kleinen Scherz einladen; im zweiten Teil aber leuchtete ihr Gesicht in leidenschaftlicher Glut auf, wie von einer Aureole der Freude umgeben. Dieser Augenblick verfehlte seine Wirkung nie, und von da an wurde der ganze Tanz zu einem Spiel, bei dem das Publikum vor Entzücken in wahre Raserei geriet.» Der Dichter und Schriftsteller Théophile Gautier schrieb, auch hier wieder einmal in romantischem Überschwang: «Wie sie sich dreht! Wie sie sich biegt! Welches Feuer! Welche Sinnlichkeit! Welche Glut! Ihre Arme wirbeln ermattend um ihren hinabsinkenden Kopf, ihr Körper ist weit nach hinten gebeugt, und ihre weißen Schultern berühren fast den Boden.»

Dr. Véron hatte mit seiner Taktik, die beiden Stars gegeneinander auszuspielen, letzten Endes doch den Bogen überspannt: Sie verließen beide die Pariser Szene. Marie Taglioni, die die ewigen Sticheleien und die Vergleiche zugunsten ihrer Rivalin satt hatte, reiste mit Vater und Mutter, der kleinen Tochter (vom geschiedenen Ehemann), dem neuen Liebhaber, einem kleinen Hund und Bergen von Gepäck nach St. Petersburg. Dort feierte sie von 1837 bis 1842 großartige Triumphe.

Die weitaus phantasievollere und abenteuerlustigere Fanny Elßler nahm ein Angebot aus Amerika an, obwohl sie zugegebenermaßen «von dessen geographischer Lage nur sehr ungefähre Vorstellungen» hatte. Als die Zeit der Abreise nahte, schrieb sie: «Ich kann mir

Karikatur der Elßler

diese seltsame Absicht, nach Amerika zu fahren, nur als verrückte Laune meiner Phantasie erklären.» Die «verrückte Laune» sollte zwei Jahre dauern und ihr in dieser Zeit sensationelle und aufregende Erfolge bescheren. Sie wurde von ihrer Cousine Katti Prinster begleitet, da sich Therese vor dem Meer fürchtete, sowie von ihrem Partner und Ballettmeister James Silvain, von ihrem Kutscher und einem Mädchen. Man schrieb das Jahr 1840. Bei der Reise von London nach Bristol, wo sie sich auf der «Great Western» einschiffen wollten, dem ersten Passagierdampfer über den Atlantik, genossen sie zusätzlich noch den prickelnden Reiz, zum ersten Mal in ihrem Leben mit der Eisenbahn durch die Landschaft zu rattern. Nach etwa fünfzig Kilometern war die Endstation Reading erreicht. Weiter ging es mit der Kutsche, was noch einmal zehn Stunden dauerte. Die Atlantiküberquerung nahm über zwei Wochen in Anspruch, weil die Reise durch einen schrecklichen Sturm verzögert wurde. Dann fuhren sie an einem wunderschönen Morgen an Staten Island vorbei und sahen die bezaubernde schattige Allee von Battery Park.

Es ist kaum zu glauben, daß schon vierzehn Tage nach ihrer Ankunft das örtliche Corps de ballet, bestehend aus acht Paaren und einigen Schauspielern für die Charakterrollen, die Ballette einstudiert hatte und Fanny für die Premiere wieder in Hochform war, obwohl sie auf dem Schiff nicht üben konnte.

Die Erwartungen des Publikums stiegen mit jedem Tag und waren schließlich so hochgespannt, daß die arme Fanny vor Lampenfieber wie gelähmt war. Als sich der Vorhang für ihren Eröffnungstanz hob, erscholl ein so vielstimmiges Willkommensgeschrei, «daß meine Sinne wie betäubt waren und ich unwillkürlich zurückfuhr». Das ganze Haus stand, die Männer schwenkten die Hüte und die Frauen winkten mit Taschentüchern. Der Tumult dauerte mehrere Minuten. Dieser Empfang, bevor sie einen Schritt getanzt hatte, machte sie, soweit dies überhaupt möglich war, noch nervöser. Der erste Tanz ging nur mäßig gut, aber wenigstens legte sich ihre Nervosität. Bei ihrer zweiten Nummer glaubte

Königin Victoria und Prinz Albert beim Walzer, um 1840

sie vor Energie zu bersten und übertraf alles, was sie bisher gezeigt hatte. Das Publikum indes wußte, daß das die Fanny war, auf die es gewartet hatte. Es folgte ein Orkan von Applaus, hysterischer Enthusiasmus und Brüllen und Trampeln auf den Rängen. Der Abend war ein ungeheurer Triumph.

Ihre weiteren Auftritte glichen einem Siegeszug. Der Kongreß vertagte sich, wenn sie in Washington tanzte (der Sohn von Präsident Martin Van Buren war ihr Begleiter), und New Orleans versank während ihres zweiwöchigen Gastspiels in Untätigkeit. Sie watete knietief in Blumen, wo immer sie auftrat, und allabendlich zogen Bewunderer ihren Wagen vom Theater zum Hotel.

Sie konnte auch der Verlockung eines zusätzlichen Abenteuers, einer Einladung an die Tacón-Opernbühne in Havanna, nicht widerstehen. Bei der Reise entlang der Küste Südfloridas drohte ständig Gefahr von feindseligen Indianern, wenn das Schiff auf Grund gelaufen wäre; sie wurde von Alpträumen geplagt, in denen sie von grimassierenden Wilden geröstet und gefressen wurde. Bei ihrer Ankunft in Kuba war Fanny nicht sonderlich überrascht, daß die örtlichen Mitglieder des Corps nur sehr kümmerliche Ballettkenntnisse hatten, und der Theaterintendant, der einsah, daß deren sonnenverbrannte Haut für eine Gruppe von Sylphen etwas unpassend war, ließ sie zur Bedeckung ihrer Arme gelbe Kamisole tragen. Trotz dieser Unzulänglichkeiten liebte sie Havanna. An ihrem Benefizabend mußte sie sogar selbst vor dem Theater hinter einem Tisch sitzen und die Goldmünzen entgegennehmen, dann schnell hinter die Bühne laufen und sich für die Vorstellung vorbereiten, denn die Besucher waren auf diese Weise freigebiger. Sie kehrte im folgenden Jahr zurück und wollte ungeachtet der Gefahr, Räubern oder dem Gelbfieber zum Opfer zu fallen, noch nach Mexiko gehen, als sie aus Wien die Nachricht erreichte, ihr Vater sei erkrankt. Sie sagte sich, daß alle schönen Dinge einmal ein Ende haben müssen, und traf die Vorbereitungen für die Rückreise nach Europa.

In Fannys Leben war alles anders als in dem ihrer Rivalin. Marie war immer unter den Fittichen ihres Vaters. Sie erhielt sich trotz ihrer Scheidung und eines unehelichen Kindes eine Aura der Ehrbarkeit und unterschrieb alle Briefe als Comtesse Gilbert de Voisins, née Taglioni.

Im Gegensatz dazu kannte Fanny keine Kompromisse. Obwohl sie zwei Kinder hatte, war sie nie verheiratet; sie lebte ihr eigenes Leben, schuldete niemandem etwas und war niemandem verantwortlich. Sie schränkte sich etwas ein, um bedürftige Verwandte unterstützen zu können, und lebte nach ihrer Bühnenzeit in unaufdringlichem Komfort. Als Kind hatte sie in Wien die Armut kennengelernt. Ihr Vater, der bis zu Haydns Tod Schreiber und Diener des Komponisten war, scheint nachher nie mehr viel Geld verdient oder irgend etwas Nützliches geleistet zu haben. Er muß musikalisch, liebenswert und schwach gewesen sein. Die Familie war groß und sehr arm; daher schickte man Fanny und ihre zwei Schwestern in der Hoffnung, sie würden bald etwas verdienen, schon früh in die Tanzschule.

Eine recht eigenartige Geschichte führte dazu, daß Fanny zwei Wochen vor ihrem siebzehnten Geburtstag einen Sohn gebar. Als die drei Elßlerschwestern 1825 bei einem Gastspiel in Neapel weilten, warf der ausschweifende Bruder des Königs eine Auge auf Fanny und verführte sie. Ihre Mutter, die über sie wachte, wurde gezwungen, zuzustimmen – oder sie zu verkaufen, wie Fanny später nüchtern berichtete –, weil der Prinz damit drohte, seine Macht in Wien zu gebrauchen und dafür zu sorgen, daß kein Mitglied der Familie es zu etwas bringen würde. Man kann nur darüber spekulieren, wie Filippo Taglionis Reaktion in einem solchen Fall gewesen wäre!

Nach diesem schlimmen Erlebnis war es verständlich, daß sich Fanny einem Mann zuwandte, der viel älter war als sie; freilich war Friedrich von Gentz das Gegenteil des Fürsten von Salerno. Gentz war überaus kultiviert, ein Staatsmann und durch und durch ein Gentleman, der Fanny mit Hochachtung behandelte und ihr wie ein Vater zugetan war. Er war Zeit seines Lebens ein homme à femmes gewesen, gutaussehend und distinguiert. Er war schon über sechzig, als er Fanny begegnete. Fanny ihrerseits fühlte sich sehr geehrt, daß ein so großer Mann ihr zu Füßen lag, und sie mochte ihn immer besser, bis sie schließlich aus freien Stücken seine Mätresse wurde. Es war keine lange Affäre, aber sie wurde stark dadurch geprägt. Nach Gentz konnte sie die Gesellschaft ungebildeter Menschen nicht mehr ertragen. Das war der Hauptgrund, warum sie nicht heiratete; keiner der Männer, die sie hofierten, konnte sich mit Gentz messen, auch die nicht, die sie äußerlich attraktiv fand. Vielleicht hätte sie den Herzog von Reichstadt geliebt, Napoleons romantischen Sohn mit dem Beinamen l'Aiglon, der mit einundzwanzig an der Schwindsucht starb. Er versäumte keine Gelegenheit, sie tanzen zu sehen, und war von ihr fasziniert, aber sie trafen einander nie. Fannys Mutter war nämlich so sehr besorgt, Gentz' Protektion nicht zu verlieren, daß sie Fanny nie allein weggehen ließ. Aber auch Fanny wollte keine Gefahr laufen, denn ihr war klar, daß sie sich in den jungen Herzog verlieben würde, wenn sie mit ihm zusammenkäme. Sie wußte, daß es Gentz zu sehr verletzen und ihn sogar umbringen würde.

Ihr erster junger Liebhaber, ein flotter österreichischer Tänzer, wurde der Vater ihres zweiten Kindes, als sie dreiundzwanzig war. Es hat nicht den Anschein, daß sie ihn über alles liebte, und ihre Bühnenverpflichtungen führten sie auch bald wieder auseinander. Für den Rest ihres Lebens bewahrte sie sich ihre Unabhängigkeit, und als sie 1884 starb, trauerte ganz Wien um sie, während Marie Taglionis Tod in Marseille im gleichen Jahr fast unbemerkt blieb.

Zur Feier von Fannys Heimkehr von ihrem Amerikagastspiel ließ die Stadt Wien ihr zu Ehren eine Gedenkmünze prägen. Man schrieb das Jahr 1842, und die ganze Stadt tanzte zu der Musik von Johann Strauß, auf den man zu Recht stolz war; er war in ganz Europa berühmt und durfte seine Walzer auch bei den Krönungsfeierlichkeiten der Königin Victoria aufführen. Allerdings wußten die Wiener damals noch nicht, daß Johann Strauß junior noch berühmter werden sollte als sein Vater. Der junge Mann war sechzehn und ausschließlich an Musik interessiert; nach dem Willen seines Vaters sollte er Bankier werden, so daß er im geheimen Musik studieren mußte.

Als Vater Strauß zwei Jahre später die Ankündigungen für das erste Konzert seines Sohnes sah, tobte er. «Was», rief er, «und er spielt auch noch eigene Kompositionen? Aber er versteht doch nichts von Walzern!» Wie sehr er doch irrte! Der junge Strauß übertraf mit der Schönheit und Vielfalt seiner Kompositionen selbst die des Vaters.

Zwar hat der Walzer nichts Außergewöhnliches oder Bedeutsames an sich, und er lieferte auch keinen wesentlichen Beitrag zum Gesellschaftsleben, doch eignen sich die beschwing-

Ein früher Walzer

Fanny Cerrito in La Sylphide

Carlotta Grisi bei der Polka

Lucile Grahn in Katharina oder Die Tochter des Räubers

Louise Fleury in Das hübsche Mädchen von Gent

Théophile Gautier

Fanny Cerrito

Meyerbeers Robert der Teufel *in der Académie Impériale de Musique (Pariser Oper)*

Giselle, *erster Akt*

ten Melodien hervorragend zum Tanzen. Strauß erreichte es, daß er im Leben vieler Menschen eine wichtige Rolle spielte. Der Walzer war keine plötzliche Erfindung; es gab ihn schon seit vielen Jahren. Er wurde von den Bauern getanzt, bis ihn die Oberschicht für sich entdeckte. Sie pflegte immer dann einen ländlichen Tanz zur neuen Mode zu erheben, wenn ihre eigenen Tänze sie zu langweilen begannen.

Wer aber hätte geglaubt, daß etwas so Harmloses und Einfaches wie der Walzer Abscheu und Entsetzen hervorrief, als er im achtzehnten Jahrhundert erstmals in den Salons auftauchte? Ein Lehrer für Gesellschaftstanz kommentierte 1767 bissig: «Ich kann mir vorstellen, daß die Mütter am Walzer gefallen finden, aber nicht, daß sie ihren Töchtern erlauben, ihn zu tanzen.» Fünfzig Jahre später mußte die Sorge um das Wohl der Töchter immer noch als Vorwand für den Feldzug gegen den Walzer herhalten. Ein Mitarbeiter der Londoner «Times», der 1816 darüber berichtete, daß der Prinzregent den Walzer bei Hofe einführte, war außer sich vor Empörung über die «schamlose Verschlingung der Glieder, das feste Aneinanderpressen der Leiber beim Tanz, das jegliche sittsame Zurückhaltung vermissen läßt, die bis dato als Vorzug der englischen Damenwelt galt. Solange dieses obszöne Benehmen auf Dirnen und Ehebrecherinnen beschränkt blieb, hielten wir es nicht für erwähnenswert; da es aber nunmehr durch das üble Beispiel von höchster Seite den ehrbaren Klassen der Gesellschaft aufgezwungen werden soll, halten wir es für unsere Pflicht, alle Eltern eindringlich davor zu warnen, ihre Töchter dieser verderblichen Pest auszusetzen.»

Nun, die Diskussion über diesen Tanz war jedenfalls ein für allemal abgeschlossen, als Königin Victoria 1837 mit Prinz Albert einen Walzer tanzte und ihn damit endgültig salonfähig machte. Und wo, frage ich, wäre das Ballett heute ohne den Walzer?

Als der Walzer Eltern nicht mehr schockieren konnte, suchten die jungen Leute etwas, das ganz anders sein sollte. Sie fanden die Antwort in der Polka. Bei diesem Rhythmus durften sie in wilder Ausgelassenheit die Absätze nach oben schleudern, daß die Rockschöße flogen. Die Polka, natürlich ein Volkstanz, stammt aus Böhmen und wurde angeblich von einem reisenden Ballettmeister nach Paris gebracht. Eine Weile war die Polka nur auf den

Giselle, *zweiter Akt*

Tanzpodien des Volkes zu sehen, aber plötzlich entdeckten sie auch die Tanzlehrer der oberen Zehntausend, und die feine Gesellschaft begann in wilden Verrenkungen durcheinanderzutollen. Der Tanz breitete sich wie eine Epidemie von Land zu Land aus. Es war fast wie die Tanzsucht des Mittelalters, als die Menschen von Stadt zu Stadt zogen und ununterbrochen tanzten.

Die böhmische Polka fügte sich ganz natürlich ins Ballett ein. Bald konnte man Carlotta Grisi in London am Theater Ihrer Majestät mit ihrem Gatten Polka tanzen sehen, während Jean Coralli, der Ballettmeister der Pariser Oper, eine für Laien geeignete Version zeigte, die im Gegensatz zu den Regeln stand, die ein berühmter Pariser Tanzmeister namens Cellarius aufgestellt hatte. Es entstand ein so erbitterter Zwist zwischen den beiden, daß ihre Anhänger einen Wettstreit arrangierten. Daraus ging die Ballettpartei als Sieger hervor. Weder der Charleston, noch der Twist oder irgendeine andere der flüchtigen Modetorheiten wühlten solch heftige Emotionen auf, wie die Polka im Jahre 1840.

In eben dieser Zeit um 1830 bis 1840 hatten das romantische Ballett und seine Ballerinen ihren Gipfelpunkt erreicht. Die Taglioni und die Elßler waren dabei die beiden herausragendsten Tänzerinnen, doch gab es viele andere, die zu irgendeinem Zeitpunkt einmal an der Pariser Oper engagiert waren und damit zum Gegenstand von Théophile Gautiers ganz spezieller Kritik wurden. Ich würde nur zu gerne wissen, was sie sich beim Lesen seiner Besprechungen dachten. «Beginnen wir mit ihrer Physis und wenden wir uns dann ihrem Talent zu.» Das waren seine einleitenden Worte bei jeder neuen Tänzerin. Nach Gautier war Fanny Cerrito «von kurzer Statur und rundem Bau» und hatte «dicke Arme mit Grübchen ..., zarte Knöchel und wohlgerundete Beine. Ihre Schultern und ihr Busen zeigen nicht jenen Mangel an Fülle, der für viele Tänzerinnen charakteristisch ist, bei denen sich ihr ganzes Gewicht in die Beine verlagert zu haben scheint.» In seinen Augen war freilich niemand vollkommen: «Ihre Taille trennt den Körper in zwei vollkommen gleiche Teile, was allen Gesetzen der menschlichen Proportionen widerspricht und für eine Balletteuse ganz besonders unvorteilhaft ist.»

Die dänische Ballerina Lucile Grahn beschrieb er als «groß, schlank, mit schmalen

Gelenken und gut gebaut; noch hübscher wäre sie, wenn sie nicht dieses obstinate Lächeln hätte». Und die arme Adeline Plunkett, eine belgische Ballerina, war nach seiner Ansicht «jung, hübsch, wohlproportioniert, mit zierlichen Füßen, schlanken Beinen und bezauberndem Gesichtchen; für die Bühne ist sie jedoch ein bißchen zart und aus der Ferne kaum mehr richtig zu sehen».

Fanny Elßler trieb ihn zu seinen wildesten Exzessen. In den verschiedenen Kritiken finden wir unter anderem folgendes: «Sie ist groß, geschmeidig und gut gebaut ..., hat seidige Schultern, schmale Handgelenke, zarte Knöchel und kräftige schlanke Beine, ganz anders als die gewöhnlichen Tänzerinnen, deren Körper in ihre Strümpfe geschrumpft zu sein scheinen. Die Kniescheiben sind sauber konturiert, stehen erhaben vor und verleihen dem ganzen Knie eine tadellose Form.» Natürlich mußte auch sie einige Unvollkommenheiten aufweisen: «Ihr üppiges, schimmerndes und glänzendes Haar paßt nicht so recht zu ihrem Kopf und Körper ..., und ihre tiefschwarzen Augen, deren Pupillen wie zwei Sterne in einem kristallenen Himmel glitzern, stehen mit ihrer Nase, die wie ihre Stirn sehr deutsch ist, nicht in Einklang.» (Ein anderer Autor erinnert sich, daß mit vierzehn ihre Augen «groß und blau» waren.) Später einmal erläuterte er, ihr Lächeln, ihre weiße Haut und ihre sanft geschwungene Stirn seien deutsch, ihr Haar indessen, ihre winzigen Füße, die schmalen Hände und der kühne Bogen ihres Rückens spanisch. «Die gleiche Ambivalenz findet sich bei ihren Geschlechtsmerkmalen: ihre Hüften sind wenig entwickelt, und ihre Brüste sind nicht voller als die eines Hermaphroditen aus der Antike.» (Bei anderer Gelegenheit schrieb er, sie habe einen vollen Busen, was bei Tänzerinnen sehr selten sei.) Ein englischer Kritiker befand: «Wie sie ihren Busen und ihre Arme trägt – bei Tänzerinnen etwas vom Schwierigsten –, unterscheidet sie von allen anderen.»

Später trieb Gautier den Vergleich mit einem Hermaphroditen noch weiter: «Ihre Arme, weniger gerundet als die einer Frau, voller als die eines Mädchens, lassen an einen wunderschönen jungen Mann mit einem Hauch von Weiblichkeit denken ... Ihre übrige Schönheit wird durch diese köstliche Zwiespältigkeit sogar noch verlockender und pikanter.» Und er fügte den Satz hinzu: «Dieser Umstand macht sie auch denjenigen Damen genehm, die den Anblick einer Ballerina nicht ertragen können.» Er war immer sehr darauf bedacht, seine Bewunderung für die Damen und seine Geringschätzung der Herren des Balletts zum Ausdruck zu bringen. Als er einmal geruhte, Arthur Saint-Léon zu erwähnen, konnte er es sich nicht versagen, auf dessen «Kniesehnen aus Stahl» hinzuweisen.

Gautier war Dichter und Schriftsteller und neben Victor Hugo einer der führenden Köpfe der französischen Romantik; vielleicht schrieb er deshalb diesen blumigen Stil. Ironischerweise war er selbst in seinem Äußeren massig und wenig anziehend, und obwohl er bis zu seinem letzten Atemzug beteuerte, Carlotta Grisi sei die große Liebe seines Lebens, heiratete er doch ihre Schwester und gründete mit ihr eine Familie. Nicht besonders romantisch, würde ich sagen! Immerhin hinterließ er uns ein wahrhaft romantisches Ballett, für das alle Ballerinen sein Andenken preisen müssen. Er arbeitete am Libretto für *Giselle* mit, das speziell für Carlotta geschrieben wurde. Das Ballett zeigt im ersten Akt einen Mädchentyp nach Fanny Elßlers Vorbild und im zweiten Akt ein geisterhaftes Wesen, das an Marie Taglioni erinnert. Für die Grisi war es jedenfalls eine gute Gelegenheit, gleichzeitig beider Abwesenheit vergessen zu machen, weilte doch die eine in Amerika und die andere in Rußland.

Scheinbarer Zauber, bei dem Personen oder vielmehr Geister durch die Luft fliegen oder im Boden verschwinden, gehörte im Theater des achtzehnten und neunzehnten Jahrhunderts zur gängigen Praxis und war aus dem romantischen Ballett nicht wegzudenken. Meist wurden diese Illusionen sehr effektvoll vorgeführt, aber sie waren für die Ausführenden nicht ungefährlich. Während einer Aufführung in Paris, in der Marie Taglioni mitwirkte, mußten zwei Sylphen auf Drähten, die sich verklemmt hatten, in der Luft schwebend ausharren, bis sie von einem Bühnenhelfer befreit wurden, der sich – Kopf und Kragen riskierend – auf einem Seil zu ihnen hinabließ. Und bei einer Aufführung von *Giselle* in Brüssel ereignete sich ein schrecklicher Unfall, als drei Mitglieder des Corps de ballet unter der Bühne auf ihren Auftritt warteten. Noch bevor der Bühnenabschnitt über ihren Köpfen zur Seite geglitten war und die Versenkung freigegeben hatte, aus der sie erscheinen sollten, ließ der Bühnenhelfer unglücklicherweise das Seil des Gegengewichts los, so daß die Plattform die Tänzer mit solcher Gewalt nach oben schleuderte, daß sie an Köpfen und Armen schwere Verletzungen davontrugen. Die Damen im Publikum kreischten natürlich, wenn ein Unglück geschah oder zu geschehen drohte; es soll indes auch einen jungen englischen Adligen gegeben haben, der 1843 aus perverser Sensationsgier keine Aufführung von *Die Peri* (La Péri) versäumte, wo Carlotta Grisi mit einem spektakulären Sprung von einer hohen Plattform in die Arme ihres Partners Lucien Petipa flog. Er war sicher, sie würde eines Abends zu Tode stürzen, und das wollte er sich auf keinen Fall entgehen lassen.

Die Ära des romantischen Balletts, die kaum mehr als zwanzig Jahre dauerte, kam und ging in der Mitte der kurzen Phase zwischen Kerzenlicht und Elektrizität. Lückenfüller war das sanft schimmernde Gaslicht, das den Zauber zarter Sylphen noch besser zur Geltung

Einer der vielen Brände der Pariser Oper

brachte, aber auch ihr Leben gefährdete, denn der Gasstrahl verursachte schneller einen Brand als die schwächere Flamme einer Kerze – und schon sie bedeutete in den überwiegend aus Holz gebauten Theatern keine geringe Gefahr. Die Pariser Oper fiel im Jahre 1771 und zehn Jahre später nochmals einer Feuersbrunst zum Opfer. Vom zweiten Brand gibt es eine grausige Beschreibung:

> *Eine Kerze an einer seitlichen Kulisse hatte eine Stoffbahn entzündet. Man rief sofort nach Wasser, aber es war keines da. Andere schrien, man solle die Seile kappen, die das Tuch hielten; es wurde aber nur ein Seil gekappt, und zwar an der falschen Seite, so daß das Tuch senkrecht hing. Dadurch fanden die Flammen neue Nahrung; sie liefen das Tuch hinauf, breiteten sich zur Mitte hin aus und erfaßten mit rasender Geschwindigkeit die Kulissen ... Die Bühnenhelfer und die Akteure suchten, vom Rauch zurückgetrieben, ihr Heil in der Flucht. Inzwischen hatten aber die Flammen bereits allen, die nicht auf der Bühne waren, den Rückzug abgeschnitten.*
> *Der Tänzer Dangui, drei Schneider und sechs Bühnenhelfer verbrannten zu Asche. Beaupré ... sprang vom dritten Stockwerk und kam zu Tode; einer seiner Kollegen, der es ihm nachtat, brach sich den Oberschenkel. Huard, ein großer athletischer Tänzer, sprang von der zweiten Etage auf das Dach eines Ladens, schlitterte in den Cour des Fontaines und kam unversehrt wieder auf die Füße. Sein Diener, ein fünfzehnjähriger Junge, blieb im Fenster stehen und wagte nicht zu springen. Huard rief mit ausgebreiteten Armen zu ihm hinauf, ermutigte ihn und versicherte ihm, er werde ihn auffangen und seinen Fall bremsen. Aber nichts konnte den unglücklichen Jungen zum Sprung bewegen, nicht einmal die Flammen, die ihn bald erreichten und vor den Augen seines Herrn bei lebendigem Leibe verbrannten. Mademoiselle Guimard, die völlig entkleidet war und nicht einmal ein Hemd am Leibe hatte, drohte in der Hitze zu ersticken und geröstet zu werden, wagte sich aber nicht zu bewegen. Ein Bühnenhelfer eilte ihr zu Hilfe, hüllte sie in einige Vorhänge und trug sie durch das tobende Feuer.*

Die so gerettete Dame war Marie-Madeleine Guimard, eine berühmte Ballerina mit dem Spitznamen «Das Skelett der Grazien», weil sie so schmal und dünn war. Wenn sie mit zwei großen Männern einen Pas de trois tanzte, sah es einem Spaßvogel zufolge so aus, als stritten sich zwei Hunde um einen Knochen. Ihre Technik war begrenzt, aber sie legte in alles, was sie tat, so viel Empfindung, Grazie und Charme, daß das Publikum ihr vor allen anderen Tänzerinnen den Vorzug gab – und auch länger. Noch mit fünfundvierzig soll sie auf der Bühne nicht älter als fünfzehn ausgesehen haben. In diesem Alter hatte sie nämlich ihr Porträt anfertigen lassen, und sie ging bis zum Ende ihres Lebens morgens erst aus dem Haus, nachdem sie in ihrem Boudoir ein bis zwei Stunden damit zugebracht hatte, ihr Gesicht genau in den Farben und Schattierungen des Porträts zu schminken und zu pudern.

Sie muß die gleiche Faszination wie Mathilde Kschessinska ausgestrahlt und ein ganz ähnliches Leben geführt haben. Beide hatten reiche, einflußreiche Liebhaber, beiden wurden Paläste gebaut, beide erlebten gewaltsame Revolutionen, bei denen sie all ihre Habe verloren, und beide lebten schließlich glücklich verheiratet in Paris – Marie-Madeleine Guimard als Gattin des Choreographen und Dichters Jean-Etienne Despréaux, für den sie ihre Karriere opferte, weil die Kirche niemanden traute oder beerdigte, der mit der Bühne zu tun hatte.

Als die Guimard 1816 starb, war es gerade neun Jahre her, daß Londons Straßen erstmals nachts vom Licht der Gaslaternen erhellt wurden. Und als Mathilde Kschessinska 1872 geboren wurde, war der Tag nicht mehr fern, an dem es in New Yorks Straßen elektrisches

Marie-Madeleine Guimard

Licht geben sollte. In den dazwischenliegenden Jahren forderten tragische Unfälle das Leben zweier junger Ballerinen, die beide für ihr Land ein schwerer Verlust waren. Clara Webster, die von ihrem Vater ausgebildet wurde und zusammen mit ihrem Bruder auftrat, war eine der wenigen außergewöhnlich begabten Ballerinen Englands. Sie zählte erst dreiundzwanzig Jahre, als 1844 vor den Augen des Publikums ihr Kleid während einer Aufführung von *La Révolte au Sérail* im Drury Lane-Theater Feuer fing. Ein Bühnenhelfer stürzte aus den Kulissen hervor und warf sich ohne einen Gedanken an seine eigene Sicherheit über sie; ein im Publikum anwesender Arzt behandelte sie sofort im Grünen Raum «mit den üblichen Anwendungen von Weingeist, Wasser, Mehl, usw ...». Aber sie starb trotz aller Bemühungen nach drei Tagen.

Noch unglückseliger war das Schicksal der Emma Livry am 15. November 1862. Es gibt viele tragische Aspekte an ihrem Unfall. Der tragischste war vielleicht der, daß einige Theater bereits Elektrizität verwendeten, wenn auch nur in sehr beschränktem Umfang. Außerdem gab es schon seit drei Jahren einen amtlichen Erlaß, wonach die gesamte Bühnenausstattung und die Kostüme feuersicher sein mußten. Leider war die hierfür benutzte chemische Behandlung für die weißen Röckchen der Ballerinen besonders ungünstig, da es ihnen die Luftigkeit nahm und sie vergilbt erscheinen ließ. Nun ist aber auf der Bühne nichts schlimmer als das Gefühl, unvorteilhaft gekleidet zu sein, weshalb sich manche Tänzerinnen über die Vorschrift hinwegsetzten. Wenn Sie sich fragen, warum sie denn das Risiko eines so schrecklichen Todes eingingen, dann müßten Sie sich auch fragen, warum überhaupt jemand Auto fährt. Das Leben steckt eben voller Risiken. Am 23. September 1860 schrieb Emma Livry an den Direktor der Oper:

> *Ich bestehe darauf, bei allen Tänzen am Anfang des Programms in meinem normalen Ballettkleid zu tanzen, und ich übernehme die volle Verantwortung für alle Folgen, die daraus entstehen können. In der letzten Szene bin ich bereit, ein behandeltes Kleid zu*

tragen, aber ich kann keine Kleider tragen, die häßlich sind oder mir nicht stehen. Da ich jedoch glaube, daß die Direktion die vorgeschlagenen Änderungen völlig zu Recht durchsetzen will, werde ich selbst nach einigen Aufführungen um einen Ersatz bitten, sofern dadurch nicht – wie ich befürchte – die Wirkung des Kostüms verdorben wird. Mit freundlichen Grüßen

Emma Livry

Emma Livry war eine überragende Schülerin gewesen und hatte ihren ersten Auftritt nicht wie üblich im Corps de ballet, sondern auf Vermittlung des einflußreichen Liebhabers ihrer Mutter, der die Angelegenheit mit dem Direktor der Oper regelte, in der Titelrolle von *La Sylphide,* was für ein Debüt ungeheuer gewagt war. Marie Taglioni kehrte von ihrem Ruhesitz nach Paris zurück, um diese Sechzehnjährige zu sehen, die in ihrer eigenen großen Rolle eine solche Sensation war. Sie entdeckte etwas von sich selbst in diesem Mädchen, das gewiß keine Schönheit war, aber ein reines Wesen hatte und eine außerordentliche Leichtigkeit in ihrem Tanz. Marie nahm sie unter ihre Fittiche und choreographierte ein Ballett, *Der Schmetterling* (Le Papillon), speziell für sie. Zur Premiere sandte sie Emma ihr Bild mit der Widmung: «Mache mich vergessen, aber vergiß mich nicht.» Emma erinnerte in der Tat an Marie und rief alte Erinnerungen wach. Ein Kritiker schrieb:

Für diese so ätherische Rolle braucht man unbedingt eine makellose Künstlerin, eine Künstlerin mit Ballon *als natürlicher Gabe. Und Mademoiselle Emma Livry hat* Ballon *wie nie jemand vor ihr ... Sie streift über den Boden, das Wasser und die Blumen, scheinbar ohne sie zu berühren. Sie erhebt sich wie eine Feder und fällt wie eine Schneeflocke.*

Emma war achtzehn, als sie in *Le Papillon* auftrat, worin sie ein Schmetterling war, der von einer Flamme verzehrt, aber durch einen Zauber wieder zum Leben erweckt wird. Sie war zwanzig, als 1862 bei der Generalprobe der Oper *Die Stumme von Portici* (La Muette de Portici) ihr Kostüm Feuer fing. Sie war früh zur Bühne hinuntergegangen und saß hinter den Kulissen, wo sie dem Tenor lauschte. Als sie aufstand, um sich für ihren Auftritt vorzubereiten, strich sie ihre Röcke glatt, wie es Ballerinen ganz unbewußt immer tun, und in einer winzigen Sekunde der Unachtsamkeit war es geschehen – sie war zu nahe an eine

Emma Livry

Emma Livrys Schicksalsauftritt in Die Stumme von Portici, *15. November 1862*

Gasdüse gekommen. Infolge eines Luftzugs schlug die Flamme heraus und erfaßte ihr Kleid. Im Nu war sie von einer Stichflamme eingehüllt, und sie stürzte als lebende Fackel auf die Bühne. Ein Feuerwehrmann rannte mit einer Decke auf sie zu und zog sie an den Beinen nach oben, um ihr Gesicht und ihren Kopf zu retten. Sobald die Flammen erstickt waren, rang sie sich auf die Knie. Sie versuchte zu beten. In einem Zeitungsbericht hieß es:

> *Als die jungen Mitglieder des Balletts sahen, in welch gefährlicher Lage ihre Freundin war, brach unter ihnen eine Hysterie aus.*
> *Diese starke Gefühlsbewegung erklärt sich durch die Bewunderung für Mademoiselle Livrys graziöses Talent und ihren tugendhaften und liebenswerten Charakter.*
> *Erste Hilfe leisteten Dr. Laborie und Dr. Renegaud, die bei der Probe anwesend waren. Die Verbrennungen sind zwar nur oberflächlich, aber wegen ihrer Ausdehnung dennoch gefährlich.*

Wie betrüblich diese Worte sind, wenn man den Ausgang kennt! Acht lange Monate lag sie in Agonie. Sie ertrug ihre Leiden tapfer und starb am 26. Juli 1863 im Alter von zwanzig Jahren. Eine riesige Menschenmenge gab ihr das letzte Geleit, und Théophile Gautier berichtet: «Zwei weiße Schmetterlinge gaukelten unaufhörlich über ihrem weißen Sarg, während er von der Kirche zum Friedhof überführt wurde.»

Emma Livry in Herculanum

Einmal soll ein beliebter Schriftsteller Emma für einen neuen Roman um Hintergrundmaterial aus der Theaterwelt gebeten haben. Als er ihr einen Dankesbesuch abstattete, sagte sie zu ihm: «Jetzt müssen Sie mir aber wenigstens die Handlung Ihres Buches erzählen.» Als er geendet hatte, war sie eine Weile sehr nachdenklich; dann wandte sie sich zu ihrer Mutter und sagte: «Bei lebendigem Leibe zu verbrennen, muß gewiß sehr qualvoll sein. Und doch ist es ein schöner Tod für eine Tänzerin.»

Wenn Emma überlebt hätte, wäre sie gewiß das Bindeglied zwischen Marie Taglioni und Anna Pawlowa geworden. Sie waren «Die drei Grazien des Tanzes», schlank eine jede, mit langen, schmalen Füßen und der Aura einer anderen Welt um ihre zerbrechlichen Körper. Bedenkt man, daß das Ballett zuerst in Italien, dann in Frankreich und in Rußland beheimatet war und daß Marie Taglioni väterlicherseits Italienerin, Anna Pawlowa echte Russin war, dann wäre Emma Livry die würdige Vertreterin Frankreichs gewesen. In diesem Land wurde das Ballett ja geboren, auch das romantische Ballett. Wie hätte auch Frankreich das ganze neunzehnte Jahrhundert hindurch ohne eine einheimische Ballerina vom Rang einer Taglioni sein können?

Emmas Name steht auf einem Grabmal im Cimetière de Montmartre, nicht weit von jenem Théophile Gautiers entfernt. Nur zehn Jahre nach seinem Tod waren alle seine geliebten Sylphen entschwunden: für den derberen Geschmack des ausgehenden neunzehnten Jahrhunderts waren sie viel zu ätherisch. Aus «Kunst um der Kunst willen» (L'art pour l'art), Gautiers Lieblingsausspruch, war «Kunst um des Vergnügens willen» geworden, und die Romantik, die er so sehr liebte, war bloßer Oberflächlichkeit gewichen. Für Feen interessierte sich niemand mehr. Es sollten fast fünfzig Jahre vergehen, bis die vergessenen Sylphen, die in das ferne Rußland entflohen waren, plötzlich und unerwartet zurückkehrten und die bereitwilligen Pariser einmal mehr betörten und mit Schönheit und Poesie erfreuten.

Um 1860 sah Paris Tanzstars, die sich im Stil sehr deutlich von den Damen des Balletts unterschieden. Sie warfen ihre Beine hoch, zeigten ihre Rüschenunterwäsche vor und wohnten am Hang des Montmartre, wo der Cancan – auch Chahut genannt – Ausdruck des jugendlichen Geschmacks und der übermütigen Stimmung der Zeit waren. Die Oper hatte ihr eigenes Publikum; sie war praktisch ein Klub, dessen Mitglieder hingingen, um zu sehen und gesehen zu werden, um Klatsch auszutauschen, zu flirten, Rendezvous zu vereinbaren und zwischendurch Augenblicke der Aufführung zu genießen. Die Leute dagegen, die zum Montmartre gingen, wollten sich einfach amüsieren und die aufmunternde Ausgelassenheit ihrer Lieblingsstars wie Céleste Mogador und Rose Ponpon erleben. Hier waren die jungen Künstler, die Studenten und die Verkäuferinnen in ihrem Element, weit weg von den muffigen Institutionen der etablierten Gesellschaft.
Zwanzig Jahre später, um 1880, waren der Cancan noch wilder und seine Stars noch berühmter geworden, und ihre pikanten Künstlernamen erinnern an ein recht unzimperliches Paris. La Goulue, Grille d'Egout und Nini Pattes-en-l'Air waren weithin berühmt und wurden von Herren von höchstem Stand mit Vergnügen zum Souper ausgeführt. Bei diesen natürlichen, aber leidenschaftlichen, hemmungslosen und undisziplinierten Tänzerinnen genügte es, daß die Musik begann, und schon schienen sie wie von Dämonen

Cancan-Tänzerinnen im Moulin Rouge

Ein früher Cancan

besessen, schleuderten ihre Köpfe herum, drehten ihre Körper und warfen die Beine hoch in die Luft.

La Goulue war klein, zart gebaut und hatte weiße Schultern und goldenes Haar. Sie verstand mit ihren Reizen sehr gut umzugehen, und was sie im Rausch ihres Tanzes zeigte, war manchmal sehr gewagt. Grille d'Egout war dunkel, spindeldürr und in Ruhe nicht sehr attraktiv; sobald sie sich jedoch zu bewegen begann, ergriff unbändige Fröhlichkeit ihren mageren Körper. Nini Pattes-en-l'Air war mit ihrem schwarzen Haar und dem kalkweißen Gesicht die sonderbarste von allen. Sie tanzte wild und schnell, wobei ihre Bewegungen unberechenbar und ohne Logik schienen, als würde sie von elektrischen Stromstößen geschüttelt. Diese Tänzerinnen gehörten mit zum Paris des Fin de siècle, zur Pracht seiner Boulevards und zu dem regen künstlerischen Leben, das unglücklicherweise aber das Ballett an der Oper nicht miterfaßte.

Das einzige Glanzlicht aus dieser Zeit ist *Coppelia,* ein Ballett in drei Akten, das 1870 während des Deutsch-Französischen Krieges entstand. Die Musik von Léo Delibes entspricht dem Stück vollkommen, und die Handlung ist leicht wie ein Kinderluftballon und doch fest an die gelungene Figur des Puppenmachers Coppelius gebunden, der bald böse oder tragisch, bald umwerfend lustig wirkt. Franz, die junge männliche Hauptrolle, wurde von Eugénie Fiocre getanzt, einer großartigen Schönheit mit langen Beinen und wacher Intelligenz (in der Oper wurde diese Rolle bis um 1950 immer von weiblichen Darstellern

gespielt), und da es keine französische Tänzerin mit der richtigen Technik und Persönlichkeit für die Figur der Swanilda gab, entschied man sich für eine sechzehnjährige Italienerin, Giuseppina Bozzacchi, die so zu ihrer ersten Hauptrolle kam. Choreographiert wurde das Ballett von Arthur Saint-Léon, dem Geiger-Tänzer. Wenige Monate später waren er und Giuseppina Bozzacchi tot – er erlag im Alter von neunundvierzig Jahren einer Herzattakke, und sie starb an einem ansteckenden Fieber, das sie sich während der Belagerung von Paris zugezogen hatte. Die Einwohner hatten damals keine Brennstoffe und Lebensmittel mehr und froren und hungerten, weshalb Hunde und Katzen, ja sogar Ratten ein Festmahl abgaben. Giuseppina war noch zu jung, um neben der harten Arbeit, die sie für die Einstudierung und die Aufführungen von *Coppelia* zu leisten hatte, auch noch diese Entbehrungen zu ertragen: das Fieber raffte sie an dem Tag hinweg, als sie siebzehn wurde. Giuseppina Bozzacchis Technik war ungewöhnlich kraftvoll, weil sie aus Mailand kam und dort ihre Ausbildung begonnen hatte. Während der nächsten fünfundzwanzig Jahre kam fast jede Top-Ballerina an den europäischen Opernhäusern aus der Schule der Mailänder Scala, wo das um 1830 von Carlo Blasis begründete System einen sehr hohen Stand erreicht hatte, vor allem im Spitzentanz. Seine Methode brachte Tänzerinnen hervor, die viele neue und schwierige, anderswo unbekannte Schritte beherrschten, und sie waren deshalb überall sehr gefragt. Selbst in Rußland war die kräftige Carlotta Brianza die erste Prinzessin Aurora in *Dornröschen*, und die untersetzte Pierina Legnani tanzte die

Die Cancan-Tänzerin Saharet (Clarine Campbell)

Giuseppina Bozzacchi in Coppelia

Carlotta Zambelli in Giselle

ierina Legnani in Schwanensee

Carlotta Brianza in Dornröschen

Les Sylphides *mit Tamara Karsawina, 1909*

Odette-Odile im *Schwanensee* von 1895. Sie waren beide beeindruckend, aber wohl kaum ätherisch. Um die Virtuosität ihrer Figuren und Sprünge vorführen zu können, kürzten die Ballerinen jener Zeit ihre Röcke, sonst hätte man ihre Beine zu wenig gesehen. Die weichen, vollen Balletträcke, die Marie Taglioni eingeführt hatte, kletterten bis knapp unterhalb des Knies und schließlich zur Mitte der Oberschenkel. Und je kürzer die Röcke wurden, desto voller und steifer wurden sie, bis sie zu den abstehenden modernen Ballett-Tutus wurden.
Eines hatten alle italienischen Ballerinen: Kraft. Tamara Karsawina erinnert sich, wie sie 1904 als junge Tänzerin nach Mailand ging, um bei Caterina Beretta zu lernen. Diese war

über sechzig, als Tamara sie in ihrer Wohnung besuchte, um über die Unterrichtsstunden zu sprechen: «Eine urkomische Gestalt watschelte herein. Sie war dick und kurz, und ihre pyramidenförmige Figur wurde durch den sehr kleinen Kopf mit dem schütteren Haarknoten noch betont. Wenn man sie so sah, mochte man kaum glauben, daß sie einst ein großer Star an der Scala war.» Tamara Karsawina fand den Unterricht bei ihr mörderisch, aber er verbesserte ihre Ausdauer ganz erheblich, und sie wurde, wie Marie Taglioni nach der Unterweisung durch ihren Vater und wie Anna Pawlowa nach zwei Jahren mit Enrico Cecchetti, eine unvergleichliche Ballerina.

So kam es also, daß die Russen zuerst von den Franzosen und dann von den Italienern alles

Les Sylphides: *Tamara Karsawina*

lernten, was es im Ballett überhaupt zu lernen gab, etwas eigenen Zauber hinzufügten und auf diese Weise die höchsten Gipfel der Pracht und Virtuosität erreichten. Dann kam der Tag, an dem sie sich wieder auf die reine Schlichtheit der Taglioni besannen, und 1909 schickten sie ein Ballett mit dem Titel *Les Sylphides* nach Paris. Wieder schwebten die Tänzerinnen in weichen Tarlatanröckchen, mit Flügeln auf dem Rücken und Blumenkränzen im Haar durch den milden Schein des Mondes; und ich werde die Vorstellung nicht los, daß Filippo in seinem Grab am Comersee leise gemurmelt hat: «Hab' ich es nicht schon immer gesagt?»

Wie Filippo selbst hat auch sein jüngerer Bruder, der in Palermo geborene Salvatore Taglioni, an der Mailänder Scala gewirkt, wo bereits 1828 – vier Jahre vor Paris – das Ballett *La Silfide* von Luigi Henry zur Aufführung gelangte. Schon während des Cinquecento war am Hofe der Sforza der bedeutende Tanzmeister Pompeo Diobono tätig gewesen, der aber bald nach Paris gerufen wurde und dort entscheidend an der Entwicklung des Hofballetts (Ballet de Cour) beteiligt war. Als Nachfolger von Gasparo Angiolini verwirklichte dann Jean-Georges Noverre von 1774 bis 1776 seine Handlungsballette am damaligen Teatro Ducale, darunter *Médée et Jason, Adèle de Ponthieu* und andere. Zwei Jahre später wurde in der lombardischen Hauptstadt das Teatro alla Scala eröffnet, wo das Ballett unter Salvatore Viganò seine erste Blütezeit erlebte. Erst 1813 gliederte man der Scala, die heute noch als eines der berühmtesten Opernhäuser gilt, eine Ballett-Akademie an.

Anna Pawlowa

Wie bereits im achtzehnten und neunzehnten Jahrhundert fast alle Größen des Balletts zumindest zeitweise in Mailand auftraten, so blieb es auch in unserem Jahrhundert. Nach dem Zweiten Weltkrieg kamen die ersten ausländischen Choreographen wie Serge Lifar, Léonide Massine und George Balanchine, später auch Frederick Ashton, Roland Petit, John Cranko und Rudolf Nurejew. So wurde zum Beispiel im Jahre 1956 das von Luchino Visconti nach der Novelle von Thomas Mann geschaffene choreographische Drama *Mario und der Zauberer* (Mario e il Mago) erstmals an der Mailänder Scala aufgeführt, wobei Jean Babilée die Rolle des Mario tanzte, Luciana Novaro diejenige der Silvestra und Ugo Dell'Ara die des Eisverkäufers Renato. Die Choreographie besorgte Massine. Den Zauberer Cipolla spielte allerdings ein Schauspieler, der die Handlung kommentierte und dirigierte; auch die übrigen Akteure tanzten nicht nur, sondern hatten ebenfalls Texte zu sprechen. Interessant ist, daß der Ballett-Chef der Mailänder Scala in den siebziger Jahren der Engländer John Field war, der das Sadler's Wells Ballet leitete und vorübergehend mit Kenneth MacMillan die Direktion des britischen Royal Ballet übernommen hatte. Zwei Traditionen begegneten sich hier in moderner Konstellation: der in Mailand und an anderen Fürstenhöfen Italiens entstandene höfische oder mythologische Tanz, den die einheimischen Ballettmeister nach Frankreich brachten, und der in England entstandene traditionelle Tanz, zu dessen Entwicklung wiederum das italienische Theater wesentlich beitrug. Davon soll nun in den beiden folgenden Kapiteln die Rede sein.

Mythologischer Tanz

Pracht, Verschwendungssucht, Künstlichkeit und eine exklusive Gesellschaft, in der jeder von jedem jedes Detail aus dessen Leben wußte – das war der Hof von Ludwig XIV., dem Sonnenkönig, und in diese Welt wurde das Berufsballett hineingeboren. Ludwig XIV. war ein ausgebildeter Tänzer und trat zwischen seinem zwölften und zweiunddreißigsten Lebensjahr in vielen höfischen «ballets» auf. Dann veranlaßten ihn die Staatsgeschäfte und sein Empfinden für königliche Würde – er war ziemlich dick geworden – zum Verzicht; nur im Ballsaal tanzte er weiter seine Lieblingstänze.

Die Aufführung, die ihm mit vierzehn seinen Beinamen eintrug, war das *Ballet Royal de la Nuit* von 1653. Bei seinem letzten Auftritt gegen Ende der dreizehnstündigen Aufführung erschien er als die aufgehende Sonne, begleitet von den Figuren Ehre, Anmut, Liebe, Reichtum, Sieg, Ruhm und Frieden. Die Allegorie paßte, denn er war in der Tat so brillant und machtvoll wie die Sonne, und er sollte Frankreich Ehre, Anmut, Sieg und Ruhm bringen. Zu seinen berühmtesten Leistungen gehört Frankreichs schönste Sehenswürdigkeit, das Schloß von Versailles, wo er zwei und drei Tage dauernde Feste gab, mit Theaterstücken, Balletten, Banketten, Feuerwerken und allerlei phantasievollen Zerstreuungen, für die in den großartigen Gärten Bühnen und Säle improvisiert wurden. Er war sich über die Zwänge des höfischen Lebens sehr wohl im klaren, und er bemühte sich, seine Höflinge zu belustigen und vielleicht dadurch Unruhen und Intrigen vorzubeugen. Und natürlich liebte er selbst diese Belustigungen auch.

Ein unglaublicher Mann! Er war groß gewachsen und schlank, wurde siebenundsiebzig Jahre alt und war zeit seines Lebens kaum einmal einen Tag krank, wofür man in einer Epoche, in der es keine Narkose gab und kein Arzt auf die Idee gekommen wäre, sich vor einer Operation die Hände zu waschen, seinem Schöpfer danken mußte. Er war ein großer Staatsmann, ein Mann mit Weitblick, ein guter Soldat, Kunstkenner und Sportsmann; und er regierte, da er seit seinem fünften Lebensjahr König war, zweiundsiebzig Jahre lang. Ich finde es allerdings seltsam, daß die Geschichtsbücher fast nichts darüber berichten, was er für das Ballett getan hat. Kaum einmal wird seine Begeisterung für den Tanz erwähnt, und doch war gerade zu seiner Zeit Grazie eine männliche Tugend. Jedenfalls läßt sich denken, daß er, der in jeglicher Beziehung nach Vollkommenheit strebte, in all seinen Bewegungen Grazie ausstrahlte.

Im Jahre 1661 war Ludwig das endlose Gezänk unter den führenden Ballettmeistern leid, und er gründete die Académie Royale de Danse. Dort sollten sie nach seinem Willen ihr Wissen zusammentragen und in ein System bringen. Seine Ansichten legte er in der Gründungsurkunde der Akademie dar:

Gegenüber: Ludwig XIV. verkörpert die Sonne im Ballet Royal de la Nuit, *1653*

Schon seit jeher ist anerkannt worden, daß die Kunst des Tanzes eines der geeignetsten und notwendigsten Mittel für die leibliche Ertüchtigung ist und die ursprüngliche und natürlichste Vorbereitung für alle körperlichen Übungen darstellt, wozu auch der Gebrauch der Waffen gehört. Sie ist also eine der wertvollsten und nützlichsten Künste für Edle und andere, die die Ehre haben, nicht nur in Kriegszeiten in unseren Armeen, sondern auch im Frieden in unseren Balletten vor uns treten zu dürfen.

Er meinte dies offensichtlich ganz ernst. Jede seiner Bewegungen war sorgfältig einstudiert. Er zog zum Beispiel vor allen Damen den Hut; vor den höchsten männlichen Würdenträgern lüftete er ihn bis über ein Ohr, bei geringeren Wesen tippte er ihn nur kurz mit der Hand an. Von den Damen erwartete man eine ähnliche Akkuratesse bei der Tiefe ihrer Knickse. Auch nebensächliche Dinge wurden so ernst genommen, daß ein Verstoß dramatische Folgen haben konnte. Der berühmte Küchenchef Vatel zum Beispiel verübte Selbstmord, weil das Mahl, das er für den Besuch des Königs im Hause seines Herrn zubereitet hatte, nicht seinen eigenen hohen Anforderungen entsprach.

Die eigenwillige Mischung aus Kunst und Künstlichkeit machte selbst das Alltagsleben zu einer Art von Theater, allerdings zu einem für Liebhaber. Mit dem ihm eigenen Scharfblick sah Ludwig, daß die Möglichkeiten des Tanzes über diese Grenzen hinausgingen, und da ihm klar war, daß der Tanz als Zeitvertreib für Liebhaber keine Fortschritte machen

Feuerwerk vor dem Schloß von Versailles

konnte, gründete er 1671 die Académie Royale de Musique. Dies war der erste offizielle Name der Opéra, die schon 1669 geschaffen worden war. Sie wurde später mehrmals umbenannt und heißt heute Théâtre National de l'Opéra. An der seinerzeitigen Akademie leitete Ludwigs Lieblingstanzmeister Pierre Beauchamp die erste professionelle Ballettschule und Balletttruppe. Sie war in der Rue de Vaugirard in einem großen überdachten Gebäude untergebracht, das für ein Theater die geeignete Form aufwies und als ehemaliger Tennisplatz beschrieben wird.

Bei all seiner Weisheit und Weitsicht wäre Ludwig gewiß sehr überrascht gewesen, hätte er einen Blick in unsere Zeit werfen und sehen können, wie seine Saat aufging und sich über die ganze Welt ausbreitete – sogar bis ins ferne Reich der Mitte. Und der chinesische Kaiser wäre wohl noch erstaunter gewesen, hätte man ihm prophezeit, Peking werde eines Tages seine eigene Balletttruppe haben, und diese Truppe werde Schritte mit französischen Namen ausführen, die schon lange vor der Herrschaft Ludwigs XIV. in Gebrauch standen.

Zwei Definitionen des Tanzes zeigen, wie Ludwigs Einfluß mithalf, Ordnung in die allgemeine Verwirrung zu bringen. Die eine entstand fünfzig Jahre vor seiner Geburt und die andere kurz nach seinem Tode. 1588 veröffentlichte Thoinot Arbeau, der ein sehr pedantischer Tanzmeister war, ein berühmtes Traktat mit dem Titel «L'Orchésographie», worin er sich über das Tanzen, Fechten, Pfeifen und Trommeln ausließ. Er beschrieb die

Ballet de Divertissement im Marmorhof zu Versailles

Eibenball im Spiegelsaal zu Versailles

Gesellschaftstänze ausführlich und erläuterte sie, aber als er den Tanz selbst definieren sollte, brachte er nur dies zustande:

> *Tanzen ist sozusagen Springen, Hüpfen, Stolzieren, Sich-wiegen und Stampfen, ein Gehen auf Zehenspitzen und ein Bewegen der Füße, Hände und des Körpers in bestimmten Rhythmen, Taktmaßen und Bewegungen, die aus Sprüngen, Biegungen des Körpers, Beingrätschen, Humpeln, Kniebeugen, Zehenständen, Vorwärtsschleudern der Füße, Fußwechseln und anderen Bewegungen bestehen.*

Im Jahre 1721 konnte der Engländer John Weaver in seinen «Anatomical and Mechanical Lectures upon Dancing» diese Definition geben:

> *Tanzen ist eine elegante und regelmäßige Bewegung, die sich harmonisch aus schönen Haltungen und kontrastierenden graziösen Stellungen des Körpers und von Körperteilen zusammensetzt.*

Während der ersten hundert Jahre des Berufsballetts blieb das Zentrum der Entwicklungen fest in Paris, wo Ludwig es errichtet hatte. In diesem Anfangsstadium war das Ballett

Ballet Comique de la Reine, *1581*

Seeszene aus einer Aufführung im Turiner Schloß, 1628

eine neue Bühnenkunst, die ihre Möglichkeiten zur Nutzung der körperlichen Fähigkeiten der Tänzer noch kaum wahrgenommen hatte. Die Höhen, zu denen sich ein Nijinsky oder ein Nurejew im übertragenen wie im wörtlichen Sinne aufschwingen sollten, konnten nicht erahnt werden, solange die Tänzer Schuhe mit Absätzen und Schnallen trugen und Adlige bei Aufführungen an der neuen Oper sich noch zu den Berufstänzern gesellen konnten.
Man muß etwas in der Geschichte zurückgehen, um zu sehen, welche Entwicklungsformen das Ballett durchlief, bis es der französische König als eigenständig gewordene Kunst auf seinen Weg schickte. Zunächst war es nur Gesellschaftstanz und sehr förmlich, wenn auch einige Tänze wie die «Volta» ziemlich übermütig waren. Bei diesem Tanz hob der Mann seine Partnerin mit einer Hand unter dem Gesäß hoch und wirbelte sie herum; das war so gewagt, daß die jungen Leute meist warteten, bis die Eltern zu Bett gegangen waren, um dann bis spät in die Nacht zu tanzen. In einer Zeit, da Höschen, Schlüpfer, Unter- und Überhosen noch nicht in Mode waren, geriet alles vollkommen aus dem Häuschen, wenn ein Rock nur ein bißchen über den Knöchel rutschte. Bei besonderen Festlichkeiten an Höfen oder auf Burgen wurden dichterische Vorträge mit Gesellschaftstänzen verbunden, so daß durch die lose Aneinanderreihung solcher Vorführungen bereits eine Frühform des Kabaretts entstand.

Die nächste Entwicklungsstufe war die Unterhaltung mit einem einzigen Thema. Die verschiedenen Vorführungen fügten sich zu einer einzigen Geschichte zusammen, und so wurde die «Kabarett»-Form der Unterhaltung durch das «Musical» abgelöst. Der Mann, von dem diese neue Konzeption stammte, war ein Italiener, den Katharina von Medici nach Frankreich einlud, als sie Königin wurde. Sein Name war Baldassaro di Belgioioso; als er sich in Frankreich niederließ, nannte er sich Balthasar de Beaujoyeux. Wie Marius Petipa später von Frankreich als Botschafter des Balletts nach Rußland und Balanchine von Rußland nach Amerika ging, brachte Beaujoyeux das Hofballett von Italien nach Frankreich und war damit der erste in der langen Reihe derer, die das Ballett vom einen Land in ein anderes verpflanzten. Beaujoyeux veröffentlichte ein Textbuch, in dem er sein *Ballet Comique de la Reine* erläuterte, das 1581 im Louvre gegeben wurde. Er beschrieb es als eine moderne Erfindung, denn er vereinigte Musik, Dichtkunst und Tanz, um den Tanz zum Sprechen und die Musik zum Singen zu bringen, was nach seinen Worten «Auge, Ohr und Verstand» befriedigte.

La Volta, getanzt auf einem Ball am Hof der Valois

Leute wie Beaujoyeux waren Musiker, Choreograph, Regisseur und Direktor in einem. Ihre Phantasie für das Effektvolle war unbegrenzt, diente aber immer nur allegorischen und mythologischen Themen. Sechzig Jahre nach dem *Ballet Comique de la Reine* plädierte ein Monsieur de St. Hubert für die Suche nach neuen Ideen; als aber jemand Homers Ilias vorschlug, mußte er sich bissig zurechtweisen lassen:

> *Ich sagte ihm offen, daß daraus eher ein Schauspiel als ein Ballett würde, daß die Decken der Säle für die Masten der griechischen Schiffe zu niedrig wären, daß die Pferde von Hektors Wagen, falls sie scheuten, Menschen im Publikum verletzen könnten und daß sich die Damen über das brennende Troja entsetzen würden.*

Auch als das Berufsballett entstand, blieben mythologische Themen in den Theatern noch lange Zeit bestimmend. Die Technik aber machte Fortschritte. An der Pariser Oper führten zwei Tänzer, Jean Balon und Nicolas Blondy, die üblichen Schritte des Gesellschaftstanzes mit einer Beweglichkeit und Ungezwungenheit vor, die im Ballsaal vulgär gewirkt hätte, auf der Bühne indes begeisterte. Balon wird auf Bildern mit eleganter Figur und en dehors, das heißt mit nach auswärts gedrehten Füßen und Beinen gezeigt. Angesichts seiner distinguierten Haltung überrascht es nicht, daß er Ludwig XIV. die Hand geben und zum Zeichen der Bewunderung des Königs in dessen Gegenwart den Hut aufbehalten durfte.

Unter Personen gewöhnlichen Standes teilte er diese Ehre einzig mit André Le Nostre, dem Gartenarchitekten von Versailles.
Die Tänzer wurden nach ihrem Erscheinungsbild streng in Kategorien eingeteilt. Der Louis – XIV-Typ – groß, gut gebaut, mit gut entwickelten Beinen – war ein Danseur noble. Zu ihnen gehörte Balon. Diese Männer tanzten die langsamen, gemessenen Schritte, für die Leichtigkeit und Präzision erforderlich war. Sie eiferten dabei dem Sonnenkönig selbst nach, der seine Meisterschaft in der langsamen Courante so sehr genoß, daß er sie immer und immer zu wiederholen pflegte, bis sein Hofstaat, aufs äußerste gelangweilt, kaum noch die Augen offenhalten konnte. Die Tänzer der zweiten Kategorie, Danseurs en demi-caractère genannt, waren etwas gedrungener. Sie konzentrierten ihre Bemühungen auf Sprünge und schnelle Bewegungen, bei denen sie sehr vorteilhaft zur Geltung kamen. Sie waren die Virtuosen. Der letzten Kategorie gehörten die Danseurs en caractère an, die von untersetzter Statur waren. Ihre Rollen waren voller Bewegung und Komik und wurden auch «Grotesken» genannt.

Louis Dupré war der erste Danseur noble in Paris, der wegen seines vollkommenen Äußeren und seines perfekten Stils «Gott des Tanzes» genannt wurde. Dabei soll Dupré seine Laufbahn als Geiger begonnen haben. Eines Tages aber habe sich während einer Probe ein junger Tänzer über sein Spiel mokiert. Dupré empfahl darauf dem Spötter, lieber auch Geige zu spielen, denn seine Tanzerei sei erbärmlich anzusehen. Nun schlug der Tänzer vor, ihre Berufe miteinander zu tauschen, was sie auf der Stelle auch taten – und der Tänzer Jean-Marie Leclair wurde als Geiger ebenso berühmt wie der Geiger Dupré als Tänzer. 1750, ein Jahr vor dessen Rücktritt, wurde der allseits bekannte Liebhaber und

Auf einem Ball des Herzogs von Joyeuse, 1581

Jean Balon

Schriftsteller Giacomo Casanova in die Pariser Oper eingeladen. Er beschrieb den Abend in seinen Memoiren. Als Italiener ließ er natürlich keine Gelegenheit aus, die Fehler der Franzosen anzuprangern, und sobald sich der Vorhang zu der Oper *Venezianische Feste* (Les Fêtes Vénitiennes) hob, bemerkte er einen «grotesken und peinlichen Fehler». Der Dogenpalast in Venedig war auf der falschen Seite des Campanile! Nachdem er ein paar kritische Worte über die Musik gesagt hatte, fuhr er fort:

> *Es war für mich als Venezianer wirklich ein eigenartiger Anblick, den Dogen in Begleitung von zwölf Räten erscheinen zu sehen, die alle in die eigenartigsten Gewänder gehüllt waren und eine «grande passacaille» tanzten. Plötzlich setzte im Parkett heftiges Händeklatschen ein, und es erschien ein großer, wohlproportionierter Tänzer mit einer Maske und einer riesigen, schwarzen Perücke, deren Enden fast bis zur Hälfte seines Rückens reichten. Die vorn offene Robe bedeckte ihn bis zu den Fersen. Mein Freund sagte zu mir: «Das ist der unvergleichliche Dupré ...»*
> *Ich sah die prächtige Gestalt gemessenen Schrittes nach vorne kommen, und als der Tänzer an der Rampe angelangt war, hob er langsam und graziös seine runden Arme, öffnete sie, breitete sie aus und schloß sie wieder, bewegte seine Beine mit Präzision und Leichtigkeit, führte ein paar kleine Schritte vor, machte einige «battements» und «pirouettes» und verschwand wie ein Sommerlüftchen. All das hatte nicht länger als eine halbe Minute gedauert. Das ganze Haus brach in Applaus und begeistertes Rufen aus. Ich war erstaunt und fragte meinen Bekannten nach dem Grund hierfür. Er antwortete: «Wir applaudieren der Grazie Duprés und der göttlichen Harmonie seiner Bewegungen. Er ist jetzt sechzig Jahre alt, und die ihn vor vierzig Jahren sahen, sagen, daß er immer noch der gleiche ist.»*

Am Ende des zweiten Akts trat Dupré nochmals auf, in die gleichen Gewänder gehüllt, und tanzte nach einer anderen Weise. «Aber nach meiner Meinung», schrieb Casanova, «tat er genau das gleiche nochmals.»

Kostümentwurf für einen Dämon, Ende des 17. Jahrhunderts

Mit der Maske und der Perücke muß es recht schwierig gewesen sein, sich zu bewegen. Die Masken waren aber wegen der schlechten Beleuchtung und der mangelhaften Gesichtskosmetik notwendig. Außerdem tanzten während der ersten neun Jahre an der Oper Männer die männlichen und die weiblichen Rollen, da die Damen des Hofes, die oft in königlichen Aufführungen getanzt hatten, unmöglich auf einer öffentlichen Bühne auftreten konnten, und ausgebildete Berufstänzerinnen gab es damals noch nicht.

Als erste Ballerina erschien Mlle. de la Fontaine auf der Bühne. Sie war sechsundzwanzig, als sie an der Rue de Vaugirard zum ersten Mal tanzte. Leider wissen wir fast nichts über sie, außer daß sie 1655 geboren wurde, neun Jahre an der Oper tanzte, Königin des Tanzes genannt wurde und sich dann in ein Kloster zurückzog, wo sie noch fünfzig Jahre lebte und – so möchte man hoffen – für das Seelenheil ihrer Nachfolgerinnen betete. Sie selbst war eine bescheidene und tugendhafte Dame. Das muß man jedenfalls annehmen, denn die Lästermäuler fanden keinen Vorwand, sie schlecht zu machen. In die rüde, wüste Theaterwelt der damaligen Zeit paßte sie nicht sehr gut, und so ist es kein Wunder, daß sie sich früh zurückzog.

Das Stammpublikum, das im spärlich beleuchteten Haus auf harten Stühlen saß, glaubte ein Recht darauf zu haben, sich nach Lust und Laune zu amüsieren, und da in der Regel die Hälfte aller Zuschauer betrunken war, amüsierte man sich meist damit, den auf der Bühne vorgetragenen Liedern zotige Worte zu unterlegen und die Akteure laut zu schmähen oder zu preisen, teils wegen ihrer darstellerischen Unfähigkeit oder ihrer hohen Kunst, teils auch wegen ihres Aussehens oder ihres Lebenswandels. Hin und wieder mischte sich das Bellen mitgebrachter Hunde in das Getöse, und die Kerzen, die manche Besucher des Lichts und der Wärme wegen in Händen hielten, versengten nicht selten ihre Kleider oder verursachten gar kleinere Brände. Der Gestank und das Gekratze müssen fürchterlich gewesen sein.

Im Foyer de la Danse der heutigen Pariser Oper, die 1875 eröffnet wurde, befinden sich zwanzig Porträts von Ballerinen; sie schmücken die Stuckarbeit unterhalb der Decke und bilden eine Art Diadem um den überladenen Raum hinter der Bühne. Eine Wand ist über

Mlle. de la Fontaine

Mlle. Subligny

La Camargo

Marie Sallé

die ganze Länge mit Spiegeln versehen, und der Boden fällt im gleichen Winkel ab wie die Bühne, was für die Tänzer, die üben und sich aufwärmen, sehr vorteilhaft ist. Das Bildnis von Mlle. de la Fontaine befindet sich genau über dem Eingang auf der Seite, die der Spiegelwand gegenüberliegt. Die letzte in der Reihe ist Carolina Rosati, eine gebürtige Italienerin, die 1856 in der Uraufführung des *Korsar* tanzte. Dieses Ballett ist wegen des sensationellen Pas de deux, der 1899 in St. Petersburg neu choreographiert und durch Rudolf Nurejew im Westen berühmt gemacht wurde, heute sehr bekannt.
Den Vornamen von Mlle. de la Fontaine kennen wir leider nicht; dafür entschädigt uns jedoch ihre Nachfolgerin auf dem nächsten Porträt, die den schönen Namen Marie-Thérèse Perdou de Subligny trug. Sie hatte eine hübsche Figur und ausdrucksvolle Augen, und sie beherrschte die Oper siebzehn Jahre lang. Sie war die erste französische Ballerina, die auch in England tanzte. Die nächste in der Reihe ist die elegante, graziöse und zierliche Françoise Prévost. Sie führte eine Neuerung in den Tanz ein, indem sie ihn zu einem stummen Schauspiel machte. Sie führte die «Sitten und Leidenschaften der Menschheit» in Tanz und Mimik so eindrucksvoll vor Augen, daß ihr Publikum zu Tränen gerührt war.

Es folgen «La Camargo» und Marie Sallé. Sie waren zwei sehr unterschiedliche Rivalinnen, wie später Marie Taglioni und Fanny Elßler. Die Camargo war wie Marie Taglioni Tochter eines italienischen Tanzmeisters, von dem sie eine erstaunliche Technik hatte. Mit sechzehn gab sie ihr Debüt an der Oper und wurde sofort ein Star. Sie war klein und nicht besonders hübsch, aber ihr Charme und ihre Lebhaftigkeit glichen diese Unvollkommenheit aus. Sie wurde vor allem deshalb berühmt, weil sie ihre weiten Reifröcke bis knapp über die Knöchel kürzte, damit man ihre raschen Entrechats deutlich sehen konnte. Solche Kreuzsprünge hatten zuvor nur männliche Tänzer ausgeführt. Casanova schrieb über sie: «Ich sah eine Tänzerin, die wie eine Furie sprang, Entrechats nach links und nach rechts und nach allen Seiten machte, aber kaum vom Boden abhob; dennoch erhielt sie stürmischen Applaus.» Die Fröhlichkeit, die sie auf der Bühne so beliebt werden ließ, verschwand aber, sobald sie hinter den Kulissen war und ihre natürliche Melancholie wieder die Oberhand gewann.
Marie Sallé war in jeder Beziehung anders. Ihre Kindheit verbrachte sie bei ihrer Theaterfamilie aus Schauspielern, Spaßmachern und Akrobaten, die jeden Sommer auf den großen Pariser Straßenmärkten Vorstellungen gaben. Marie zeigte so viel Tanztalent, daß ihre Eltern sie bei Françoise Prévost Unterricht nehmen ließen. Sie gab ihr Debüt an der Oper ein Jahr nach der Camargo. Paris schürte sofort die Rivalität zwischen den beiden, von denen die eine eine brillante Technikerin war, die andere eine Tänzerin mit Schauspieltalent. La Camargo hatte viele reiche Liebhaber, wie es sich damals für eine Ballerina gehörte; Marie Sallé dagegen interessierte sich nur für die Welt der Künstler und Intellektuellen. Händel schrieb ein kurzes Ballettstück für sie; mit Voltaire, Garrick und Noverre war sie befreundet. Sie war immer sehr eigenwillig und schuf Ballette, die ihrer Zeit voraus waren. Die Rolle der Julia wäre gewiß ihre Traumrolle gewesen. Als sie 1734 in London mit ihrem Ballett *Pygmalion* auftrat, erregte sie erhebliches Aufsehen, weil sie anstelle des üblichen schweren Barock-Kostüms mit Fischbeinmieder eine Musselin-Tunika in griechischem Stil trug. London kam ihrem freien Geist eher entgegen als Paris, und sie kehrte immer wieder in die Stadt zurück, wo sie im Alter von zwölf Jahren mit ihrem Bruder im Lincoln's Inn Fields getanzt hatte und ihren ersten großen Erfolg errang.
Ein anderes Porträt im Foyer de la Danse zeigt Thérèse Vestris, die als Tänzerin gar nichts zu bieten hatte. Da ich mir nicht vorstellen kann, daß sie deshalb abgebildet wurde, weil sie mehr Liebhaber hatte als die anderen Tänzerinnen zusammengenommen, kann der

Mlle. Moreau

Mlle. Maupain

Mlle. Subligny

Mlle. Huretti

Gaetano Vestris als der Prinz in Ninette à la Cour

Grund dafür eigentlich nur der sein, daß ihr Bruder und ihr Neffe die beiden berühmtesten Tänzer des achtzehnten und neunzehnten Jahrhunderts waren: Gaetano Vestris und sein Sohn Auguste.

Sie gehörten einer der großen Tänzerfamilien an und waren Italiener aus Florenz. Ich kann mir denken, daß Gaetano, ein großer, blendend aussehender Ausländer, der überdies noch sehr talentiert war, an der Pariser Oper mit Neid und Mißgunst empfangen wurde. Er dachte wohl, Angriff sei die beste Verteidigung. Jedenfalls entwickelte er ein überaus robustes Selbstbewußtsein, das zusammen mit seiner persönlichen Anziehungskraft Paris in Entzücken versetzte. Er durfte sich sehr viel herausnehmen, und seine Sprüche waren bald ebenso berühmt wie seine Tanzkunst. Wahrscheinlich dienten diese Sentenzen

Auguste Vestris als Colas in La Fille Mal Gardée

absichtlich dazu, als außergewöhnlich eingebildeter Mensch zu erscheinen und diesen Ruf noch zu festigen. Seine beste Bemerkung betraf das außerordentliche Talent seines Sohnes: «Der Grund, warum er ein größerer Tänzer ist als ich, ist ganz einfach. Er hat schließlich einen Gaetano Vestris zum Vater. Diese Gabe hat mir die Natur versagt.»
Auguste übernahm seines Vaters Reputation, und dies sicher zu Recht. Zum einen hatte er gesehen, wie das eitle Gehabe die Karriere seines Vaters förderte, und zum anderen hatte er schlechtere Voraussetzungen, da er der uneheliche Sohn der Tänzerin Marie Allard war. Diese verteilte ihre Gunst derart freigebig, daß sich Jean Dauberval während des ersten Bühnenerfolges des jungen Vestris hinter den Kulissen den Scherz erlauben konnte: «Nur fünfzehn Minuten fehlten – und ich wäre der Vater dieses großartigen Talents geworden.»

Gaetano Vestris in Médée et Jason

Augustes Abstammung mütterlicherseits war allgemein bekannt; man nannte ihn deshalb eine Zeitlang sogar Vestrallard. Der arme Junge mußte also einerseits dem Ruhm seines Vaters gerecht werden und andererseits den schlechten Ruf seiner Mutter vergessen machen. Er schaffte beides mit Bravour.

Während Gaetanos Laufbahn kamen die schweren Perücken und Masken endlich außer Gebrauch. Es begann damit, daß Gaetano eines Abends infolge einer Erkrankung nicht auftreten konnte. Der Tänzer, der ihn ersetzen sollte, stellte jedoch die Bedingung, ohne die obligate Maske vor das Publikum treten zu dürfen, damit man ihn erkenne. Der junge Vestris und seine Generation waren die Nutznießer dieses Bruchs einer Konvention, die fast hundert Jahre gedauert hatte. Auch Auguste tanzte nun in leichter Kleidung mit einer kleinen Perücke. Er konnte sich drehen, bis niemand mehr wußte, wie oft, und er konnte wie von einer gespannten Feder in die Höhe schnellen. Daß er klein war und X-Beine hatte, war unwichtig, und es machte auch nichts aus, daß er den graziösen Stil seines Vaters nicht beherrschte. Wer ihn sah, staunte vielmehr darüber, daß Schwindelgefühle und Schwerkraft auf ihn keine Wirkung zu haben schienen. Er tanzte mit einer Virtuosität, die niemand für möglich gehalten hätte, und Paris erklärte ihn zum absoluten Gott des Tanzes. Er leitete eine Ära ein, die mit der unseren vergleichbar ist. Auch Nurejew und Barischnikow setzten Maßstäbe, die vor zwanzig Jahren niemand vorauszusehen ver-

Die Inspiration zu Daubervals La Fille Mal Gardée

Cupid out of his Humour, *ein mythologisches Ballett, Hoftheater Drottningholm*

mochte, mit dem Unterschied freilich, daß wir heute Raffinement und Virtuosität in einer Person vereint sehen, also gleichsam eine Verschmelzung der beiden Vestris.

Auguste lebte von 1760 bis 1842. Er war Zeuge der Entwicklung von Dupré in seiner riesigen Perücke bis zu Marie Taglionis Spitzentanz. Alles was nach Auguste Vestris kam, gehört zum Ballett, wie wir es kennen, und alles was vor ihm war, gehört der Welt der Prunksucht, der Verschwendung und der Künstlichkeit an – dem Europa vor der Französischen Revolution. Will man sich ein Bild von dem Leben in der damaligen Zeit machen, oder zumindest von den angenehmeren Seiten dieses Lebens, dann gibt es hierfür wohl keinen geeigneteren Ort als das kleine Königliche Theater im schwedischen Drottningholm. Die Geschichte dieses bezaubernden Rokokotheaters, das man neben dem Königsschloß in einer stillen Parklandschaft findet, ist ebenso wundervoll wie unglaublich.

Als König Gustav III. im Jahre 1792 auf einem Maskenball in Stockholm ermordet wurde, schloß man das Theater nach kaum dreißigjährigem Bestehen. Irgendwie blieb es über hundert Jahre vergessen, obwohl es sich schwer vorstellen läßt, wie ein ganzes Gebäude einfach in Vergessenheit geraten kann. 1921 wurde es wiederentdeckt. Alles war von einer dicken Staubschicht überzogen und von Spinnweben eingehüllt, denn seit dem Ende des achtzehnten Jahrhunderts hatte es kein Mensch mehr betreten. Man sieht heute noch die alten Kerzenhalter für die Bühnenbeleuchtung, die Maschinerie für die Szenenwechsel, die Bühnenbretter und die Plattformen, auf denen die Akteure aus den aufgemalten Wolken vom Himmel herabschwebten. All dies ist in seiner ursprünglichen Form und Beschaffen-

Jean Dauberval und Marie Allard in Sylvia *(Silvie), um 1767*

heit erhalten geblieben. Den größten Schatz aber stellen wohl die dreißig vollständig erhaltenen Bühnenbilder dar.
Das Theater ist eher klein, doch wirkt es dank seiner Proportionen erstaunlich geräumig. Es verströmt eine anheimelnde Atmosphäre von Behaglichkeit und Wärme. Man kann sich gut vorstellen, wie sich seinerzeit eine Gruppe von Schauspielern, vielleicht aus Frankreich, beim ersten Frühlingserwachen nach dem Norden aufmachte. Unterwegs gastierten sie von Zeit zu Zeit bei privaten Gönnern oder in öffentlichen Theatern, bis sie schließlich Schweden erreichten. Da war der König mit seinem Hofstaat aber bereits in die Sommerresidenz umgezogen. Und weil die Schauspieler, die mit Kindern, Kostümen, Requisiten und Gepäck ankamen, für die ganze Saison engagiert wurden, ließ man sie im Theater von Drottningholm wohnen. Über den gemütlichen Garderoben gibt es tatsächlich freundliche Wohnungen, von denen aus man über den sonnendurchfluteten Park mit seinen Bäumen und Teichen sehen kann. Das Geld war allerdings knapp geworden, als das Theater gebaut wurde, und deshalb hatte man die Wände nicht mit teurer Seide und kostspieligem Tuch bekleidet. So sind nun alle Räume immer noch mit den handgemalten Tapeten aus dem achtzehnten Jahrhundert ausgestattet.
Für die Kinder, die in dieser Umgebung aufwuchsen, in dieser betriebsamen, sich selbst genügenden kleinen Welt aus Schauspielerei, Akrobatik, Tanz und Musik, muß es ein herrliches und glückliches Leben gewesen sein. Vielleicht strich ihnen hin und wieder sogar der König selbst freundlich über das Haar, wenn er mit der Theatergruppe im Marmorfoyer frühstückte, das eigens zu diesem Zweck errichtet worden war.

Der Tanzmeister, 1745

Gustav III. war ein großer Theaterliebhaber und -gönner und förderte viele schwedische Künstler. Er war es, der den jungen Charles-Louis Didelot nach Paris zur Ausbildung schickte, nachdem er ihm an einem Maskenball wegen seiner brillanten Imitation eines drolligen Tiers aufgefallen war. Zu Didelots Lehrern gehörte auch Jean Dauberval, der mit achtzehn beinahe der Vater von Auguste Vestris geworden wäre. Heute kennt man ihn vor allem noch wegen seines Balletts *La Fille Mal Gardée* (Vergebliche Vorsicht oder Die schlecht behütete Tochter), wenn wir auch seine Version, die im Dunkel der Zeiten verloren ging, nicht mehr sehen können. Die Uraufführung fand 1789 im Grand-Théâtre von Bordeaux statt, am Vorabend der Französischen Revolution. Als Sohn eines Schauspielers sah Dauberval das Ballett in einem weiteren Rahmen der Bühnenkunst als die einseitig tanz-orientierten Choreographen, und er liebte Geschichten mit historischem Hintergrund oder sehr menschlichen Leuten.

In *La Fille Mal Gardée* hat die Witwe eines wohlhabenden Bauern ihre Tochter Lise dem Sohn eines reichen Landbesitzers versprochen. Es stellt sich indes heraus, daß der junge Alain ein rechter Einfaltspinsel ist. Lise will daher Colas, einen jungen Nachbarn, heiraten. Sie liebt ihn, aber die Mutter ist fest entschlossen, die beiden auseinanderzuhalten. Mit diesen Hauptpersonen schuf Dauberval ein erfrischend humorvolles und rührendes Ballettstück, das auch heute noch von allen Tänzern sehr geschätzt wird und jedem Theaterbesucher etwas zu bieten hat.

Didelot tanzte es und brachte es in Rußland heraus, Salvatore Viganò inszenierte es in Wien und Venedig, Auguste Vestris tanzte es in London, als er fünfundfünfzig war, Filippo Taglioni tanzte es ebenfalls und fügte für Marie einen Pas de trois hinzu. Fanny Elßler glänzte in der Rolle des Mädchens, Virginia Zucchi noch mehr, während Tamara Karsawina bezaubernd und Anna Pawlowa hinreißend war.

Dauberval war einer der großen Choreographen seiner Zeit und dazu ein sehr guter Tänzer. Er war groß, gut aussehend, strotzte vor Vitalität und hatte ein extravertiertes, herzliches Wesen. Gegenüber jenen, die sich ihm widersetzten, bewies er jedoch wenig Geduld. Er hatte immer wieder Meinungsverschiedenheiten mit seinen Intendanten, und er wußte genau, wann er im Recht war. Hätte er sich einen Choreographen aus unserem Jahrhundert zur Neuinszenierung seines größten Balletts aussuchen dürfen, wäre seine Wahl gewiß auf Frederick Ashton gefallen. Dessen Version, die 1960 erstmals aufgeführt wurde, hätte ihn sicher entzückt, stellt sie doch ein glänzendes Meisterwerk von höchster Vollkommenheit dar.

Von all den vitalen und energischen Persönlichkeiten, die lebend, liebend und zankend die Französische Revolution überstanden, scheint Dauberval den wichtigen Ereignissen außerhalb der Bühnenwelt am meisten Bedeutung zugemessen zu haben. Es gab ja nicht wenige, die sich ihrer veränderten Umwelt nicht anpassen konnten oder es auch gar nicht wollten. Sie lebten weiter in der guten alten Zeit, so wie auch der Tanzmeister Abraham:

> *Erfüllt von der Bedeutung seiner Kunst und seinen geheiligten Erinnerungen an den französischen Hof vor der Revolution, stolz darauf, der schönen Marie Antoinette, von der er verbindlichst einige österreichische Ungeschicklichkeiten während seiner ersten Unterrichtsstunden zu berichten wußte, französische Art beigebracht zu haben, und noch stolzer darauf, als einziger das Menuett in seiner korrekten Ausführung und mit den abgestuften Pliés de révérence bewahrt zu haben, hielt M. Abraham sehr auf sich. Die Häuser seiner adligen Schüler besuchte er nur mit der Kutsche und in vollem Ornat. Wenn er einen Raum betrat oder verließ, sich setzte oder erhob, sprach, schalt, hustete oder sich schneuzte, tat er dies auf höchst zeremoniöse Weise. An den Fingern, mit*

denen er den Bogen seiner kleinen Geige führte, steckten riesige Diamanten, die er nach seinen Worten sämtlich von Königinnen oder Kronprinzessinnen erhalten hatte. Von seiner eisgrauen Perücke bis zu den vergoldeten Schnallen seiner Tanzschuhe, von seinem feinen Spitzenjabot bis zu den schwarzen Seidenstrümpfen, die fest über seine falschen Waden gezogen waren, war alles an ihm auf hoheitsvolles Auftreten ausgerichtet. Seine Schritte, die er in Gegenwart der Eltern vorführte – die Anwesenheit eines Schülers allein wär ihm niemals die Mühe wert gewesen –, waren von vollendeter Präzision und Leichtigkeit.

Monsieur Abraham, der immer noch an seinen altmodischen Kniehosen, wattierten Waden und vergoldeten Schuhschnallen festhielt, blieb als einer der letzten mit mythologischen Theateraufführungen und damit auch mit den Ursprüngen des Balletts verbunden, das ohne die Phantasie eines reichen und weisen Königs sonst vielleicht niemals entstanden wäre.

In unseren Tagen mit ihrem Mangel an Königen und Förderung der, ach, so teuren Künste ist staatliche Hilfe vonnöten. Bemerkenswert ist freilich, daß viele der Ereignisse in diesem Jahrhundert, die dem Tanz zu seiner herausragenden Stellung verholfen haben, von staatlicher Seite nicht das geringste Interesse fanden, geschweige denn finanzielle Unterstützung, zumindest solange nicht, bis sie sich allgemein durchgesetzt hatten. Man könnte hier Anna Pawlowa, Isadora Duncan und Dutzende anderer Interpreten und Interpretinnen nennen; Diaghilew und einen schwedischen Ableger namens Les Ballets Suédois; das deutsche Ballett unter der Führung von Kurt Jooß; die Briten; nach dem Kriege die Franzosen, Amerikaner, Australier, Japaner und viele andere – sie alle mußten sich den Weg zum Erfolg ohne fremde Hilfe bahnen. Eine staatliche amerikanische Opern- und Ballettbühne gibt es bis heute nicht, und doch ist New York heute das Mekka der Tänzer. Eine Tatsache, die zu denken gibt.
Mit einer Kombination von staatlichen und privaten Geldgebern ist es dem amerikanischen Tanz gelungen, künstlerische Fortschritte zu machen und sich besser zu entwickeln als die reinen Staatsballette. Aus irgendeinem Grund scheint es unmöglich, die schöpferischsten Talente mit den revolutionärsten Ideen in festen Institutionen zur Entfaltung zu bringen. Diaghilew hätte seine Wunder niemals am Kaiserlichen Theater in St. Petersburg oder an der Pariser Oper vollbringen können, weil solche Institutionen immer die Tendenz zeigen, in starre Routine zu verfallen.
Aufgeschlossene Kunstmäzene sind ideal, doch scheint es sie heute nicht mehr zu geben. Trotzdem waren es zwei Einzelpersonen, denen es mit unbeirrbarer Zielstrebigkeit gelang, das amerikanische Ballett auf den gegenwärtigen hohen Stand zu bringen. Die erste ist Lucia Chase, eine ehemalige Tänzerin, die sich und einen großen Teil ihres Vermögens dem Ziel widmete, das American Ballet Theatre aufzubauen und zum «nationalsten» der amerikanischen Ballette zu machen. Es ist mit seinem umfassenden Repertoire in Charakter und Leistung einem europäischen nationalen Ballett sehr ähnlich.
Die zweite dieser beiden Persönlichkeiten ist Lincoln Kirstein, der wie Diaghilew weder Tänzer noch Musiker oder Maler ist. Als er in den frühen dreißiger Jahren seine Liebe zum Ballett entdeckte, war sein Reichtum verhältnismäßig bescheiden. In Europa fand er George Balanchine, ein großartiges Talent, das nach Diaghilews Tod etwas verwaist war. Den Vorhersagen der Ärzte, die Balanchine nur noch drei Jahre gaben, schenkte Kirstein keine Beachtung; er war vielmehr der Meinung, Balanchine habe für das Ballett in Amerika eine Mission zu erfüllen. Der junge Choreograph mit der anfälligen Gesundheit

ist inzwischen fünfundsiebzig Jahre alt geworden und leitet – noch immer agil und schaffensfreudig – das New York City Ballet, dessen Graue Eminenz der weitsichtige Kirstein ist. All die Jahre durch förderte er Balanchines bemerkenswerte Kreativität und ließ ihm völlige künstlerische Freiheit, so daß dieser auf seine Art einen neuen klassischen Tanzstil prägen konnte, der sein russisches Erbe mit dem athletischen Schwung der kühlen amerikanischen Jugend vereint. So schafft man neue Traditionen.

Es wäre widersinnig, so viel über den Tanz zu schreiben und dabei die Musik zu vergessen. Beides ist ja miteinander verwoben, und ein Ballett, das erfolgreich sein will, muß von einer Musik begleitet werden, die zumindest dem Thema und der Zeit seiner Aufführung angemessen ist. Bei Hoffestlichkeiten war dies jeweils der Fall, da immer ein Musikstück zur Aufführung kam, das speziell für diesen Anlaß beim besten verfügbaren Komponisten in Auftrag gegeben wurde. Bei einer besonders wichtigen Feierlichkeit, die Balthasar de Beaujoyeux 1573 inszenierte, traten in einer Szene sechzehn Damen des Hofes auf, die zum Klang von dreißig Geigen eine Reihe schwieriger Figuren tanzten. Es muß wirklich sehr hübsch ausgesehen haben.

Da Ballettmeister auch Musiker und Dichter waren, und umgekehrt Königliche Hoheiten auch Tänzer, wenn nicht gar Choreographen und Komponisten, gab es zwischen den Künsten keine scharfe Trennung und somit auch keine Rangstreitigkeiten. Ein neues Ballett entstand damals stets mit Hilfe musikalischer Inspiration. Und weil der Hofkomponist Ludwigs XIV., Jean-Baptiste Lully, ein geübter Tänzer war, ging unter seiner Leitung alles ganz ausgezeichnet, bis er zu alt wurde, um mit der Zeit Schritt zu halten. Bei den

Jean-Baptiste Lully

Jean-Philippe Rameau

Berufstänzern begannen nun schlechte Gewohnheiten um sich zu greifen. Sie verlangten beispielsweise, daß ihre Lieblingsstücke in andere Werke eingebaut wurden, ob dies musikalisch paßte oder nicht. Auch die Ballettmeister neigten immer mehr dem Glauben zu, die Musik sei lediglich für ihre Schritte geschaffen. Es wurde immer schlimmer, so daß Noverre gegen Ende des achtzehnten Jahrhunderts befand, das Ballett in der Oper sei ein «Affentheater».
Es gab jedoch rühmliche Ausnahmen. Der 1683 geborene Jean-Philippe Rameau schrieb viele gute Ballettopern; er beherrschte dieses Genre perfekt. Händel schrieb 1734 zu *Pastor fido* speziell einen Terpsichore-Prolog für Marie Sallé und komponierte für sie drei weitere Opern, die sich stark auf das Ballett ausrichteten, nämlich *Oreste, Ariodante* und *Alcina.* Gluck komponierte um 1760 in Wien für den italienischen Choreographen Gasparo Angiolini ebenfalls mehrere ballettorientierte Opern, so *Alkestis, Orpheus und Eurydike* und *Iphigenie in Aulis.* Beethoven schrieb zwei Ballettwerke, das *Ritterballett* und *Die Geschöpfe des Prometheus.* Letzteres wurde 1801 nach der Choreographie von Salvatore Viganò in Wien uraufgeführt. Sowohl der Neapolitaner Viganò als auch der Florentiner Angiolini waren Söhne von Tänzern und komponierten selbst (Viganò war ein Neffe von Luigi Boccherini). 1778 schrieb Mozart für Noverre in Paris *Les Petits Riens.*

Während des neunzehnten Jahrhunderts gingen auch die besten Ballettmeister keinerlei musikalische Wagnisse ein. Sie waren fest davon überzeugt, daß nur die simpelsten Rhythmen und die unkompliziertesten Stücke tanzbar waren, und diese wurden meist von einem am Theater angestellten Hauskomponisten geliefert, der auch Mitglied des Orchesters sein konnte. Ferdinand Herold etwa komponierte eine Anzahl von Ballettstücken,

Léo Delibes

während er Repetitor an der Pariser Opéra war. In dieser Funktion brachte er 1827 unter anderem eine neue Musik-Bearbeitung von *La Fille Mal Gardée* heraus und ein frühes, vergessenes *Dornröschen.*

Der erfolgreichste und zweifellos fruchtbarste Hauskomponist war der Italiener Cesare Pugni, von dem dreihundertzwölf Ballette stammen, die sämtlich – jedenfalls nach den erhaltenen und vermutlich besten Stücken zu urteilen – von der harmlos-gefälligen Machart waren. Er schrieb ausschließlich für das Ballett, während die besseren Komponisten, sofern nicht in ihren Opern Tanznummern gefordert wurden, wenig Interesse zeigten. In Paris mußte der letzte Akt jeder Oper vertragsgemäß immer mit einem Ballett beginnen. Diese Tradition war von Dr. Louis Véron begründet worden, jenem Direktor, der Marie Taglioni und Fanny Elßler gegeneinander ausspielte. Er ließ auch das hinter den Kulissen gelegene Foyer de la Danse für ausgewählte Kartenbesitzer öffnen, damit sie dort während der Pausen mit den Mädchen schäkern konnten. In der Pariser Gesellschaft wurde es zu einer Prestigefrage ersten Ranges, im Foyer gesehen zu werden und seine Mätresse möglichst unter den Tänzerinnen auszuwählen. So machte Dr. Véron sein Theater zu einem Zentrum, das Musik- und Ballettfreunde ebenso anzog wie solche, die davon gar nichts verstanden. Für einen großen Teil an guter Opern-Ballettmusik haben wir ihm zu danken, unter anderem auch für einige Stücke, die Verdi und Rossini eigens für die Pariser Aufführungen einbauten.

Ein späterer Operndirektor, der mit Macht eine moralische Erneuerung anstrebte, schaffte den Zugang zum Foyer de la Danse wieder ab und versuchte, die Geschlechter hinter der Bühne zu trennen, indem er getrennte Treppen einbauen ließ – weiß der Himmel, welche

Peter Iljitsch Tschaikowsky

neckischen Spielchen er auf der Treppe befürchtete. Unter seiner Leitung hätte das Theater fast Konkurs gemacht; er wurde also eiligst ersetzt, das Foyer wurde wieder geöffnet, und alles florierte bald wieder wie früher.

Das Verhältnis zwischen Choreograph und Musiker läßt sich am Beispiel Tschaikowskys, des größten Ballettkomponisten, besonders gut darstellen. Im Jahre 1875 beauftragte ihn der Direktor des Bolschoi-Theaters in Moskau, für ein Entgelt von umgerechnet zweitausend Mark ein abendfüllendes Ballett mit dem Titel *Schwanensee* zu schreiben. Tschaikowsky konnte das Geld gut gebrauchen, weil er wegen seiner Großzügigkeit immer in finanziellen Schwierigkeiten steckte, und so nahm er sofort an. Dieser Zweig der Bühnenmusik hatte ihn schon immer gereizt, obwohl er sicher war, daß er Léo Delibes' *Coppelia* aus dem Jahre 1870 nie erreichen würde.

Schwanensee wurde im gleichen Jahr 1877 in Moskau uraufgeführt wie Delibes' nächstes Ballett, *Sylvia oder Dianas Nymphe* (Sylvia ou La Nymphe de Diane), und Tschaikowsky schrieb: «Im Vergleich dazu ist *Schwanensee* dürftig.» Was für eine Idee! Es ist die schönste, befriedigendste und dauerhafteste Musik, die je für ein abendfüllendes Ballett geschrieben wurde. Dennoch fand Julius Reisinger, der unfähige Choreograph dieser erfolglosen Aufführung, einige Passagen so schwierig, daß er sie durch populäre Anleihen aus anderen Werken ersetzte. Dies entsprach der damals üblichen Praxis und störte niemanden, weil es sehr oft vorkam, daß sich zwei oder drei Komponisten in die Verantwortung für ein neues Ballett teilten. Natürlich mokierten sich ernsthafte Musiker über solche Partituren, und als Tschaikowskys Vierte Symphonie fertiggestellt war, beklagte sich ein ehemaliger Schüler, dessen Urteil er schätzte, darüber, daß viele Phrasen «wie Ballettmusik» klängen und ihm die Freude an den anderen Teilen verdürben. Tschaikowsky antwortete ihm:

> *Ich weiß nicht, was Du unter Ballettmusik verstehst oder was Du gegen diese Musik hast. Ist für Dich jede Melodie in einem lebhaften Tanzrhythmus «Ballettmusik»? Wenn dem so ist, wie kannst Du dann die meisten von Beethovens Symphonien akzeptieren, bei denen Du auf jeder Seite solche Melodien findest? Oder willst Du sagen, das Trio in meinem Scherzo sei im Stil eines Minkus, Gerber oder Pugni geschrieben? Ich glaube nicht, daß es solche Kritik verdient. Auch kann ich nicht verstehen, weshalb man «Ballettmusik» als einen Ausdruck der Verachtung verwenden sollte. Die Musik des Balletts ist nicht unabänderlich schlecht, und es gibt gute Arbeiten in diesem Genre – ich nenne nur Delibes'* Sylvia. *Und wenn die Musik gut ist, was macht es aus, ob die Sobeschtschanskaja dazu tanzt oder eine andere? Ich kann mir nur denken, daß Dir gewisse Teile meiner Symphonie nicht gefallen, weil sie an das Ballett erinnern, und nicht weil sie an sich schlecht wären.*

Für *Dornröschen* beauftragte Iwan Wsewolochki, der Direktor des Marynski-Theaters in St. Petersburg, Marius Petipa mit der Choreographie. Petipa gab Tschaikowsky wie auch allen anderen Komponisten genaue Anweisungen über die Art der Musik, die er wünschte, und die Länge der Stücke. Das war zwölf Jahre, nachdem *Schwanensee* in Moskau durchgefallen war, wofür Tschaikowsky, völlig zu Unrecht, seiner Musik die Schuld gab. Bei seiner zweiten Ballettmusik wollte er alles besser machen. Bevor er mit dem dritten Akt begann, machte er sich die Mühe, die Partitur von Adolphe Adams *Giselle* sorgfältig zu studieren. Welch höhere Anerkennung könnte eine Ballettpartitur finden? Und wen könnte es da überraschen, daß *Giselle* nun schon seit über hundertvierzig Jahren in der Gunst des Publikums ganz oben steht? Tschaikowsky hatte verstanden, wie sehr diese Musik ihrem Zweck angemessen war.

Als Petipa *Dornröschen* choreographierte, fand er es nicht ganz einfach. Er war an die Ballettmusik von Ludwig Minkus gewöhnt, der in St. Petersburg viele Jahre als Hauskomponist amtierte und dessen bekanntestes Werk heute *Don Quixote* ist. Obwohl Tschaikowskys Musik gemäß Auftrag komponiert worden war, wirkte sie völlig anders; er war Symphoniker und hatte sein Ballett als abgeschlossenes Ganzes konzipiert, was zu der sonst üblichen Aneinanderreihung von Episoden im Gegensatz stand. Seine Orchestrierung ermöglichte völlig neuartige Effekte, und wie er einem Freund erklärte, hoffte er, sie wären «interessant und nützlich».

Nicht nur Petipa und seine Tänzer wurden durch diese neue Ballettmusik auf eine harte Probe gestellt, sondern auch das Publikum, und Tschaikowsky vermerkte in seinem Tagebuch, daß Zar Alexander III. nichts weiter sagte als: «‹Sehr nett.› Seine Majestät behandelte mich überaus kühl. Gott schütze ihn.» Heute läßt es sich kaum mehr verstehen, daß die Neuartigkeit dieser Musik die Zuhörer verunsichern konnte. Sie ist so klar und ausdrucksvoll, daß die Handlung in jedem Punkt deutlich hervortritt; jede Gefühlsregung ist vorgezeichnet, um in dem Geist getanzt zu werden, in dem sie komponiert wurde – der Tänzer braucht dabei nur auf sein Inneres zu hören.

Man spürt, daß Tschaikowsky das Wesen des Tanzes durch und durch verstanden hat. Es spielte überhaupt keine Rolle, daß ihm die einzelnen Schritte unbekannt waren, denn er befand sich mit den Rhythmen und Emotionen des Tanzes ganz in Übereinstimmung. Ich glaube, diese rührte davon her, daß seine Gefühlswelt dem Wesen des Tanzes entsprach. Er war so angespannt, kompliziert, selbstkritisch, schüchtern, ungeduldig und ängstlich, daß eine kurze, rasche Variation für einen Tänzer auch als getreuer Ausdruck seiner eigenen Nervosität gelten konnte; beides schwang im gleichen Zeitmaß. Seine leidenschaftliche Liebe zur russischen Landschaft, nach der er sich im Ausland jeweilen schmerzlich sehnte, läßt sich auch aus seinen langen melodischen Passagen erspüren, in denen das Heimweh mitklingt, während die ruhigen Walzer seine Freude an friedlichen Sommertagen in der voll erblühten Natur widerspiegeln. Die Qualen seines Seelenlebens kommen dagegen in düsteren, dramatischen Passagen zum Ausdruck. Wer einer Aufführung seiner Werke beiwohnt, erlebt gewissermaßen die Höhen und Tiefen seines Lebens. Er hatte eine wahrhaft russische Seele.

Die Musik spricht angeblich nur einen der fünf Sinne an, aber könnte es nicht noch einen sechsten Sinn geben, der eine körperliche Reaktion auslöst? Musik wäre in diesem Falle dann nicht einfach nur «hörbar», sondern auch «tanzbar». Es läßt sich jedenfalls nicht bestreiten, daß Tschaikowskys Balletten eben diese Eigenschaft in höchstem Maße zukommt.

Mit Tschaikowsky begann das Ballett als Bühnenkunst wieder Fuß zu fassen. Die Entwicklung wurde von russischer Hand fortgeführt; es kamen Alexander Glasunows *Raymonda* und *Die Jahreszeiten* (Les Saisons), dann Igor Strawinskys großartige Werke *Der Feuervogel, Petruschka* und *Le Sacre du Printemps.* Erst mit diesen Werken gelang es den Choreographen, genauer gesagt Fokin und Nijinsky, alle Zwänge der orthodoxen Schritte abzustreifen und musikalisches Neuland zu betreten. Für sie und die Tänzer war es so schwierig wie die Durchquerung eines dichten Waldes ohne Kompaß. Ein sehr wichtiger Aspekt von Diaghilews Revolution war der, daß er das Ballett aus der musikalischen Stagnation herausriß. Weniger gut war, daß er einaktige Ballettstücke so überbetonte, daß Zwei- oder Dreiakter bald als hoffnungslos altmodisch erschienen. Jetzt, da sie wieder in der Gunst des Publikums stehen, scheinen sich nur wenige Komponisten dafür begeistern zu können. Dank Rußland haben wir Prokofieffs *Romeo und Julia* und *Aschenbrödel* (Cendrillon), und es gibt noch weitere sowjetische Werke, jedoch von geringerem Rang.

Leider schrieb Strawinsky nie ein großes Ballett. In Europa wurden vereinzelt bedeutende Partituren für abendfüllende Ballette in Auftrag gegeben, aber meist sind es die kleineren Truppen und Modern-Dance-Gruppen, die sich mit zeitgenössischer Musik befassen.
Es bereitet heute große Schwierigkeiten, Komponisten zu finden, die fähig und willens sind, gute Ballettmusik zu schreiben. Das ist bedauerlich, denn sich zu sehr auf Konzertpartituren zu beschränken, halte ich für gefährlich. Wenn man sich daran erinnert, wie das Ballett bei seiner Entstehung Hand in Hand mit der Musik ging, wäre es tragisch, wenn sich die beiden wieder voneinander lösen sollten – tragisch jedenfalls für das Ballett. Aber genau das ist der Fall.

Traditioneller Tanz

Als im Jahre 1681 die ersten Tänzerinnen an der Pariser Oper erschienen, eröffnete ein Mr. Dick Sadler fast zur gleichen Zeit in der grünen Landschaft nördlich von London ein bescheidenes «Musick House» und unterhielt dort Besucher aus der näheren Umgebung mit Musik und Liedern. Eines Tages stießen Arbeiter in seinem Garten bei Erdarbeiten auf einige abgedeckte antike Brunnen. Aus dieser kleinen Entdeckung entstand der Name Sadler's Wells, der fast dreihundert Jahre lang mit dem Theaterbetrieb an eben dieser Stelle verbunden geblieben ist.

Das Brunnenwasser war reich an Mineralen, die ihm einen besonderen Geschmack verliehen. Als bedeutende Ärzte dieses Wasser als Heilmittel für alles und jedes, vom Skorbut bis zum «Jungfernfieber» (was immer das sein mochte), zu empfehlen begannen, strömten die Menschen plötzlich in hellen Scharen in Kutschen, zu Pferde und zu Fuß zu Sadler's Wells. Man empfahl ihnen, das Wasser am frühen Morgen und in regelmäßigen Abständen tagsüber zu trinken und sich dazwischen etwas Bewegung zu verschaffen. Das Geschäft blühte, und Mr. Sadler konnte bald einen hübschen Park anlegen, in dem die Besucher längs des Flusses spazierengehen konnten, der an sein Grundstück grenzte. Er baute auch einen größeren Aufführungssaal.

Nach einer Weile kam das Wasser wie alle Wundermittel aus der Mode, und Mr. Sadler nahm seine frühere Tätigkeit wieder auf, die darin bestand, während der Sommermonate möglichst viele Menschen aus der überfüllten Stadt an die frische Luft zu locken und sie mit leichter Unterhaltung zu vergnügen. Die Jahre vergingen, und mit dem Kommen und Gehen der verschiedenen Besitzer, dem üblichen Auf und Ab des Bühnenlebens wurden auch sehr unterschiedliche Arten von Unterhaltung angeboten. Eine Zeitlang brachten Sauf- und Dirnenlieder eine recht krude Klientel ins Haus, und manchmal gab es sogar so bizarre Auftritte wie den des «Irischen Kannibalen», der lebende Hühner ohne Messer und Gabel verzehrte und das Ganze mit einem halben Liter Schnaps hinunterspülte.

Als ein richtiges Theater gebaut wurde, schufen erstklassige Pantomimenaufführungen und Schauspiele wieder eine erheblich bessere Atmosphäre. Ernste Dramen kamen nicht in Frage, weil nur zwei Londoner Theater die hierfür erforderlichen Rechte und Lizenzen besaßen. Deren Monopol zwang die übrigen Theaterleitungen, auf andere Formen der Bühnenkunst auszuweichen: auf die Pantomime, die Spaßmacherei, Liedvorträge, verblüffende Verwandlungsszenen und Ähnliches.

Eine der vielen Attraktionen, die Sadler's Wells berühmt machten, war ein Wasserbassin von einem Meter Tiefe, das zur höchst realistischen Darstellung großer Seeschlachten in die Bühne eingelassen war. Ein australischer Besitzer des Theaters brachte einige Neuheiten aus Melbourne mit, wozu auch ein aus lauter kleinen Spiegeln gefertigter Bühnenvor-

Gegenüber: Frederick Ashton als Pierrot in Karneval *(Le Carnaval), 1935*

Sadler's Wells Theatre, 1792

hang gehörte. Während der Zeit des Niedergangs diente das Wells als Boxarena und verkam immer mehr, bis es 1931 in seiner heutigen Form neu errichtet wurde.

Von all denen, die Lachen und Tränen in das alte Sadler's Wells brachten, war der große und der am meisten die Phantasie beflügelnde Künstler Joseph Grimaldi. Man kannte ihn als Clown, doch war er viel, viel mehr: ein Tänzer, ein Mime, ein Akrobat und ein komisches Genie. Er führte in England die Entwicklung der Commedia dell'arte fort, der Stegreifkomödie also mit Harlekin, Columbine, Pantalon und andern. Von seiner Kunst profitierten alle späteren Clowns bis hin zu Little Tich – den Nijinsky so sehr bewunderte – und Charlie Chaplin, nicht zuletzt auch Laurel und Hardy. Grimaldis Gesicht und sein schlangenhaft biegsamer Körper waren ein Wunder an Ausdrucksfähigkeit und vermochten alles Spaßige, Mutwillige, Fröhliche oder Pathetische im menschlichen Charakter zur Schau zu stellen. Seine Phantasie brachte immer neue Tricks hervor, und seine Lustigkeit war ungeheuer ansteckend. Wenn er aber eine unglücklich verliebte Auster bemitleidete, war das ganze Haus in Tränen.

Grimaldi hatte einen Körper «ohne Knochen und ohne Schwerpunkt», und das war kein Wunder, denn die Eltern waren beide Tänzer. Sein italienischer Vater, der zweiundsechzig Lenze zählte, als Joe geboren wurde, war 1750 als Leibzahnarzt der Königin nach England gekommen. Sein Nebenberuf als Tänzer bereitete ihm aber soviel Spaß, daß er das

Joseph Grimaldi

grimmige Handwerk eines Zahnreißers bald zugunsten der Londoner Bühne aufgab und sich bis zum Ende seines Lebens seiner Tätigkeit als Ballettmeister am Drury Lane-Theater widmete. Seine Kraft und seine spektakulären Sprünge brachten ihm den Spitznamen «Iron-Legs» (Eisenbein) ein.

Wer so alt noch Vater wird, neigt gern dazu, seinen Sprößling zu verziehen. Nicht so Eisenbein. Er verabreichte seinem Sohn im Gegenteil häufig eine tüchtige Tracht Prügel, um ihm seinen Übermut auszutreiben. Joe aber blieb davon unbeeindruckt und war während seiner ganzen Karriere, die vierundvierzig Jahre dauerte, die Verkörperung überschäumender Lebenslust. Seine Laufbahn begann 1784 im Sadler's Wells, als er drei Jahre alt war. Der immer noch kraftvolle und aktive Vater spielte dort in der Sommersaison, und er nahm seinen Sohn in *Robinson Crusoe* im Affenkostüm an einer Kette mit auf die Bühne. Der Erfolg war durchschlagend. Als er Joe eines Abends durch die Luft wirbelte, riß die Kette, und der Kleine flog über das Orchester hinweg in die Arme eines recht verdutzten Herrn im Parkett. Da Joe so leicht war, wurde keiner von beiden verletzt. Ein anderes Mal übersah er wegen einer schlecht angepaßten Katzenmaske eine offene Versenkung und stürzte zwölf Meter in die Tiefe, doch erlitt er außer einem Bruch des Schlüsselbeins und einigen Prellungen keine weiteren Verletzungen.

Sein Vater verschaffte ihm bald ein Simultanengagement beim Sadler's Wells und im Drury Lane. Wegen der Proben mußte er nun am Tage zwischen beiden Theatern hin und her wandern und bei Nacht vom einen zum andern rennen, um bei beiden Aufführungen auftreten zu können. Eine allein hätte schon ausgereicht, einen gesunden Menschen zu erschöpfen, aber er behielt dieses Arbeitstempo bei und steigerte es in reiferen Jahren sogar

Grimaldi bei seinem Debüt und bei seiner Abschiedsvorstellung

noch. Es war für ihn nichts Außergewöhnliches, während einer einzigen Pantomime zwanzig Mal das Kostüm zu wechseln, und seine Energie erschlaffte nie. Mit nicht einmal fünfzig Jahren zwang ihn dieser körperliche Verschleiß jedoch zum Aufhören. Gewiß hat nie jemand eine bewegendere Abschiedsrede gehalten als er:

Meine Damen und Herren,
ich erscheine nun zum letzten Mal vor Ihnen. Ich brauche wohl nicht zu betonen, wie sehr es mich betrübt, dies aussprechen zu müssen, aber Krankheit und Erschöpfung sind über mich gekommen, so daß ich das Narrenkleid nicht mehr tragen kann. Vier Jahre ist es her, daß ich meinen letzten Sprung getan habe, meine letzte Eiermilch stibitzt und meine letzte Wurst gegessen habe. Ich kann die Freude nicht beschreiben, die ich empfand, als ich heute abend das Schellenkleid und die Kappe wieder überstreifte – das Kostüm, in dem ich mich viele Male über Ihren Applaus freuen durfte. Als ich es wieder ablegte, glaubte ich zu fühlen, daß es an mir haften wollte. Ich bin kein so reicher Mann mehr wie früher, als ich mich in Ihrer Gunst sonnen durfte und ich immer in der einen Tasche ein Huhn und in der anderen die Sauce dazu hatte. (Gelächter und Applaus aus dem Publikum) Ich danke Ihnen für Ihr Wohlwollen, das Sie heute abend hierher geführt hat, um beim vorzeitigen Abgang Ihres alten und treuen Dieners dabei zu sein. Noch sind nicht einmal achtundvierzig Jahre über mein Haupt gekommen, und schon droht mein Lebenslicht zu erlöschen. Ich kann heute schlechter auf meinen Beinen stehen als früher auf meinem Kopf und muß jetzt wohl für das büßen, was ich ein Leben

Joseph Grimaldi

Als Clown

In der Rolle des Hock

n All the World's in Paris

King Humming Top or Harlequin and The Land of Toys, *Drury Lane Theatre 1853*

The King of the Castle or Harlequin, Prince Diamond and Princess Bright Eyes, *1858*

lang an meiner Gesundheit gesündigt habe. Mein Wunsch und mein Streben, Ihre Gunst zu erlangen, hat mich zu größeren Anstrengungen getrieben, als meine Konstitution zu ertragen vermochte, und in hemmungslosem Ehrgeiz habe ich mich übernommen. Meine Damen und Herren, ich muß mich beeilen, Ihnen Lebewohl zu sagen; aber der Schmerz, den ich fühle, wird wenigstens dadurch gelindert, daß ich vor mir die Widerlegung jenes alten Sprichworts sehe, wonach Günstlinge keine Freunde haben.

Meine Damen und Herren, daß Sie und die Ihren allezeit die Segnungen einer guten Gesundheit genießen mögen, darum betet Joseph Grimaldi, und nun – leben Sie wohl, leben Sie wohl!

Während er dies sagte, saß er in einem Stuhl. Das war im Drury Lane-Theater im Juni 1828.

Außerhalb der Bühne war er ein ruhiger, einfacher, großzügiger Mensch, der durchaus den sprichwörtlichen Weltschmerz hinter der Maske des Clowns kannte. Er überlebte sein treues Weib, seinen brillanten, aber trunksüchtigen Sohn und einen jüngeren Bruder, der in der selben Nacht, als er nach vierzehn Jahren auf See zurückkehrte, spurlos verschwand. Joe war überwältigt vor Freude, den verlorengeglaubten Seefahrer wiedergefunden zu haben, doch wurde er ihm sofort wieder von Londoner Straßenbanditen entrissen, die ihn aller Wahrscheinlichkeit nach wegen seines Seemannsvermögens umbrachten.
Wenige Monate vor seinem Tod beendete Joe, der allein lebte und nicht mehr gehen konnte, sich jedoch philosophisch in sein Schicksal ergab, die Arbeiten an seinen Memoiren mit diesem kleinen Epitaph:

Life is a game we are bound to play,
The wise enjoy it, fools grow sick of it,
Losers, we find, have the stakes to pay,
That winners may laugh, for that's the trick of it.

Commedia dell'arte-Szene, um 1580

(Des Lebens Spiel sind wir verpflichtet,
Den Weisen freut's, dem Narren raubt's die Ruh',
Weil der Verlierer seinen Preis entrichtet,
Und nicht der Sieger – doch so geht es nun mal zu.)

Vielleicht wäre Grimaldi in dieser Darstellung nicht so wichtig, wenn England im achtzehnten Jahrhundert wie viele andere Länder im übrigen Europa ein staatliches oder königliches Ballett gehabt hätte. Dann hätten sich die besten Tänzer der königlichen Truppe angeschlossen, und Grimaldi wäre – wer weiß? – vielleicht ein großartiger Charaktertänzer statt eines wunderbaren Clowns geworden.

Da es eine solch dauerhafte, subventionierte Einrichtung erst nach dem Zweiten Weltkrieg gab, ist die Geschichte des Tanzes in England mit jener privater und kommerziell betriebener Unternehmen identisch. Sie mußten ein breites Publikum ansprechen oder gerieten sonst unweigerlich in Konkurs. Dem Engländer liegt die Herausforderung freilich mehr als die problemlose Situation. Eine besondere Eigenart der englischen Choreographen besteht deshalb darin, den Tanz eher dramatisch zu verstehen, und nicht als Selbstzweck. Die Elemente des Schauspielerischen und Erzählerischen sind ihnen wichtiger als die Schöpfung reiner Tanzfiguren, und demgemäß sind auch Witz und Humor nie sehr fern.

Die überlieferte Tradition des britischen Tanzes geht ebensosehr auf das Theater wie auch auf den Ballettsaal zurück; sie stammt in erster Linie von Shakespeare, Garrick und Grimaldi, doch mischten auch Perrot, Petipa und Fokin mit. Das Grimaldische Erbe ist sehr alt; es hat seine Wurzeln in der griechischen und römischen Kunst des Spiels ohne Worte. Die römischen Akteure Pylades und Bathyllus, die zur Zeit von Kaiser Augustus in den ersten Jahren des Christentums lebten, wurden Pantomimen genannt, nicht Schauspieler oder Tänzer. Sie waren so beliebt, daß ihre Anhänger sich in der Öffentlichkeit hitzig darum stritten, wer von beiden der größere Künstler sei. Auf ihrem Weg durch die Jahrhunderte verband sich diese Art der Pantomime schließlich mit der Commedia dell'arte. Die Harlekinade wurde in England ungemein populär und verschmolz mit der Zeit zu jener eigenwilligen Theaterform, die unter dem Namen Weihnachtspantomime bekannt ist. Gesang und Sprache hatten an ihr nur gelegentlich Anteil, aber kaum hatte sie beim britischen Publikum Gefallen gefunden, war der Tanz schon zum festen Bestandteil geworden und das komische Element zum absoluten Muß.

Aus diesem Grund gehören komische Tänze so selbstverständlich zum britischen Theater wie das Bühnenbild, das Rampenlicht und einige feste Figuren der Weihnachtspantomime: die Dame, die immer von einem Mann gespielt wird, der von einem Mädchen dargestellte Junge und der treue Diener Buttons. Die häßlichen Schwestern in Frederick Ashtons *Aschenbrödel* (Cinderella) oder der tölpelhafte Freier und die intrigante Mutter in seiner *Fille Mal Gardée* sind für das britische Ballett typischer als für jedes andere. Nirgends sonst gibt es zu dieser lebendigen Tradition etwas Vergleichbares, ist sie doch mit all ihren Tricks und Gesten in vielen Generationen aus einer alten Kunst erwachsen. Diese Vitalität des kommerziellen Theaters war die lebenspendende Quelle für das britische Ballett, als es – mit großer Verspätung – eine nationale Institution wurde.

Im Jahre 1758 bemerkte ein Kritiker in einer Besprechung von Grimaldis erstem Londoner Auftritt, die italienischen Tänzer seien im Vergleich zu den Franzosen die besseren Schauspieler. Letztere stufte er wegen ihrer «affektierten Posen» als weniger interessant ein. Seit der Gründung des Balletts an der Pariser Oper, aber auch schon vorher, als es noch höfischer Zeitvertreib war, stellten die Franzosen Technik und Stil über alles. Die

wenigen Tänzer, die der Meinung anhingen, das Ballett könne und müsse tiefe Empfindungen ausdrücken, hatten auf den unaufhaltsamen Fortschritt des reinen Tanzes wenig Einfluß. In London war dies seit jeher anders. Zwar hatten die Monarchen den Tanz immer geschätzt und im sechzehnten und siebzehnten Jahrhundert besonders schöne Hofballette, sogenannte Masques oder Maskes, hervorgebracht, aber keiner von ihnen war geneigt, dem Beispiel Ludwigs XIV. zu folgen und den Berufstanz einzuführen oder irgendeine Art von Königlichem Theater. Daher war der Tanz im Theater nie die Kunst der Edelleute, sondern Sache des gemeinen Volkes, das ein bißchen Aktion und vor allem etwas Komik wollte. Die oberen Klassen nahmen Tanz als Kunst nie ernst, hauptsächlich deswegen, weil er im Lauf der Jahrhunderte von kirchlicher Seite immer wieder als Blendwerk des Teufels verdammt wurde. Man darf nicht vergessen, daß Hölle und Teufel in jener Zeit ganz realen Vorstellungen entsprachen, und obwohl Gesellschaftstänze immer Mode waren und junge Leute nichts davon abhalten konnte, mit der Mode zu gehen, erregte Tanzen doch immer sehr viel Mißbilligung, ja sogar Furcht unter den Leuten.
In diese Atmosphäre wurde eine der wichtigsten Figuren in der Geschichte des Balletts hineingeboren. Es handelt sich um John Weaver, dessen Name so gut wie unbekannt geblieben ist, weil kein staatliches Ballett für ihn die Trommel rührte. Als das englische Royal Ballet seinen königlichen Titel bekam, war Weaver schon zweihundert Jahre tot und vergessen. Dennoch war er nicht nur in mancherlei Hinsicht brillant, sondern auch einer der bezauberndsten und liebenswertesten Ballettmeister – und das unerklärlicherweise

Richard Flexmore (1824–60), Clown und Tänzer

Robert Helpmann und Frederick Ashton in Aschenbrödel, *1965*

auch als Engländer. Es hatte bedeutende italienische und französische Autoren über Tanz und Tanzschrift gegeben, und alle wichtigen Entwicklungen hatten sich ausschließlich in diesen beiden Ländern vollzogen, bis eines Tages im Jahre 1673 – kurz nach der Gründung der Pariser Oper und knapp zehn Jahre vor der Entdeckung von Mr. Sadlers Brunnen – in der blühenden Stadt Shrewsbury John Weaver geboren wurde. Sein Vater unterrichtete die besseren Leute im Gesellschaftstanz, und John wurde seinerseits Tanzlehrer an der Lateinschule von Shrewsbury. Er hatte dort, wie sich an seinen gelehrten Schriften ablesen läßt, eine hervorragende Ausbildung genossen. Dabei war er alles andere als ein trockener und langweiliger Theoretiker. Er schrieb ausgesprochen moderne Bücher über Tanz, den er zu Musik (was ungewöhnlich war) und zur Anatomie (was völlig neu war) in Beziehung setzte. Außerdem zeigte er historische Perspektiven auf, um Vorurteilen seiner Zeit begegnen zu können.

Als Mann war Weaver überaus vital und charmant; er liebte viel und wurde viel geliebt. Er hatte wahrscheinlich zwei Frauen und wer weiß wie viele Kinder, und er trank so gern wie jeder andere. In Shrewsbury war der nette, kleine Mann, der sich immer als freundlich und hilfsbereit erwies, bekannt und beliebt.

Mit etwa fünfundzwanzig ging er nach London, wo er mit den Elitelehrern seiner Zeit zusammenkam: Mr. Isaacs, Thomas Caverly – der angeblich hundert Jahre alt wurde – und Mr. Essex. Dieser ist übrigens in William Hogarths Kupferstichfolge *The Rake's Progress* (Das Leben eines Wüstlings) dargestellt worden, und sie wiederum inspirierte Ninette de Valois im Jahre 1935 zu ihrem klassischen englischen Ballett gleichen Namens. Das Auftreten des Mannes aus Shrewsbury, der perfekt ausgebildet und überaus belesen war, hätte in der Hauptstadt eigentlich Verblüffung auslösen müssen, wenn der Prophet je in seinem Vaterland etwas gegolten hätte. So aber wurde sein Beitrag zum Tanz während der nächsten dreißig Jahre kaum verstanden. Wahrscheinlich schätzte nicht einmal er seine Arbeit, denn schließlich kehrte er fröhlich wie immer dorthin zurück, von wo er gekommen war. 1760 starb er in seiner Heimatstadt im Alter von siebenundachtzig Jahren.

Weaver war von der englischen Art des Gesellschaftstanzes, wie er von den hervorragenden Londoner Tanzlehrern gelehrt wurde, zutiefst beeindruckt. Er war ungezwungen, graziös und unaffektiert, ohne der Eleganz der strengeren französischen Schule zu entbehren. Um diesen hohen Stand im ganzen Land zu verbreiten, übersetzte und veröffentlichte er ein französisches Notationssystem, das Ordnung in die Unterrichtsmethodik des Tanzes brachte und dem Beruf Ansehen eintrug. Außerdem kannte er sich im Berufsballett sehr genau aus und sah, welche Möglichkeiten noch in ihm steckten, wenn es sich erst auf das Gebiet des Dramas vorwagen sollte. Er sagte, daß die Tänzer die Gefühlsregungen der dargestellten Personen zum Ausdruck bringen müßten; daß männliche und weibliche Tanzbewegungen nach Stil und Ausdruck unterschiedlich seien; daß die Ballettmusik den Unterschied zwischen getanzten und gespielten Passagen deutlich zu machen habe; daß die Kostüme historisch genau sein müßten, und so weiter. Als Weaver alle diese Ideen, die uns heute so selbstverständlich scheinen, in die Tat umsetzte, waren sie noch revolutionär, auch wenn sie vage schon anderen vorschwebten.

Weavers erstes Ballett, das nach diesen Prinzipien gestaltet war, erschien im Jahre 1717. Es war das erste Ballett überhaupt, bei dem die Handlung ohne Verwendung von Gesang oder Sprache dargestellt wurde. In seinem Programm entschuldigte sich Weaver dafür, daß es für seine Tänzer sehr schwierig war, auf diese ungewohnte Art zu arbeiten («Es gelang mir nicht ganz, alle meine Tänzer auf meine Vorstellungen einzustimmen.»). Zum Glück stand ihm jedoch für seine Ballerina die Kunst der schönen Mrs. Santlow und als ihr Partner Louis Dupré aus Paris zur Verfügung. Er selbst, der ein ebenso guter Charakter-

André Deshayes und James Harvey d'Egville in Achille et Déidamie

tänzer wie Choreograph, Lehrer und Schriftsteller war, spielte den Vulcanus. Das Ballett hieß *Die Liebe von Mars und Venus* (The Loves of Mars and Venus) und wurde am Drury Lane-Theater mit großer Begeisterung aufgenommen.

Nicht weit davon entfernt, am Theater von Lincoln's Inn Fields, feierte die zehnjährige Marie Sallé zusammen mit ihrem zwölfjährigen Bruder ebenfalls große Erfolge. Als Erwachsene kehrte Marie Sallé häufig nach London zurück, wo ihre choreographischen Neuerungen im Sinne der Weaverschen Ideale weit mehr Anklang fanden als in ihrem heimatlichen Paris. Ihre Intelligenz als Künstlerin und ihre Klasse als Tänzerin ließen sie zwanzig Jahre nach der *Liebe von Mars und Venus* zur Vorkämpferin von Ballettreformen werden, die immer noch kaum vorankamen.

Ein anderer Tänzer, der gerne in London mit Weaver zusammenarbeitete und in vielen seiner Ballette auftrat, war Louis Dupré. In älteren Jahren hatte er in Paris einen Schüler namens Jean-Georges Noverre, der vieles für sich beanspruchte, was vor ihm Weaver geschaffen und Marie Sallé ausgebaut hatte, ohne daß ihnen dafür Anerkennung zuteil geworden wäre.

Noverre war ein großer Choreograph, aber er übernahm völlig ungeniert die Ideen anderer Leute und veröffentlichte sie als seine eigenen. Als Weaver 1760 starb, erschienen im gleichen Jahr oder schon etwas vorher Noverres *Lettres sur la Danse et sur les Ballets,* die Lessing teilweise ins Deutsche übertrug. Sie wurden in Europa viel gelesen und galten als das Evangelium für die Art des Tanzes, die Ballet d'action (Handlungs-Ballett) genannt wurde. Hierbei werden Tanz und Drama kombiniert, während Unterhaltungsballette aus Tanzsuiten über ein Thema bestehen und keine durchgehende Handlung haben. Noverre wird oft als der Erfinder des Ballet d'action bezeichnet. Die verstorbene Friderica Derra de Moroda, die die sachkundigste Tanzhistorikerin für diese Zeit war, schrieb hierzu:

Jean-Georges Noverre

Wenn Noverre in seinen Lettres *in glänzender Form seine Ideen darlegt, läßt er niemanden im Zweifel darüber, daß all diese Ideen seine ureigensten sind und daß vor ihm nie jemand an diese Neuerungen auch nur dachte. Alle anderen Ballettmeister seiner Zeit sind entweder seine Schüler oder seine Nachahmer, Nutznießer seiner Ideen, die sie von ihm stahlen, indem sie sich seine Werke ansahen und sie dann kopierten. Nun, wir wollen sehen, inwieweit dies alles stimmt. Bevor wir aber weitergehen, halten wir ein für allemal fest, daß das Ballet d'action keine Erfindung ist, sondern auf einer Entwicklung beruht ...*

Sie zitiert dann mehrere Autoren und Choreographen, die schon vor Noverre ähnliche Prinzipien ausführlich beschrieben hatten, und nennt dann Weavers *The Loves of Mars and Venus* das Werk, «von dem man behaupten könnte, daß es das erste echte und vollständige Ballet d'action war».

Über Noverre kann man sich nicht leicht ein Urteil bilden, wenn es auch unbestreitbar ist, daß seine Fähigkeiten als Choreograph und Tanztheoretiker überall gerühmt wurden. Die Tatsache, daß er kein besonders guter Tänzer war, gab ihm wohl sein ganzes Leben lang zu schaffen. Sie machte ihn empfindlich, manchmal sogar bitter, und ließ in ihm den Entschluß reifen, sich auf andere Weise einen Platz in der Geschichte zu erobern. Als er gerade achtundzwanzig war, erhielt er ein Angebot des berühmten englischen Schauspielers und Direktors David Garrick, seinen letzten Erfolg, die *Fêtes Chinoises,* am Drury Lane-Theater auf die Bühne zu bringen. Er lehnte die finanziellen Bedingungen rundweg ab, nannte seine Mindestforderungen und fügte etwas arrogant hinzu: «Dies ist mein letztes Wort. Bitte haben Sie die Güte, baldigst zu einer Entscheidung zu kommen, da ich das Angebot des Bayrischen Hofes erst beantworten möchte, wenn mir Ihre neuesten Pläne bekannt sind.» (Das erinnert mich ein wenig an eine französische Ballerina in der Zeit um 1840, deren ehrgeizige Mutter so oft mit der Fülle blendender Angebote aus ausländischen Städten prahlte, daß das arme Mädchen am Ende kein einziges Angebot mehr bekam, weil man sie überall für völlig ausgebucht hielt.)
Der Gerechtigkeit halber ist noch nachzutragen, daß Noverre damals in London ein Opfer der Animosität gegen alles Französische wurde. Garrick erkannte aber dennoch die außerordentliche Begabung des jungen Mannes und nannte ihn den «Shakespeare des Tanzes». Noverres Unzufriedenheit hatte jedoch noch andere Gründe. Trotz der großen Erfolge seiner Inszenierungen an der Opéra Comique und an den sonstigen Orten seines Wirkens wurde seine Bewerbung um die Stelle des Ballettmeisters an der Pariser Oper abgelehnt. Historisch gesehen war dies wohl der größte Mißgriff, den man sich dort jemals leistete. Andererseits war die Absage doch verständlich, denn nach einer eisernen Regel wurde jeder scheidende Ballettmeister durch den ältesten Haupttänzer ersetzt, der dann die Stelle ebenfalls so lange wie möglich besetzt hielt. Noverres Fähigkeiten als Tänzer reichten indes nicht aus, um an der Oper auf diesem Wege ans Ziel zu kommen. Da er recht heißblütig war, fühlte er sich gleich beleidigt, als die Oper nicht eigens für seine begeisternden Inszenierungen, die sie gewiß hätte brauchen können, eine Ausnahme machte. So wandte er sich woandershin, um seine Meisterschaft in aufsehenerregend schönen Aufführungen, jede kostspieliger als die vorangegangene, zu vollenden und um sein Genie in seinen Schriften zu proklamieren.
Als er fünfzig war, erkannte die Pariser Oper endlich sein Recht an, als größter Lehrer seiner Zeit Erster Ballettmeister zu werden. Doch von dem Augenblick an, da er den Fuß in die Oper setzte, gab es Eifersüchteleien, Verdächtigungen, Obstruktion, Grüppchenbil-

dung, Kritiksucht und alle nur erdenklichen Schwierigkeiten. Man muß ihn wirklich bemitleiden, daß ihm die Erfüllung seines Lebenstraums so sehr vergällt wurde. Die junge Königin Marie Antoinette, die als Kind am Wiener Hof seine Schülerin gewesen war, verstand ihn und schätzte seine Bedeutung. Sie tat alles in ihrer Macht Stehende für ihn und sicherte ihm sogar eine königliche Pension zu, aber mit dem Fallen ihres hübschen Kopfes während der Revolution wurde leider auch dieses Versprechen zunichte.

Noverre hatte die Intrigen gegen ihn allerdings schon 1780 satt bekommen und ging ans Londoner King's Theatre, wo ihm phantastische Kritiken zuteil wurden. Viele Zuschauer im Parkett konnten seine Ballette wegen der enormen Hüte der Damen zwar kaum sehen, und diejenigen, die die Bühne in ihrem Blickfeld hatten, vermochten die Tänzer in dem Gewühl von Menschen, die während der Vorstellung überall umhergingen, nur mit Mühe zu entdecken. Warnungen an die Neugierigen, sie könnten durch Falltüren stürzen, fruchteten nichts. Trotzdem, wer etwas war, tanzte damals am King's Theatre.

Es gab Gastspiele der fesselnden Mlle. Théodore, der es in London so gut gefiel, daß sie – mit Hilfe von Marie Antoinettes Einfluß – eine Auflösung ihres Vertrags mit der Oper erzwang. Als sie für einen Tag nach Paris zurückkehrte, warf man sie unter dem Vorwand, sie hätte die Leitung der Oper kritisiert, gleich ins Gefängnis. Jean Dauberval folgte ihr nach ihrer Freilassung nach London, weil er sie unwiderstehlich fand. Sie heirateten später, und sie war 1789 in Bordeaux die erste Lise in *La Fille Mal Gardée*. Marie-Madeleine Guimard – das «Skelett der Grazien» – kam, noch immer feminin und faszinierend, aber nicht mehr ganz jung, als Vertriebene der Revolution nach London. Ihr Partner war der zweiundzwanzigjährige Charles-Louis Didelot, der die «fliegenden Ballette» schuf und seine Lebensaufgabe in der Formung des russischen Balletts finden sollte.

Dann gab es noch Charles Le Picq, den «Apoll des Tanzes», dessen Schreiten allein schon unvergleichlich war. Auch er tanzte und choreographierte eine Zeitlang in Rußland und gab selbst den Leibeigenen des Grafen Scheremetew einige Stunden. Als Auguste Vestris 1781 mit seinem Vater in London tanzte, unterbrach das Parlament seine Sitzungen, um sie zu sehen. Nach der Französischen Revolution blieb Auguste vier Jahre bei Noverre in London. Auch Antoine Bournonville war da, dessen Sohn der Genius des dänischen Balletts werden sollte, und der junge Jean-François Coulon, der viel später eine kleine Schülerin namens Marie Taglioni unterrichtete.

Im Jahre 1789 brannte das King's Theatre ab, was zu einem köstlichen Kampf zwischen dessen brillanten und verbiesterten Leiter, Mr. Taylor, und einem konkurrierenden Emporkömmling namens O'Reilly führte, der sich flugs die Lizenz für Oper und Ballett sicherte und mit allen Stars von Mr. Taylor das Pantheon Theatre eröffnete. Er hatte Mlle. Théodore, Dauberval und Didelot, und um das Maß voll zu machen, engagierte er auch noch den überaus begabten Salvatore Viganò und dessen Frau Maria Medina, die sehr viel von einer frühen Isadora Duncan hatte. Mr. Taylor tobte, mietete das Kleine Theater und bot als Kassenmagneten Vater und Sohn Vestris auf. Darauf beantragte Mr. O'Reilly, der auf seine Exklusivlizenz pochte, sie alle einsperren zu lassen. Mr. Taylor konnte dies zwar abwenden, war aber finanziell bald ausgeblutet und mußte schließen. Mr. O'Reillys Schadenfreude schien indes die Mächte des Schicksals herauszufordern. Sein Pantheon-Theater brannte bis auf die Grundmauern nieder, und Mr. Taylor kamen die Tänzer gerade recht, um mit ihnen sein neuerbautes King's Theatre mit einer prachtvollen Noverre-Inszenierung wiederzueröffnen. 1940 schuf Ninette de Valois ein Ballett über diese Posse: *The Prospect Before Us*. Robert Helpmann spielte darin eine seiner größten komödiantischen Rollen als Mr. O'Reilly, der – wie alles verloren ist – seinen Kummer in einem unvergeßlichen Tanz der Trunkenheit ersäuft.

Charles-Louis Didelot und Mlle. Théodore in Amphion et Thalia, *1791*

Die englischen Pantomimen beeindruckten Noverre nicht im geringsten. Als kulturell empfindsamer Mensch fand er sie geschmacklos und zu direkt. Was ihm allerdings höchste Bewunderung abnötigte, war die für ihre Szenerien entwickelte Bühnentechnik. Die Londoner Theater besaßen ausgeklügelte Maschinerien für hunderterlei sekundenschnelle Verwandlungen, und jede Illusion, die er wünschte, konnte stets zu seiner vollsten Zufriedenheit verwirklicht werden. In der Tat, das kommerzielle Theater verstand sein Geschäft.

Wie schade, daß so viel von dieser zauberhaften Kunst vergessen ist und die einfachsten Effekte heute schwerfällig erscheinen! Ohne *Peter Pan* und die Weihnachtspantomimen erschiene es zweifelhaft, ob noch irgend jemand die von Didelot erstmals in London eingesetzte Technik des Fliegens auf Drähten weiterführen würde. Diese Technik ist also keine von Bournonvilles Schöpfungen in Kopenhagen, doch sind dort viele andere Tricks und Maschinen in ständigem Gebrauch geblieben, um uns an Zaubereffekte zu erinnern, die es anderswo längst nicht mehr gibt.

Die Geschicke des britischen Balletts ruhten in den Händen unabhängiger Theaterleiter. Das finanzielle Wagnis, Oper und Ballett anzubieten (die ja immer gemeinsam auf dem Theaterzettel standen), endete fast stets mit dem Bankrott; ein Hoch also auf die wackeren Männer, die alles nach London brachten, was auf dem Kontinent im Tanz Rang und Namen hatte. Ein Hoch vor allem auf den scharfsichtigen Mr. Benjamin Lumley, der von 1842 bis 1848 Her Majesty's Theatre (das umbenannte King's Theatre) führte und sofort Jules Perrot als Ballettmeister engagierte.

Die Folge war, daß während der folgenden Theaterspielzeiten alle bedeutenden Tänzer einmal in London gastierten – manche noch bevor Paris sie gesehen hatte. Es ist also nicht so, daß England keine Tanzgeschichte hätte; das Problem war vielmehr, einen nationalen

Standard aufzubauen. Engagements auf saisonaler Grundlage boten keine Möglichkeit, ein starkes Corps de ballet heranzuziehen, aus dem Stars hätten hervorgehen können. Ohne ständige Schule und Übungsgelegenheiten blieben die einheimischen Tänzer immer benachteiligt.

Die gleiche Situation herrschte an den meisten europäischen Höfen, wo die Förderung vom Belieben der einzelnen Fürsten abhing. Wer klug war, fand immer einen guten Ballettmeister, der ein bedeutendes schöpferisches Zentrum aufbaute – Stuttgart war zum Beispiel eines, als Noverre dort arbeitete –, aber in der Regel kam unter dem desinteressierten Nachfolger rasch wieder der Niedergang. Wie schon Grimaldi sagte: «So geht es nun mal zu.»

Letzten Endes sind es immer Einzelpersönlichkeiten, die etwas in Gang setzen. Als zum Beispiel das Londoner Opernpublikum in der Zeit um 1880 der Manierismen des Opernballetts überdrüssig wurde und in Scharen ins Varietétheater strömte, erreichten zwei Theater, das Alhambra und das Empire, im Rahmen ihrer Möglichkeiten ein verblüffend hohes Niveau. Und damit sind wir an einem sehr wichtigen Punkt angelangt. Mit Katti Lanner, der Ballettmeisterin am Empire, tritt nämlich erstmals eine Frau auf den Plan, nachdem eine lange Reihe von Männern die kreative Seite des Tanzes ganz für sich in Anspruch genommen hatte. Da die Männer auf der Bühne keine Wertschätzung mehr genossen und daher auch wenig Neigung mehr verspürten, sich überhaupt noch im Ballett zu engagieren, konnte es nicht ausbleiben, daß eines Tages Frauen ihren Platz als Ausführende, Direktoren und Choreographen einnehmen würden. Katti Lanner war denn auch das erste Glied in einer Kette von weiblichen Namen, die bis zur Gründung eines

Katti Lanner

britischen Nationalballetts führte. Sie war das Bindeglied zwischen dem romantischen Ballett und der von Isadora Duncan geprägten femininen Welle. Als Katti 1829 in Wien geboren wurde, hatte Auguste Vestris gerade das Tanzen aufgegeben und wurde zum gefragtesten Lehrer in Paris. Marie Taglioni hatte noch nicht *La Sylphide* getanzt (das war drei Jahre später), und Marius Petipa war erst elf Jahre alt. Mit sechzehn gab Katti ihr Debüt am Kärntnertor-Theater, wo ihre Wiener Kollegin Fanny Elßler ebenfalls zum ersten Mal aufgetreten war und bald ihre Abschiedsvorstellung geben sollte.
Abgesehen von ihrer beachtlichen Karriere als Tänzerin in Europa und Amerika, war Katti vielleicht auch die erste bedeutende Choreographin. Die zehn Ballette für Hamburg, noch bevor sie dreiunddreißig war, bildeten nur den Anfang. Als sie an das Empire-Theater ging, war sie achtundfünfzig und hatte ein Leben voll reicher Theatererfahrung hinter sich, so daß die Leitung keine bessere Wahl hätte treffen können. Sie schuf dort insgesamt

Adeline Genée

dreiunddreißig Ballette, und unter ihrem autokratischen Regiment arbeitete diszipliniert eine große Truppe. Führende Ballerinen wie Carlotta Brianza, die Petipa als seine erste Prinzessin Aurora für *Dornröschen* auserwählte, rechneten es sich zur Ehre an, dort auftreten zu dürfen. Und Pierina Legnani zeigte dort ihre sensationellen zweiunddreißig Fouettés, bevor Petipa sie in seinem *Schwanensee* in die Coda des Schwarzen Schwan-Pas-de-deux einbaute.

Sicher würden wir heute Kattis Choreographie trivial und gehaltlos finden; aber das gilt auch für viele der anspruchsvolleren Bemühungen im übrigen Europa. Die Welt war damals nicht sehr auf Raffinement eingestellt. Kattis Arbeit muß indessen sehr gut in ihre Zeit und an ihren Ort gepaßt haben, denn sonst hätte sie ihren Platz in einem Theater, das

Adeline Genée

einem harten Konkurrenzkampf ausgesetzt war, nicht während zehn Jahren behaupten können. Als Tochter des Walzerkomponisten Joseph Lanner hatte sie Musik im Blut, und auch ihr Musikdirektor bewies für die Erfordernisse des Tanzes ein ungewöhnliches Gespür. So glaube ich, daß die beiden wirklich hervorragende Arbeit leisteten.

In Katti Lanners letztes Jahr am Empire fiel das Gastspiel einer Ballerina, die sich von allen anderen völlig unterschied. Sie war weder Italienerin noch Französin, weder kraftvoll noch tüchtig und auch nicht wie ihre Vorgängerinnen irgendwie erdverhaftet. Die wohlgestalte, natürliche, neunzehnjährige Blondine kam aus Kopenhagen und hieß Adeline Genée. Ihr Name war völlig unbekannt, aber in den acht Jahren, die sie am Stadttheater Stettin und an den Hoftheatern von Berlin und München getanzt hatte, hatte sie sich die nötige

Adeline Genée im Divertissement aus Robert der Teufel *(Robert le Diable), 1909*

Sicherheit erworben, und ihr Tanz war außergewöhnlich flüssig. Ihre Eltern hatten sie in früher Jugend ganz in die Obhut einer Tante und eines Onkels gegeben, der Ballettmeister war. Sie war folgsam, fleißig und so talentiert, daß ihr Onkel aus ihr eine Tänzerin machte, die auf der Bühne so leicht und funkelnd wie ein Kolibri wirkte.
Sie war 1897 mit einem Vertrag für sechs Wochen in London angekommen, und nachdem sie am Ende zehn Jahre geblieben war, gab es praktisch niemanden mehr, der noch nicht von Adeline Genée am Empire-Theater gehört hätte. Tausende einfacher Menschen, die sich niemals in ein Opernhaus getraut hätten, nahm sie mit ihrem Zauber gefangen. Sie kamen nicht, um eine Ballettaufführung zu sehen, denn die meisten von ihnen scherten sich nicht im geringsten um den Tanz. Bei Adeline Genée freilich war es anders. Sie war schlechthin bezaubernd, war die Faszination selbst.
Ein amüsanter Essay von Max Beerbohm aus dem Jahre 1906 beginnt mit der Feststellung, das Ballett könne ihm als Schriftsteller nichts geben, denn wo keine Worte seien, empfinde er Leere. Dann beklagt er das Mißverhältnis zwischen den Armen einer Ballerina und ihren muskulösen Beinen: «Es ist ja ganz natürlich, daß eine Frau auch einmal tanzt, so wie es natürlich ist, daß sie geht, sitzt und liegt. Unnatürlich ist es aber, wenn sie den Tanz zu ihrer Lebensaufgabe macht. Die Natur rächt sich, indem sie ihre Symmetrie zerstört, sie lächerlich macht. Arme Ballerina!» Dann wendet er sich Mlle. Genée zu:

> *Aber nein, eine Ausnahme will ich hier gelten lassen ... Eine Meerjungfrau könnte kein erstaunlicheres Geschöpf sein als sie, die zur einen Hälfte eine echte Ballerina ist, zur andern aber eine überaus intelligente, entzückend menschliche Schauspielerin. Eine Meerjungfrau wäre in der Tat viel weniger wunderbar in unseren Augen. Sie vermöchte ihrem Schwanz keinen menschlichen Anschein zu verleihen, wogegen Mlle. Genées Intelligenz selbst noch ihre Zehenspitzen zu durchdringen scheint. Ihr Tanz, so streng klassisch er auch ist, ist ein Teil ihrer Schauspielkunst. Diese ist wiederum von so erlesener Qualität, daß mir die alten, nichtssagenden Gesten plötzlich ihre Bedeutung erschließen, und zwar auf so wunderbare Weise, daß ich meine Sehnsucht nach Worten vollständig vergesse.*

Sie war eine Soubrettenballerina mit einer sprühenden Persönlichkeit. Daß sie die Königin des Londoner Bühnenlebens im Varieté-Ballett wurde, war dennoch keine geringe Leistung, denn eine Sonderbehandlung wie an Opernhäusern üblich räumte man ihr nicht ein. Sie tanzte zuverlässig jeden Abend und kam nach Komikern, Taschenspielern, Akrobaten und dressierten Hunden auf die Bühne. Es war populäres Theater mit einem einfachen Publikum, vor das sie als die gute Fee hintrat, und so mancher Spießbürger ertappte sich überrascht dabei, daß ihm «das komische Operngetanze» tatsächlich gefiel.
Adeline Genée bereicherte die britische Tanztradition ungemein. Ihre Anwesenheit war für die einheimischen Talente eine unschätzbare Hilfe. Sie galt nicht als Ausländerin, da sie einen Engländer heiratete, zu England gehörte und mit der königlichen Familie befreundet war. Nach ihrem Rücktritt widmete sie sich ganz dem Aufbau des britischen Balletts. Daß sie in Leicester Square und nicht in Covent Garden tanzte, erwies sich als Tatsache von geradezu symbolischer Bedeutung: aus rein englischen Traditionen heraus begann sich allmählich ein eigenes nationales Ballett zu formen. Die Opernhäuser waren immer nur Podien für die Künstler vom Kontinent gewesen, das Empire-Theater aber war durch und durch britisch.
Zwei voneinander unabhängige Ereignisse im Jahre 1898 gaben den letzten Anstoß zur Entstehung einer ständigen britischen Ballettkompanie. In jenem Jahr legte eine großartige viktorianische Lady die Leitung ihres im Londoner Süden gelegenen Theaters in die Hände

Lilian Baylis

Ninette de Valois

ihrer Nichte Lilian Baylis, und in Irland wurde ein Mädchen geboren, das später den Bühnennamen Ninette de Valois annahm. Genau dreißig Jahre später bat Miss Baylis Miss de Valois, für sie an ihrem Theater, dem Old Vic an der Waterloo Road, ein kurzes Ballett zu choreographieren. Das Ballett war Mozarts *Les Petits Riens* (Die kleinen Nichtigkeiten), und im Laufe der Jahre wurden aus diesen «Nichtigkeiten» großartige Dinge, denn mit ihnen begann Ninette de Valois' Zeit als Leiterin des Vic-Wells Ballet, das wiederum zum Sadler's Wells Ballet und schließlich zum Royal Ballet wurde.

Da wir nunmehr im zwanzigsten Jahrhundert angelangt sind, gab es natürlich keinen reichen Fürsten, der gesagt hätte: «Es werde Ballett.» Lilian Baylis war eine Frau, deren einziger Reichtum das Theater war, das sie von ihrer Tante geerbt hatte, und der achtunggebietende Glaube, daß Gott, der sie auserkoren hatte, das Höchste in der Bühnenkunst für die Geringsten in seiner Herde zu schaffen, auch für die nötigen Mittel sorgen würde – und der Herr erhörte ihr Flehen. Sie hatte weder ein berühmtes Opernhaus noch teure ausländische Stars, und auch die Voraussetzungen für erstklassige Opern und Bühnenstücke waren nicht gegeben; trotzdem leistete sie etwas, das niemandem vor ihr gelungen war. Nach Lilian Baylis gab es in London die erste englische Oper, das erste nationale Theater und das Royal Ballet. Wie hatte sie das geschafft? Mit Vertrauen, Integrität und Zielstrebigkeit. Zum Zeitpunkt ihres Todes im Jahre 1937 waren nur die Fundamente vorhanden, der Bau wurde von anderen ausgeführt – aber wie lange wohl hätte das ohne sie gedauert? Und wer sonst hätte Ninette de Valois genau zu dem Zeitpunkt ihre Chance gegeben, als sie jung genug war, um sich dem Kampf nach oben zu stellen, klug genug, um zu wissen, was zu tun war, und alt genug, um dies mit ihrer Autorität durchzusetzen?

Im Jahre 1928 hatte Lilian Baylis im gleichen Theater eine Schauspiel- und eine Operntruppe. Solch ein Luxus ist nur möglich, wenn man dank finanzieller Unterstützung beide Gruppen von Künstlern bezahlen kann, auch wenn sie nur in je einer Hälfte der Woche auftreten. Wenn sie alle aber jeden Abend spielen und singen sollten, brauchte Lilian Baylis ein zweites Haus. Das herrenlose Sadler's Wells wartete auf sie. Sie war keine Frau, die sich von der Tatsache, daß für den Kauf und Wiederaufbau kein Geld da war, hätte abhalten lassen. Dieses zweite Theater mußte einfach her.
Also wurden Zeichnungslisten aufgelegt, in die sich zum Beispiel auch Winston Churchill eintrug, Pläne entworfen und die Arbeiten kurzerhand in Angriff genommen. Im Jahre 1931 war Sadler's Wells wiedererstanden, mit gewaltigen Schulden beladen. Die Opernabende entwickelten sich indes bald zu getrennten Opern- und Ballettabenden, so daß sich erneut zwei Truppen in ein Haus zu teilen hatten. Und die Bauschulden waren noch nicht einmal abgetragen! Aber wenn man einen festen Glauben hat und dank seiner zu einer Ninette de Valois, einem Frederick Ashton und einer Alicia Markova gekommen ist, baut man weiterhin auf ihn. Zu Beginn dieses Jahrhunderts war es noch möglich, auf diese Weise zu Ballettkompanien zu kommen. Heute braucht man dazu auch Geld, wirkt sich doch die Inflation auf alles aus, nur nicht auf die Zahl der Sitzplätze in einem Theater. Irgendwann einmal ist dann die Grenze dessen erreicht, was einer für eine Karte bezahlen kann. Und damit kommt unweigerlich der Tag, wo die Einnahmen aus dem Kartenverkauf die Aufführungskosten nicht mehr decken. Das ist leider die Situation, in der sich das Theater heute befindet.
Ein Grund, weshalb Lilian Baylis und Ninette de Valois das Vic-Wells-Ballett so rasch weiterzuentwickeln vermochten, liegt in der Persönlichkeit einer Reihe von Leuten, die sich für eine Weile zusammengefunden hatten und bereit waren, dabei kräftig mitzuhelfen. Anna Pawlowa starb 1931, aber man kann wohl sagen, daß sie 1912 mit ihrem Entschluß, sich auf die Dauer in England niederzulassen, zum ersten Frühlingsboten wurde. Sie muß den Gegensatz zwischen Paris (wo der Tanz ein wohlbehütetes Dasein im Schoß der großzügig subventionierten Oper führte) und London (wo der Tanz immer zum populären Theater gehört hatte) gespürt haben, zumal sie ja stets ein möglichst großes Publikum erreichen wollte. Sie nahm auch viele englische Mädchen in ihre Truppe auf und war von ihrem guten Ausbildungsstand, den sie den Balletten am Empire- und am Alhambra-Theater verdankten, überrascht.
Der nächste Gewinn für England war Tamara Karsawina, die in Rußland einen englischen Diplomaten geheiratet hatte und 1917 mit ihm vor der Oktoberrevolution floh. London zog aus ihrer einzigartigen Künstlerschaft großen Nutzen, weil sie die Fortschritte der Balletttruppe in jeder Weise ermutigte und unterstützte.
Diaghilew wählte London, um dort 1921 sein spektakuläres *Dornröschen* zu zeigen. Finanziell gesehen war es kein Erfolg, aber während der Spielzeit von drei Monaten am Alhambra bekamen doch sehr viele dieses Ballett zu sehen. Zweifellos hat es die dortige Tanzszene sehr bereichert!
Eine seine Ballerinen in jener Aufführung, die kleine, lebenslustige Lydia Lopokowa, heiratete den Volkswirtschaftler Maynard Keynes – ein doppelter Gewinn! Und dann war da noch die polnischstämmige Marie Rambert, auch sie ein Irrwisch mit sprühendem Verstand. Sie war zunächst Feuer und Flamme für Isadora Duncan, begann nach ihrer Zusammenarbeit mit Nurejew ziemlich spät mit dem Ballett, heiratete einen Engländer und führte ihren winzigen Ballet Club in London mit fieberhafter, mitreißender Energie. Mit anderen Ballettleitern läßt sie sich nicht vergleichen, höchstens vielleicht aus einiger Ferne mit Diaghilew, weil sie wie er in anderen die Talente förderte, die sie selbst

Ashton mit Marie Rambert in A Tragedy of Fashion *und mit Lydia Lopokowa beim Tango*

brachliegen ließ. Da sie nie Choreographin war und sehr wenig tanzte, hatte sie eine ungeheure Vitalität, die sie sich bis heute, da sie über neunzig ist, zu bewahren verstand, und auch ihr Geist ist so wach wie eh und je.

Das junge britische Ballett hatte zur Sichtung und Ausbildung von Talenten keinerlei Institutionen. Es war auf diejenigen angewiesen, die sich von sich aus für den Tanz entschieden. Diese Künstler waren daher alle ausgeprägte Individualisten. Einer von ihnen, ein junger Ire, nahm den Bühnennamen (jeder hatte damals einen) Anton Dolin an, und Diaghilew hätte ihn wohl zu einem Choreographen gemacht, wäre er nicht so irisch und eigenwillig gewesen. Er wollte ein Star werden. Seine Partnerin, Alicia Markova, war so außergewöhnlich, daß Diaghilew das schmächtige, vierzehnjährige Ding sofort engagierte. Sein Tod im Jahre 1929 raubte ihr den Rahmen, den sie verdient hätte, und so kehrte sie zum Ballet Club und Sadler's Wells zurück, wo sie unter uns übrigen schwachen Lichtlein wie ein tausendflammiger Lüster erstrahlte.

Robert Helpmann, ein geborener Schauspieler, kam aus Australien. Die Pawlowa hatte ihm in Sydney die Welt des tänzerischen Ausdrucks erschlossen, und so bewarb er sich gleich nach seiner Ankunft in England beim Vic-Wells-Ballett. Später wurde er Premier danseur beim Sadler's Wells. Ninette de Valois erkannte in ihm sofort den zukünftigen Star. Er war das ungewöhnlichste aller Bühnengenies, der Clown, der auch Hamlet spielen konnte. Er bewies dies auf bewundernswerte Weise sowohl in Shakespeares Drama als auch in einem von ihm selbst geschaffenen Ballett. Vielleicht weilte damals Grimaldis Geist in den Kulissen seines geliebten Sadler's Wells-Theater und beobachtete Helpmann mit

Anton Dolin in Giselle

Alicia Markova in Giselle

Alicia Markova und Igor Youskevitsch in Rouge et Noir

väterlich beifälliger Miene. Wie ähnlich sie als Kinder gewesen sein müssen! Schlau, flink, nicht zu bändigen, ohne einen Knochen in ihrem Leib, mit Gesichtern wie aus Gummi und Theaterblut in ihren Adern. Helpmann vereinigt alle Traditionen der Pantomime und Harlekinade in sich; die feine Grenze zwischen Tanz und schauspielerischer Gestik wird bei ihm unsichtbar, so wie sich die feine Linie zwischen Komödie und Tragödie in den ewigen Wahrheiten der menschlichen Natur verliert. Ninette de Valois schrieb über seine Interpretation des Puppenmechanikers in *Coppelia:*

> *Große Clowns sind selten, und Helpmann spielte den Coppelius mit genialer Intuition, wobei er die senile Wunderlichkeit des alten Mannes mit viel Liebe zum kauzigen Detail herausarbeitete. Er machte jene Anwandlungen alter Männer deutlich, die zur Kompensierung ihrer Einsamkeit in einer Welt, die sie gegen sich aufgebracht haben, plötzlich ihre Tücke hervorkehren.*

Ninette de Valois selbst sehe ich als Künstlerin, die gut in das achtzehnte Jahrhundert gepaßt hätte, in intellektueller wie in schöpferischer Hinsicht als direkte Nachfahrin von John Weaver, der ihr mit seiner akademischen Gesinnung und seiner strengen Arbeitsauffassung sehr ähnlich war. Geld und Bequemlichkeit, die beiden Prioritäten des modernen

Menschen, spielen für sie überhaupt keine Rolle; wichtig sind für sie Menschen, Leistung, Wissen und jener Sinn für Humor, der die Wechselfälle des Lebens meistern hilft. Sie widmet sich ganz dem Fortschritt des Tanzes, indem sie weiterfrägt, nach vorne blickt, Perspektiven erschließt und jede Entwicklung im Hinblick auf das harmonische Ganze abwägt und neu bewertet. Vor allem ist sie mit dem typischen Enthusiasmus des achtzehnten Jahrhunderts begabt, der sie nie verlassen wird. Sie ist nun schon über achtzig und noch immer die anregendste Person der Welt, mit der man sich über Tanz unterhalten kann.

Da sie es war, die die englische Truppe und Schule schuf, mußte sie als Elevin noch ohne diese Einrichtungen auskommen. Ihr Handwerk lernte sie mit einer reisenden Kindertruppe und in Weihnachtspantomimen; ihre Kunst erwarb sie beim Diaghilew-Ballett. Beide Schulen waren hart und verliefen nach dem Motto «Vogel friß oder stirb». Die Arbeitsbedingungen – lange Proben, keine Ruhepausen, Mangel an Rücksichtnahme – würden von heutigen Tänzern nicht mehr hingenommen. Doch eben diese Erfahrungen lehrten sie, was in England zu tun war. Das Diaghilew-Ballett bestand zum größten Teil aus heimatlosen Exilrussen, die unter diesen strapaziösen Bedingungen nicht so ausdauernd hätten tanzen können, wäre ihnen in den kaiserlichen Schulen nicht eine so kraftvolle Technik beigebracht worden. Da Ninettes eigene Ausbildung in bloßem Herumprobieren nach dem Zufallsprinzip bestanden hatte, erkannte sie die Notwendigkeit zur Gründung einer nationalen Schule um so besser. Ohne geschulten Nachwuchs war auch eine nationale Kompanie nicht denkbar; die einheimischen Talente hätten nie eine Chance gehabt, sich voll zu entwickeln.

Die Laufbahn der Markova zeigt anschaulich die Schwierigkeiten, mit denen ein Talent zu kämpfen hat, wenn es sich nicht auf eine nationale Tradition stützen kann. Als Diaghilew starb, war sie neunzehn und ein Mitglied der Gruppe, für die nur seine lenkende Hand Sicherheit geboten hatte. Nach seinem Tod zerfiel deshalb die Gruppe und wurde in alle Winde zerstreut. Jeder ließ sich irgendwo nieder, wo er geeignete Arbeit fand. Die Markova aber kehrte nach England zurück, um das dort knospende nationale Ballett anzuführen.

Mit ihrer schmalen, schlanken Figur, den großen dunklen Augen und dem schwarzen Haar war sie ein Bild von einer Ballerina. Zerbrechlich, agil und leicht, huschte sie über die Bühne wie eine Libelle, und obwohl sie präzise tanzte, tat sie es scheinbar ohne jede Mühe und Anstrengung. Keine andere Tänzerin war je so ätherisch. Jetzt nimmt meiner Meinung nach Natalia Makarowa den Platz ein, auf dem die Markova in meiner Jugend gestanden hatte. Diesen Gipfel sollte jede junge Ballerina anstreben. Die Markova war für das junge englische Ballett von unschätzbarem Wert. Freilich war es ihr nicht angemessen, weniger wegen des Repertoires, das ausgezeichnet zu ihr paßte, als wegen seiner Bedeutung. Sie war eine internationale Größe, das Sadler's Wells-Ballett aber war Provinz. Und da sie sich dort nicht zu entfalten vermochte, ging sie zum hochstehenden, farbenprächtigen Ballet Russe, wo ihre Anmut und Eleganz in dem glanzvollen Rahmen erst so richtig zur Geltung kamen.

Irgendwann in den Anfangsjahren wurde auch ich ein Mitglied des englischen Balletts. Ich war vierzehn und besaß gerade ein Mindestmaß an konzentrierter Ausbildung, die heute unbedingt gefordert wird. Ich war gehätschelt, gelobt, herumgeschubst und angeschrien worden; ich war nervös, in Tränen aufgelöst, fröhlich, verzweifelt, erschöpft und voll Jubel, wie man dies eben erlebt, wenn man Künstler werden will. Bis dahin war allerdings ein weiter Weg zurückzulegen. Immerhin hatte ich das Glück, in eine Truppe zu kommen, die jung genug und klein genug war, um noch als Kinderhort fungieren zu können.

The Prospect Before Us

Miracle in the Gorbals

Dornröschen

A Wedding Bouquet

Nora Kaye und Antony Tudor in Pillar of Fire

Mein Heranwachsen fiel mit der Entwicklung des britischen Balletts zusammen, und ich war ein Teil davon. Das erstaunlichste Merkmal des Fortschritts waren die Choreographen, die aus dem Nichts auftauchten. Während der ganzen Ballettgeschichte haben die Söhne von Ballettmeistern, die in der Sprache des Tanzes erzogen worden waren, ihre ererbte Kunst ohne Bruch weitergegeben. In England war dies anders. 1928 begann ein Buchhalter namens Antony Tudor mit neunzehn vom Bürostuhl weg plötzlich mit dem Tanzen und wurde ein ganz vorzüglicher Choreograph, der mit einfachen Ballettschritten komplexe psychologische Spannungen sichtbar zu machen verstand. Er war so originell, daß andere heute noch seine Entdeckungen vor vierzig Jahren wiederentdecken. Als er 1940 nach New York ging, begegnete er dort Nora Kaye, einer Ballerina von großer schauspielerischer Intensität, die zur perfekten Interpretin seiner düsteren Passionen wurde.

Ein anderer junger Mann, der in Ekuador aufgewachsen war, wo er Anna Pawlowa sah, kam nach London, um Arbeit zu finden. Das war zu Beginn der zwanziger Jahre. Er besaß keinen Pfennig Geld, begann aber irgendwie mit dem Tanzen und wurde gegen alle Regeln einer der beiden größten Choreographen unserer Zeit. Sein Name lautet Frederick Ashton. Der andere, der im gleichen Jahr geboren wurde, ist George Balanchine – sie halten einander die Waage.

Ashton pflegt den Tanz so einzusetzen, daß es scheint, als wäre er die einzig natürliche Form der Kommunikation; Bewegungen sind bei ihm oft ausdrucksstärker als Worte. Er dringt in die Tiefen der menschlichen Natur ein und legt all ihre Größe und Nichtigkeit mit einer Einfühlsamkeit frei, der nichts Bösartiges anhaftet. Seine Choreographie, die manch-

Links: Rio Grande *mit Walter Gore, Beatrice Appleyard, Margot Fonteyn und William Chappell*
Rechts: Die Schlittschuhläufer *(Les Patineurs) mit Pamela May, Margot Fonteyn und June Brae*

Erscheinungen *(Apparitions) mit Margot Fonteyn und Robert Helpmann*

Ashtons Der Traum *(The Dream) mit Antoinette Sibley und Anthony Dowell und* A Month in the Country *mit Denise Nunn, Alexander Grant, Lynn Seymour und Derek Rencher*

mal trügerisch einfach, manchmal sehr komplex ist, versucht nicht, technisches Neuland zu erobern oder eine neue Stilrichtung im klassischen Tanz zu etablieren. Ashton orientiert sich vielmehr an den großen russischen Lehrern Iwanow und Fokin, verehrt die unsterbliche Pawlowa und die Karsawina und liebt und schätzt vor allem die formale Ordnung Petipas. Er selbst arbeitet mehr mit dem Herzen, wie denn auch sein Wesen überaus menschlich ist. Und genau das ist es ja, was in zeitlos-gültigem Theater das Lachen und Weinen hervorbringt.

Es ist unmöglich, ein für Ashton typisches Ballett anzugeben, weil jedes seiner Werke für sich abgeschlossen und sein künstlerisches Spektrum offenbar grenzenlos ist. Dennoch ringt er sich jedes Werk mühsam von der Seele ab und sucht lange nach einem Thema und einer Musik, die seine Eingebung beflügeln. Sobald er beides gefunden hat, versenkt er sich in die Musik, bis er sie ganz in sich aufgenommen hat und sie Bewegung wird. Die Bewegungen sind daher bei ihm so sehr Teil der Musik, daß sie den Anschein völliger Zwanglosigkeit und Übereinstimmung erwecken, als könnten sie gar nicht anders sein.

Zu den britischen Beiträgen zur Tanzszene gehört neben den schottischen Tanzschritten, die in der Ballettechnik leicht nachzuweisen sind, auch der Glaube an die modernen dreiaktigen Handlungs-Ballette. Es handelt sich dabei außerhalb des sowjetischen Einflußbereichs fast ausschließlich um Werke von Choreographen der britischen Schule, hauptsächlich um solche des Dreigestirns Frederick Ashton, John Cranko und Kenneth MacMillan. Diese Ballette sind für den Bühnentanz insgesamt von wesentlicher Bedeutung, da sie die interpretatorischen Fähigkeiten des Künstlers in derart langen Rollen in einem Höchstmaß beanspruchen. Wird im Gegensatz dazu die bloße Technik zu sehr in den

Ashton als Köstschei in Der Feuervogel

Vordergrund gerückt, lassen sich die Tänzer, bevor sie überhaupt Zeit hatten, eine gereifte Künstlerpersönlichkeit zu entwickeln, durch jüngere Füße und Beine ersetzen. Das Bühnenbild und all die anderen Hilfsmittel der Bühnentechnik erfahren in dreiaktigen Balletten ebenfalls mehr Aufmerksamkeit. Wenn diese Dinge zu sehr vernachlässigt werden, ist ein Rückschritt in der Tanzkunst unvermeidlich, auch wenn sie in anderer Hinsicht auf der Reise von Generation zu Generation in die ferne Zukunft Fortschritte macht.

Falls ich mit einundachtzig noch unterrichten sollte, was keine Überraschung wäre, weil es schon so viele Ballerinen in der Vergangenheit vorgemacht haben, wird man das Jahr 2000 schreiben. Meine Schüler werden indes über die Kschessinska und die Preobrajenska, die mich unterwiesen, eine direkte Verbindung zum Jahr 1900 haben, ja sogar bis 1890 und zum ersten *Dornröschen:* In diesem Jahr absolvierte die Kschessinska das Examen an der Marynski-Schule in St. Petersburg, und die Preobrajenska war ein jüngeres Mitglied des Corps de ballet. Als die Preobrajenska vierzehn war, starb 1884 Marie Taglioni, und Marie tanzte als junge Ballerina anläßlich eines Galaabends im Jahre 1835 in Paris mit dem fünfundsiebzigjährigen Auguste Vestris ein pompöses höfisches Menuett. Vestris wurde 1760 geboren, in dem Jahr, als John Weaver starb, und John Weaver wiederum

Dornröschen *mit Margot Fonteyn und Robert Helpmann, New York 1949*

wurde 1673 geboren, nur zwei Jahre nach der ersten Aufführung an der Académie Royale de Musique – auch Pariser Opéra genannt.
So sind wir in ein paar kurzen Schritten wieder bei Ludwig XIV. und den Anfängen des Balletts als Bühnenkunst angelangt. Vermutlich wird sich die Tradition in etwa der gleichen Art wie bisher weiterentwickeln. Der gereifte Künstler wird sein Wissen und Können an den lernbegierigen Schüler weitergeben, wobei auf dem Weg Nuancen verloren und neue hinzugewonnen werden. Die schöpferischen Zentren dürften sich verlagern, wie es zu allen Zeiten war, und natürlich dorthin, wo sich die großen Ballettmeister und Choreographen befinden. Die neuen Inspirationen schließlich werden an irgend einem Ort mit Urgewalt zum Ausbruch kommen, einen Gipfel schaffen, sich festigen, allmählich dem Niedergang geweiht sein und früher oder später woanders in noch neuerer Form wiedererstehen.
Die Möglichkeit, daß dieser Prozeß eines Tages völlig aufhören könnte, besteht meiner Ansicht nach nur dann, wenn jede Tanzaktivität in jedem Land völlig unter staatliche Kontrolle geriete oder wenn nie mehr ein Komponist für den Tanz komponieren würde. Die Geschichte zeigt, daß der Tanz die Herausforderung braucht; aus diesem Grund können neue Trends, die seine Lebenskräfte in Bewegung halten, in einem beliebigen Teil der Welt auftreten, wo Künstler sich – meist unter persönlichen Opfern – ihre eigenen Gedanken machen. Natürlich bedarf es eines gewissen Maßes an Organisation und wirtschaftlicher Unterstützung, und außerdem sollten irgendwelche Baulichkeiten zur Verfügung stehen, wo der neue Tanz erprobt und vorgeführt werden kann. Aber je mehr ich mich umsehe, desto mehr bin ich davon überzeugt, daß es nicht die neuen Gebäude und die perfekten Übungsräume sein werden, die der Welt die kommenden Stars bescheren werden. Es verhält sich eher umgekehrt: Es sind die phantasiebegabten Schöpfer, die den Theatern und Studios neues Leben einhauchen, egal wo immer sie auftreten. Mit anderen Worten: Man finde erst einmal einen kreativen Geist, dann ergibt sich alles andere von selbst.
Heute liegt der Schwerpunkt der Tanzaktivitäten in Amerika, aber wie lange er dort noch bleiben und wohin er sich verschieben wird, ist völlig offen. Logischerweise müßte er nach Südamerika wandern, denn dieser Teil der Welt ist so reich an Volkstänzen und mit so vielen Tänzern gesegnet, daß es schwer zu verstehen ist, warum das Zentrum des Tanzes nicht längst schon dort liegt. Die Lateinamerikaner sind von Natur aus Tanzliebhaber. Millionen von ihnen lassen alljährlich drei Tage und Nächte lang alles liegen und stehen, um ohne eine einzige Atempause durch den Karneval zu tanzen. Wenn es aber um Ballett geht, ist die Impulsivität wie weggeblasen, weil es für sie ebenso schwierig ist, organisiert zu sein, wie es für sie leicht ist, zu tanzen. Eine weitere Schwierigkeit liegt darin, daß das gewaltige Potential an Talenten über so viele verschiedene Länder verteilt ist, daß *ein* Zentrum kaum in der Lage ist, die besten Elemente in ihrer Gesamtheit anzuziehen.
In der Zwischenzeit könnte der Ferne Osten beachtliche Fortschritte machen, denn Japan hat bereits eine Generation von Tänzern mit Rang und Namen hervorgebracht, und es wird vielleicht nicht mehr lange dauern, bis ihre orientalische Kultur ihren Ausdruck in westlichen Tanzformen findet. Das chinesische Ballett liegt gegenwärtig noch einige Schritte hinter dem japanischen zurück. Wenn ihm noch etwas Zeit vergönnt und etwas mehr Unterstützung zuteil wird, könnte es bald auf die reiche Bühnentradition und die vielen nationalen Tänze zurückgreifen und einen echten chinesischen Stil schaffen. Indien mit seinem reichen und uralten Erbe und den vielen Verzweigungen im Mittleren und Fernen Osten hat große Mühe, wenigstens das Vorhandene zu bewahren. Uday Shankar hatte versucht, aus einer Mischung von indischen und Ballett-Traditionen eine moderne

Venezuela

Indonesien

Bali

Vereinigte Staaten

Südafrika

Bühnenkunst zu schaffen. Er arbeitete eng mit Anna Pawlowa zusammen und war in Europa und Amerika berühmt, aber er starb 1978 in Indien in bitterer Armut, ohne Kontakt zur übrigen Welt und einzig von einem kleinen Häuflein Getreuer umgeben. Ram Gopal führte die Ideen Shankars fort, doch wurde von indischer Seite bisher noch wenig zur Unterstützung seiner Projekte getan.

Die Kultur der australischen Eingeborenen manifestiert sich nicht zuletzt in einem Gewebe magischer und geheimnisvoller Sagen, deren Faszination man sich schwer entziehen kann. Die beachtenswertesten Tänze sind jedoch in Stammesriten eingebaut, zu denen Außenstehende nicht zugelassen werden. Robert Helpmann hat im australischen Ballett Themen der Ureinwohner und nationale Themen verarbeitet; im übrigen orientiert man sich dort aber an den gängigen klassischen und modernen Stücken.

Auf lange Sicht wird Afrika der Kontinent sein, der den Tanz mehr als alle anderen Kontinente beeinflussen wird, ist doch der Körper des Afrikaners für den Tanz wie geschaffen. Hals, Glieder und Gelenke des Afrikaners sind anders angeordnet, ergeben eine andere Linie, und die afrikanischen Tänzer können sich mit einer eigenartig entspannten Intensität in ihren Tanz versenken, die so gar nichts von der fieberhaften Konzentration anderer Menschen hat. Wenn sich jemals ein afrikanisches Bühnengenie – ein Choreograph, Dichter, Musiker oder Direktor vom Schlag der alten Ballettmeister – die

Brasilien

Japan

Amerikanischer Südwesten

ganze Urgewalt des afrikanischen Tanzes dienstbar zu machen wüßte, könnte es zu einem ungeheuren Ausbruch von Vitalität, Rhythmus, Schauspiel und Schönheit kommen, der den Tanz wie ein Gebirgsbach im Frühling mit sich fortreißen würde. Dann ginge in jenem Kontinent, wo sich die Tiere mit wilder und kraftvoller Grazie bewegen und die Tänzer von Göttern besessen sind, aus dem ältesten aller Zauber ein machtvoller neuer Zauber hervor.

Bildnachweis

Einige der Nachweise sind wie folgt abgekürzt:

C.S.D.F.: Collection Stravinsky-Diaghilev Foundation
Man.C.: The Mansell Collection Ltd., London
MCNY: Theatre and Music Collection of the Museum of the City of New York
NYPL: Dance Collection; The New York Public Library at Lincoln Center; Astor, Lenox and Tilden Foundations
Pavlova: Anna Pavlova von Victor Dandré, Verlag Cassell & Co., Ltd., London 1932
R.M. & J.M.: Raymond Mander and Joe Mitchenson Theatre Collection
RTHPL: Radio Times Hulton Picture Library
Tchaikovsky: Tchaikovsky and the Ballet Theatre of His Time, von Yurii Slonimski, Moskau 1956
Th.M.: Theatre Museum, London
200 Years: 200 Years of the Leningrad State Choreographic School, 1738–1938, von Boris Oglebsky, Moskau
V. & A.: Victoria and Albert Museum, London

Seite
8 Zoë Dominic
10 Links: BBC Television; rechts: Zoë Dominic
11 Zoë Dominic
12 BBC Television
13 Patricia Foy
14–15, 16, 18 Zoë Dominic
20 Oben links und unten: RTHPL, Fotos: Baroni; oben rechts: Sammlung Fonteyn
21 Sammlung Fonteyn, Foto: Lipnitzki
22 The Museum of Modern Art/Film Stills Archive (Standfoto-Archiv)
23 The Georgian State Dance Co., Foto: E. Umnov
24–26 Man. C.
27 Oben: Man. C.; unten: Mary Evans Picture Library, London
28 V. & A.
29 Gemälde von Edgar Degas, The Metropolitan Museum of Art, Geschenk von Horace Havemeyer, 1929 (H. O. Havemeyer Collection)
30 NYPL, Fotos: Otto Sarony, Co.
31 RTHPL
32 MCNY, Foto: Dietz, New York
33 MCNY
34 Man. C.
35–37 RTHPL
38 MCNY
39 Wide World Photos, Foto: Vandamm Studio, New York
40 RKO Kobal Collection
41–43 The Museum of Modern Art/Film Stills Archive
44 Man. C.
46 NYPL, Foto: Valery
48 NYPL, Foto: Artkino
49 NYPL
51 Dance News
52–55 Maurice Seymour
57 Fred Fehl
58 George Hurrell
59 George Platt Lynes
61 Man. C., Porträt von Stieler
63 Oben links und unten rechts: *The Dancing Times*, Foto: Heinrich; oben rechts: NYPL, Foto: Addison Durland; unten links: *The Dancing Times*
64 Aus *Flamenco* von José Udaeta
65 Zoë Dominic
66 Links: Judy Cameron; rechts: Louis Péres
67 A. Séchaud
68 Links: Houston Rogers; rechts: Martha Swope
69 Zoë Dominic
70 Louis Péres
72 Zoë Dominic
73 Oben links und rechts, unten rechts: Martha Swope; unten links: Zoë Dominic
74 Frederika Davis
76 Sovfoto
78 RTHPL
79 Foto von Edward Steichen, mit Genehmigung von Joanna T. Steichen
80 Von Hélène Gaki zur Verfügung gestellt
82 MCNY, Foto: Arnold Genthe
83 Oben links: NYPL, Foto: Otto, Paris 1912; oben rechts: NYPL; unten: *Le Théâtre,* Februar 1909, Th. M.
85 Oben links: Bibliothèque Nationale, Paris, Foto: Nadar; oben rechts: R. M. & J. M.; unten links: *Modern Dancing and Dancers* von J. E. Crawford, London 1912, Foto: Central Illustrations; unten rechts: Man. C.
86 Links und Mitte: *Modern Dancing and Dancers,* Fotos: Ellis and Walery, W. & D. Downey; rechts: R. M. & J. M.
87 Museo Teatrale alla Scala, Milano (Mailand)
89 Th. M.

90 Biblioteca Palatina, Parma
91 Christina Gascoigne
92 Bibliothèque Nationale, Paris
93 NYPL
94 Oben: Museo Teatrale alla Scala, Milano; unten: Zeichnungen von Schadow, Collection Clarke-Crisp
95 R.M. & J.M.
97–98 Oben: RTHPL
98 Unten: Sammlung Fonteyn
99 NYPL
101 Aus *Dance Memoranda* von Merle Armitage, herausg. v. Edwin Corle, Verlag Duell, Sloane and Pearce, New York 1947
102 Collection Susanne Kirnbauer
103 Musée de l'Affiche, Paris
104–105 Collection Susanne Kirnbauer
106 Oben links: NYPL; oben rechts: Institut Jaques-Dalcroze, Genf; unten: Aus *The Rhythmiques of Jaques-Dalcroze* von Professor Sadler, 1917
107 Institut Jaques-Dalcroze, Genf
108 NYPL
109 Links: Von Frau Marlies Heinemann zur Verfügung gestellt; rechts: NYPL, Foto: Albert Renger
110 NYPL
111 Oben und unten links: NYPL; oben und unten rechts: Man.C.
112–113 NYPL
114 Oben: Martha Graham Dance Company; unten: Barbara Morgan
115–117 Cris Alexander
118 Links: Susan Cook; rechts: Cunningham Dance Foundation, Foto: Jack Mitchell
119 Twyla Tharp Dance Foundation, Foto: Tony Russell
120 Sammlung Fonteyn
122–123 Aus *Pavlova*
124 Von Anna und Lorand Andahazy zur Verfügung gestellt
125 Aus *Pavlova*
126 Oben links: Aus *Pavlova*, Foto: Schneider, Berlin; oben und unten rechts: The Museum of London; unten links: MCNY
127 Oben links, unten links und rechts: The Museum of London; oben rechts: Aus *Pavlova*
128 Aus *Pavlova*, Foto: d'Ora
129 Aus *Pavlova*, Foto: Lafayette, London
130 Aus *Pavlova*
131 Oben: Aus *Pavlova*; unten: The Museum of London
132 The Museum of London
134–135 Aus *200 Years*
136 The Ballet Shop, New York, N.Y.
137 Th.M.
139 NYPL, Foto: T. R. Burnham, Boston
140–141 Historical Society of York County/Pennsylvania
142 Harvard Theatre Collection
143 NYPL, Geschenk von Lilian Moore
144 NYPL
145 Aus *Illustrated London News*, 5. August 1848
146 Bibliothèque de l'Opéra, Paris
147 Sammlung Alfred Oberzaucher
148 Links: NYPL; rechts: Collection Clark-Crisp
150 V.&A.
151–153 Sovfoto
154 Aus *Era of Russian Ballet* von Natalia Roslavleva, Verlag Victor Gollancz Ltd., London 1966
155 NYPL
156 Oben: NYPL; unten: Aus *Tchaikovsky*
157 Oben: Collection Rosemary Winckley; unten: Aus *Tchaikovsky*
159 Umschlag von *Le Théâtre,* 1909, Th.M.
160 Aus *Tchaikovsky*
161 Sammlung Fonteyn
162 Collection Rosemary Winckley
163 Oben links: Bakhrushin Theatermuseum, Moskau; oben rechts: Sovfoto; unten links: Collection Natalia Roslavleva; unten rechts: Collection Rosemary Winckley
164 Links: Collection Ivor Guest, Foto: Bergamasco, St. Petersburg; rechts: Aus *Tchaikovsky*
165 Oben: Aus *200 Years*; unten: Sammlung Fonteyn
166 Sovfoto
167 Aus *Le Théâtre,* 1909, Th.M.
168–170 Sovfoto
171 C.S.D.F.
172 Collection Parmenia Migel Ekstrom
173 C.S.D.F.
174 The Museum of Modern Art, New York, N.Y.
175 Oben links: Collection R.L.V. Tobin; oben rechts: Früher in der Privatsammlung der Comtesse Renée de Béarn, Paris; unten links: Aus dem Nachlaß von C. Suydam Cutting, New Jersey; unten rechts: Fine Arts Society, London
176 Oben links: Aus dem Nachlaß von C. Suydam Cutting, New Jersey; oben rechts und unten links: Fine Arts Society, London; unten rechts: C.S.D.F.
177 Oben: Collection Parmenia Migel Ekstrom; unten: Art Institute of Chicago, Stanley E. Kent Fund
178–179 Musée National d'Art Moderne, Centre National d'Art et de Culture G. Pompidou, Paris
180 Oben: Evergreen House Foundation, Baltimore/Maryland
181–182 Th.M.
183 Umschlag von *Le Théâtre,* 1909, Th.M.
184 Collection Jennie Walton
185 Man.C., Foto: E.O. Hoppé
186 C.S.D.F.
187 Sovfoto
188 NYPL, Foto: Bert
189 Sovfoto
190–191 NYPL, Fotos: Bert
192–195 C.S.D.F.
196 Martha Swope
197 Aus *Der Tanz* von F.V. Reznicek, Verlag Albert Langen, München 1908
198 Martha Swope

200 V. & A., Stich von Chalon
202 Links: Museo Teatrale alla Scala, Milano; rechts: Th. M.
204 Oben links und rechts, unten rechts: V. & A.; unten links: Museo Teatrale alla Scala, Milano
205 Musée de l'Affiche, Paris, Gemälde von G. Lepaulle
207 Th. M.
208 Hoftheater-Museum, Kopenhagen
211 Oben links und unten links: Bibliothèque de l'Opéra, Paris; oben rechts und unten rechts: Historisches Museum der Stadt Wien
212 Links: Musée de l'Opéra, Paris; rechts: Historisches Museum der Stadt Wien
213 NYPL
214 Sammlung Alfred Oberzaucher
215 The Harvard Theatre Collection
216 Sammlung Alfred Oberzaucher
217 V. & A.
219 Foto: L. L. Roger Viollet, Paris
220 Oben und unten rechts: V. & A.; unten links: Hoftheater-Museum, Kopenhagen
221 Oben links: RTHPL, Foto: Nadar; oben rechts: Collection International Museum of Photography at George Eastman House, Foto: Disdéri; unten: Th. M.
222 – 223 Aus *Les Beautés de l'Opéra*, 1845, Man. C.
225 Th. M.
227 RTHPL
228 Bibliothèque de l'Opéra, Paris, Miniatur von Meuret
229 Aus *Le Monde Illustré*, 29. November 1862
230 Collection Ivor Guest, Foto: Disdéri
231 R. M. & J. M.
232 – 233 NYPL
234 R. M. & J. M.
235 Oben: Collection Ivor Guest; unten: Aus *Tchaikovsky*
236 – 237 Aus *Le Théâtre*, 1909, Foto: Bert, Th. M.
238 – 239 R. M. & J. M.
240 Bibliothèque Nationale, Paris
242 – 243 Bibliothèque Historique de la Ville de Paris
244 – 245 Bibliothèque de l'Arsenal, Paris
246 RTHPL
247 Aus *Feste delle Madame Reali di Savoia* von Mercedes Viale Ferrero, Turin 1965
248 Foto: Bulloz, Paris
249 Musées Nationaux, Paris
250 Bibliothèque de l'Opéra, Paris
251 RTHPL
252 Oben: Foyer de la Danse, Pariser Oper, Foto: Zoë Dominic; unten: Mit Genehmigung der Treuhänder der Wallace Collection, London
253 Giraudon
255 V. & A.
256 R. M. & J. M.
257 Th. M.
258 V. & A.
259 Bibliothèque Nationale, Paris, Stich von Choiffait: *Une Jeune Fille querellée par sa Mère*
260 Enar Merkel Rydberg
261 NYPL
262 NYPL
265 RTHPL
266 – 267 Man. C.
268 Sovfoto
272 The Royal Opera House Archives, Covent Garden, London
274 Sammlung Fonteyn
275 Titelbild der *Memoirs of Joseph Grimaldi*, herausgegeben von Boz (Pseudonym von Charles Dickens), London 1869
276 Aus *Memoirs of Joseph Grimaldi*
277 The Museum of London
278 R. M. & J. M.
279 R. M. & J. M.
280 Drottningholms Teatermuseum, Stockholm, Ölgemälde um 1580
282 Links: R. M. & J. M.; rechts: Houston Rogers
284 V. & A.
285 RTHPL
288 Th. M.
289 Aus *The Sketch*, 21. April 1895, Collection Ivor Guest
290 R. M. & J. M.
291 – 292 Archiv der Royal Academy of Dancing, London, Foto (299): Alfred Ellis
294 Links: Archiv des Sadler's Wells Theatre; rechts: Aus *The Artists of the Dance*, Nr. 11, British-Continental Press, London 1934
296 Links: Collection Marie Rambert; rechts: Collection Frederick Ashton, Foto: Gordon Anthony
297 – 299 Maurice Seymour
302 RTHPL, Foto: Baron
303 Oben links: J. W. Debenham; oben rechts u. unten: The Royal Opera House Archives, Covent Garden, London
304 Mira, zur Verfügung gestellt von A. & C. Black, Ltd., London
305 Houston Rogers
306 NYPL
308 Oben links: Jo Fabry; oben rechts: Barratt's Photo Press; unten rechts: Otto F. Hess, N. Y. C.
309 Combeni
310 Oben: Paulo Muniz; unten: Time-Foto von Ben Martin
311 Wide World Photos

Register

Sämtliche Ballett-Titel, auch die im Buchtext und in den Bildlegenden in Klammern angegebenen deutschen oder fremdsprachigen Entsprechungen, sind hier in *kursiver Schrift* gedruckt. Die Personennamen und übrigen Bezeichnungen stehen dagegen in gewöhnlicher Schrift, ebenso die dazugehörigen Seitenzahlen. *Kursiv gesetzte Seitenzahlen* weisen auf eine Abbildung hin. Bei der Schreibung der Ballett-Titel, Personennamen, Fachausdrücke etc. haben wir uns in erster Linie an jene in «Reclams Ballettführer» von Otto Friedrich Regner und Heinz-Ludwig Schneiders (7. Auflage, Stuttgart 1975) gehalten. Erst in zweiter Linie wurde auch «Friedrichs Ballettlexikon» von Horst Koegler (1. Auflage, Velber bei Hannover 1972) berücksichtigt, weil es leider vergriffen und somit nicht ohne weiteres zugänglich ist.